谨以此书致敬我的父母

给正义一点时间

Allow Justice a Little More Time

邓学平 著

中国民主法制出版社

2018年·北京

图书在版编目（CIP）数据

给正义一点时间/邓学平著．--北京：中国民主法制出版社，2018.6

ISBN 978-7-5162-1817-4

Ⅰ.①给…　Ⅱ.①邓…　Ⅲ.①法律—中国—文集　Ⅳ.①D920.4-53

中国版本图书馆 CIP 数据核字（2018）第 102587 号

图书出品人： 刘海涛
出 版 统 筹： 乔先彪
责 任 编 辑： 庞从容　程王刚

书名/ 给正义一点时间
作者/ 邓学平　著

出版·发行/ 中国民主法制出版社
地址/ 北京市丰台区玉林里 7 号（100069）
电话/（010）63292534　63057714（发行部）　63055259（总编室）
传真/（010）63056975　63292520
http：//www.npcpub.com
E-mail： flxs2011@163.com
经销/ 新华书店
开本/ 32 开　880 毫米×1230 毫米
印张/ 11.375　**字数/** 305 千字
版本/ 2018 年 7 月第 1 版　2018 年 7 月第 1 次印刷
印刷/ 北京中兴印刷有限公司

书号/ ISBN 978-7-5162-1817-4
定价/ 45.00 元

自序

向光阴致敬

就在今年，伟大的物理学家霍金赫然辞世，静静地离开了我们。霍金生前曾经有个关于时间的著名论断，即物理学定律不区分时间的向前和向后，不存在过去、现在和未来的区分。霍金指出，有三种区分过去和未来的“时间指向”，其中之一便是“心理指向”：沿此时间方向我们记得过去但不记得未来。或许在未来的某一天，时光可以倒流，我们可以和霍金再次重逢，可以与我们曾经的流年相遇。但在眼下或者可预见的未来，我们只能去伦敦威斯敏斯特大教堂瞻仰这位先贤，只能在记忆里回想我们的人生过往。

单个生命如此，整个人类的历史亦复如是。在人类的尺度中，生命成了光阴，时间成了历史。在时间的单向流动中，过去意味着失去，迟到可能意味着永远无法到达。在一切的纷争中，时间都将是最终的胜利者。我们的肉体和精神、思想和偏见、制度和艺术，都注定会在某一时点遁入无边的暗夜。尽管如此，生命并非徒劳，存在并非虚无，人类对正义的追寻并非没有价值。如同《圣经》中所说：“做事的人在他的劳碌上有什么益处呢？我见神叫世人劳苦，使他们在其中受经练。神造万物，各按其时成为美好，又将永生安置在世人心里。（永生原文作永远）然而神从始至终的作为，人不能参透。”

其实，时间的单向度正是生命意义的逻辑起点。价值源于需求，意义来自稀缺性。生命的流逝和不可重复，及其必然指向的死亡，都是讨论生命意义必不可少的前提预设。所谓有意义的人生或者有价值的生活，就是能够善待光阴，在有限的时间里持续不懈地去做自认为值得的事情。

遗憾的是，据统计，世界上大多数人对自己的人生状态并不满意。其中最突出的问题之一是找不到生存的意义，从工作中找不到归属感和满足感。工作并非基于人性自觉和自我需求，而只是出于谋生的需要，这被马克思描述为“人的异化”。庆幸的是，我目前从事的法律职业较好地将谋生属性和价值属性糅合在了一起。利用法律手段去维护当事人合法权利，将是我毕生的志业。毫不矫饰地说，那种被他人所信任和需要的满足感，那种经过艰苦努力为当事人争得自由和公平后的成就感，是远非金钱和声望所能替换的，也是我从事律师职业真正的力量源泉之所在。

我的法律生涯可分为求学和工作两个部分。求学阶段，我较为系统地阅读了西方主要的政治学和法学理论著作，培养了批评和质疑的思维习惯，并逐步确立了我观察这个世界的价值坐标。由于对探索充满了兴趣，对知识充满了尊重，我大学时期的理想始终是从事学术理论研究，但其后的人生轨迹并未如我所愿。我并未向学术方向发展，而是选择了一条实务的路。今天回头看来，我在求学期间看的那些“无用的书”，没有任何功利目的写的那些“无用的文章”，却在我的实务工作中发挥了潜移默化、不可替代的作用。即便是面对一个普通、具体的案件，我也常常能获得较高的站位和异于他人的视角。不夸张地说，无论做检察官还是律师，大学期间锤炼的思维水平都让我更容易脱颖而出。

俗话说“读万卷书，行万里路”，思想正是源于阅读和阅历。人生阅历随着岁月逐步积累，而阅读的功用则是贯穿始终。如果说阅读只是一个学习和吸收的过程，那么写作就是一个总结和创造的过程。某种意义上说，写比读更加重要，更能让人进步和成长。让我感到欣慰的是，求学阶段我除了阅读，还经常提笔写下自己的感悟。那时正是论坛和博客风靡的年代，我在天涯社区担任过法律版块的版主，在学校的“经世济国”论坛上也是活跃人物。2006 年，我被博客大巴评为“十大思想力博主”，博客主页被《南方周末》专题推荐。同样让我感到欣慰的是，大学毕业后我并没有一头扎进繁忙的工作和琐碎的生活中不能自拔，我依然在功利取向的社会氛围中保持了阅读、思考和写作的习惯。世事无常，凡事都抱有功利心容易让人浮躁和随波逐流。时间在改变着容颜，社会在雕饰着人心，但真正能够坚持自我的人一定有机会呈现生命的底色，绽放生命的光彩。

于我而言，当下阅读、写作的时间变得少了，因为更加主要的工作是代理各类案件。前者是知，后者是行，自古知易行难。知识的道路是狭窄的、孤独的，实务的道路同样充满了荆棘，一路走来同样崎岖不已。权力、金钱、人情对司法的入侵，常常让正义的伸张变成一条条畏途。而各种体制机制的沉疴，则时常让人感到无能为力甚至陷入自我否定。在逼仄的大环境中，律师注定只能是一个边缘化的小人物、小角色。不过，我始终勉励自己：在绝望中寻找希望，在现实张力中不放弃一丝逆转的契机，正是一个优秀刑辩律师的必备品格。贺卫方教授有一句名言：“无自由无幸福，有勇敢方有自由。”对于刑辩律师而言，担当、技巧和毅力缺一不可。或许正因为艰难，或许正因为正义常常迟到，所以刑辩律师如有收获，那收获必然是经久难忘。

这本文集主要有四个部分，分别从不同侧面代表了我对正义、自由、秩序等法律主题的思索。第一部分“徜徉法门”，主要收录了我过去几年公开发表的法律杂文或者法律随笔，偏重于中观层面的探究；第二部分“书香法意”，主要是我大学期间撰写的政治类、法学类书评，偏重于理论层面的阐发；第三部分“前沿法事”，全部是我近年来为媒体撰写的法律事件评论，偏重于个案的法律分析；

第四部分“人在法途”，是我为《法治周末》撰写的企业家犯罪专栏文章集选，偏重于典型人物的法律纪实。这些文章部分写于大学求学时期，部分写于工作以后，时间跨度长达十余年。虽然仔细甄别或可从不同的文章中发现立场、观点或者表达方面的差异，但贯穿其中的问题意识和思索态度则是始终如一的。

时代的巨轮正滚滚向前，我们每个人的命运都被裹挟其中。每个人、每代人都有自己的使命，而诸如正义、自由等精神则会在代际更迭中被不断传承。敬畏生命，向光阴致敬，历史从未亏待过理想。给正义一点时间，对未来保持信心。

是为序。

2018年5月于上海

目录

CONTENTS

自序　向光阴致敬　001

第一篇　**徜徉法门**　001

法律父爱主义与支配身体的自由　002
注册商标也关乎言论自由　006
法律人的坚持和妥协　009
社会转型期需要怎样的法治观　013
20 世纪中国学术社团回眸　016
哈耶克：公民权利自由的守夜人　020
检察改革应着眼于强化诉讼监督权　023
诉访分离改革的进步与隐忧　026
信仰法治，如何可能　030
“枪口抬高一厘米”不是鸡汤，而是人性的呼唤　034
物化时代需要经常“回到康德”　037
依法反腐需要爬坡过坎　041
孤独的思想者　044

立法不能承受之重 046
斯卡利亚的法律遗产 049
庞德与中国的法制邂逅 053
犬儒主义者的普洛透斯之面 056
美联航事件：不谈种族歧视，只谈法律维权 060
不要只用“霸权”视角看待美国的“长臂管辖权” 062
苹果公司与FBI之间的未解“锁事” 065
《中国好声音》背后的司法难题 068
正义依然无尽 071

第二篇 书香法意 077

规则的形而上分析 078
解读司法过程 083
制度的隐蔽逻辑 087
法律与现代社会 093
前瞻与内省 102
自由的心理机制 104
政治的人生 110
反向参照一种新型司法模式 114
罗尔斯：无知之幕下选择的正义 117
反观传统政治制度 120
卡夫卡的法律寓言 124
崎岖的正义 127
法官如何裁判 130

错案与“疑罪从无” 133
触摸刑法的温度 136
反腐的文学想象 139
最后的礼赞 144
学做精明的公民 147
给正义一点时间 150
从《“五月花号”公约》看“人的条件” 154
无为而治和有限政府不是一回事 157
乡土中国和官僚政治的嬗变 162
重温《新教伦理与资本主义精神》 168
从君主到联邦党人 171
保守主义有时是一副清醒剂 175
洛克的启蒙意义远未过时 178

第三篇 **前沿法事** 185

甘肃白银连环杀人案宣判，科技让犯罪分子无处可逃 186
又见法官遇刺：伤的是人，更是法治 189
宁波老虎咬死人，我们最该做的绝非嘲讽 191
江歌案续：“感恩立法”会让法学教授下课吗 194
杭州纵火保姆为何偏要选择官方指派律师 197
保姆纵火案宣判，这次舆情何以如此平稳 200
国家监察委：无限责任背景下的利维坦 202
击毙追砸运钞车男子，会被追究刑责吗 205

儿童性侵索赔，“秋后算账”更要“帮助算账” 207
男子追小偷致其身亡被诉?司法勿违背常理 209
北京野生动物园老虎伤人事件，法院会怎么判 211
女法官抱病女办案：别灌鸡汤，请给她们减减负吧 214
正常上班却被判刑？这灾祸来得太过无厘头 217
“慈善第一人”李春平财产争夺战，司法早该上位了 219
应当严管枪支，但也不必闻枪色变 222
嫖娼“曝光榜”是在搞精神凌迟 225
雷洋案为何至今听不到检察院的声音 227
检方对雷洋案涉事民警立案侦查意味着啥 230
赵大妈持枪案被判缓，司法伤口能否自行愈合 233
精神残疾的胡某只有杀人了，法律才能介入吗 236
公益诉讼能保住检察院的男厕所吗 239
刀刺辱母者案：于欢不是被判重了，而是被判错了 242
么宁辞职做律师，不要止于责难 247
成都闯卡司机的死因才是关注重点 249
政府频被纳入失信黑名单，难言法治胜利 251
网络直播学校课堂和宿舍，岂止是违法 253
政府违法强制拆迁，为何很少被追究刑责 255

第四篇 **人在法途** 257

胡志标：功夫有多好 258
郑俊怀：中国乳业教父的 MBO 之惑 263
戴国芳：戛然而止的钢铁狂想 268

田文华：成败皆三鹿 273
赵新先：梦断500强 278
顾雏军：一个人的资本江湖 283
黄宏生：不死的创维知更鸟 288
周正毅：没有明天的豪赌 293
王效金：悲歌未成绝响 298
张荣坤："公路大王"的红与黑 303
乔洪：醉人茅台"罪"煞人 308
禹作敏：渤海边的草莽英雄 313
龚家龙：极目方恨楚天阔 318
周益明：只剩繁华成追忆 324
李途纯：人生如戏戏如潮 329

附录　媒体访谈 335

把依法维权作为一生的志业 336
坚持做自己认为有意义的事 343

第一篇　徜徉法门

法律父爱主义与支配身体的自由

前不久，东莞扫黄引发社会的广泛讨论，其中相当一部分讨论围绕着色情业是否应该去罪化、合法化进行。支持与反对的双方，各据其理、各执一词，谁也无法说服对方。其实，在双方的论战背后隐藏着一个非常重要的法律命题，即法律父爱主义与支配身体的自由。

法律父爱主义又称法律家长主义，意思是指法律像父亲对待孩子一样，代替或者帮助他作出行为选择。在人类历史早期，法律受制于宗教、伦理和传统，深度介入个人生活，直接对个人的价值和行为选择进行规制和指引。此时，父爱主义是毫无争议、理所当然的法律原则，甚至成为法律受人尊敬的道德基础和主要原因。

然而自启蒙运动以降，随着宗教权威的消解和个人理性主义的张扬，特别是有限政府理念的逐步确立，法律父爱主义开始受到各方面的批评和非难。最主要的包括：启蒙政治学家洛克首先警示人们不要将父权与政治权力相混淆。康德则直言不讳地批评家长主义式的政府是被人想象出来的最坏的政府。19 世纪的约翰·密尔集近代自由主义之大成，对法律父爱主义进行了集中批判。密尔认为，任何人的行为只有涉及他人的那部分才需对社会负责。在仅涉及本人的那部分，他的独立性在权利上是绝对的。对于他自己的身和心，个人乃是最高主权者。密尔强调，禁绝异端和抵制特立独行乃是一种社会暴虐，“人类若彼此容忍各照自己所认为好的样子去生活，比强迫每人都照其余的人们所认为好的样子去生活，所获是要较多的”。在密尔那里，法律父爱主义是将社会不适当地凌驾于个人之上的一种典型，是一种必须被有效防范的“灾祸”。

进入20世纪以后，虽然反对法律父爱主义的力量仍然在进一步扩大，但为其辩护的观点也层出不穷，其中不少都具有崭新的视角。例如，行为经济学和法律经济学认为现实生活中的个人存在“三个有限”：有限理性，不知道何为自己的最佳利益，何为自己的最优选择；有限意志，即使知道什么是最好的，什么是不好的，但因为自制力的原因不会完全按照理性原则行事；有限自利，人不完全是自私自利的，更不完全是利益至上的，不能忽视人性中的利他精神和公共追求。与个人相对，政府作为一个成熟、理性、公共的存在，有责任也有能力对迷失、软弱的个人伸出慈爱之手，帮助他们作出更有价值、更有意义的选择。而一些社群主义者则从私域的自由同样影响公共生活、任何个人行为都可能具有社会意义等论点出发，主张法律应努力遏制个人自由的消极面向，不应坐视个人行为滑出社会最低程度的善。

虽然围绕法律父爱主义的争议由来已久，但迄今为止各国法律中仍留有深深的父爱主义烙印。这集中体现在很多国家的法律仍对个人支配其身体的自由保留了种种限制。一般而言，公民对自身身体及附着其上的生命拥有最高的支配权和处分权，只要这种权利的行使不影响他人，法律就没有介入的必要。但法律对自杀及自愿性交易的限制，很大程度上并非源于上述行为对他人的影响，而是认为上述行为是一种失去道德支撑、缺乏价值认同并且对公民个人不利的行为。法律对上述行为的态度，其理论基础虽然经历了从宗教禁忌到积极自由、社群主义的嬗变，但其中一以贯之的却是法律父爱主义。

以自杀为例。西方基督教社会甫一形成，自杀就被教会正式禁止。随着宗教改革和启蒙运动的兴起，自杀逐渐在宗教戒律之外获得了一些辩护，孟德斯鸠、休谟、叔本华等思想家都主张自杀属于个人自由，反对国家对自杀行为进行惩罚。法国率先废除了自杀罪，英国在1961年废止了对自杀未遂加以惩罚的自杀法。天主教在1983年的新教会法典中废止了自杀者不得在教会埋葬和追悼的规定。尽管如此，教唆自杀、帮助自杀仍然为各国法律所严禁，安乐死在绝大多数国家仍然缺乏法律支持。20世纪90年代，美国密歇根州一位名叫凯沃尔基安的医生，因为通过注射方式帮助底特律“渐冻人”托马斯·尤克实施安乐死，被政府吊销行医执照，并以二级谋杀罪名被法院判处10年监禁。20世纪末，迈克尔·斯基亚沃向法院申请对陷入脑死亡近十年之久的妻子实施安乐死，引发持续数年的马拉松式诉讼，甚至连时任美国总统小布什也卷入其中。虽然美国民众对安乐死的态度逐渐变得包容，但目前允许实行安乐死的仅有俄勒冈州。

自愿性交易是另外一个持续争论的话题。色情业虽然几乎同人类历史一样古老，但在绝大多数时间里却是不被道德和法律所认可的。《圣经》中虽然出现过耶稣宽恕一名法利赛淫妇的故事，但依据当时的犹太法律，人们可以将当场捕获的淫妇用石头砸死。一直到“二战”特别是经历20世纪60年代的性解放和嬉皮士运动后，法律对自愿性交易的态度才开始逐渐发生改变。当前，不少西方发达国家都实现了色情业的合法化。在德国，妓女可以与嫖客签订合约，若嫖客事后拒绝付款，妓女则可根据合约对其进行指控。2003年，澳大利亚一家专门提供性服务的公司公开登陆资本市场，发行的股票甚至受到了投资者的追捧。2010年南非世界杯举行期间，当地政府免费对涌入的妓女进行培训、帮助解决床位问题，赢得了“务实、为民”的评价。与法律相对应的是，人们的性道德观念也发生了改变。比如国际性学会将性道德仅归结为成人、私密、自愿三个方面，凡符合上述三原则的性行为都不能在道德上予以指责。尽管如此，色情业在很多国家仍然是被法律禁止的，也是不被道德认可的。自愿性交易合法化的议题在上述国家仍然极具分歧和争议。

随着基于人的主体理性的现代文化范型的扩展和深化，围绕法律父爱主义与支配身体自由的争论仍将持续。在公民的自决理性和政府的善意权威之间是否存在一条可能的中间道路？近年来流行的“软法运动”或许能表露某些端倪。

［原载于《法制日报》2014 年 4 月 2 日“思想部落”版］

注册商标也关乎言论自由

大约一个多月前，美国联邦最高法院作出一项判决：波特兰一支乐队的名字“The Slants”可以被注册为商标。在此之前，“The Slants”一词因为涉嫌歧视亚裔种族，在申请注册时被美国专利商标局驳回。联邦最高法院的判决认为，1946 年《兰哈姆法》中有关“禁止注册包含可能歧视……他人（活着的或已逝去的人）、机构、信仰、国家标志，或者蔑视或者毁人名声的内容的商标”的规定，违反了宪法第一修正案，构成了对言论自由的侵犯。这一最新判例被普遍认为是美国商业言论自由进一步扩展的重要标志。

言论自由在美国宪法中具有十分重要的地位。经由众多的判例，美国逐渐确立起了政治言论和商业言论区别保护的原则。在 1919 年的“查里斯·申克诉美国案”中，著名的霍尔姆斯大法官首次确定了“明显而即刻的危险”原则，即政治性言论除非会造成“明显而即刻的危险”，否则政府无权干预。然而在商业领域，由于相关言论不涉及公共生活或者仅涉及公共生活中敏感度较低的部分，因此法律对其保护力度要明显小于政治言论。法官在界定商业言论的自由边界时，通常会充分考虑受相关言论影响的人的利益。

20 世纪 70 年代以前，商业言论一度被排除在宪法第一修正案的保护范围之外。在“瓦伦丁诉克里斯滕森案”中，商人克里斯滕森在纽约街头散发参观潜艇广告传单时，被警察以违反纽约市《卫生法》为由禁止。克里斯滕森灵机一动，随后在传单背面加上抗议市政府的政治言论，但仍然遭到纽约警方禁止。克里斯滕森一怒之下将这位警察起诉到法院，并将官司一直打到了联邦最高法院。遗憾的是，联邦最高法院并不支持克里斯滕森的主张。九名大法官一致认为，克里斯滕森的“双面传单”本质上仍属于纯粹的商业广告，而商业广告不受宪法第一修正案的保护。

对于商业言论而言，1976 年的“弗吉尼亚州医药委员会诉弗吉尼亚州市民消费者委员会案”具有“分水岭”意义。弗吉尼亚州一部法律规定，药剂师为处方药做广告是非法的。一些非营利的消费者团体声称禁令违反了宪法第一修正案，一路将案件打到了联邦最高法院。大法官布莱克姆代表联邦最高法院发表多数意见，认为处方药广告属于纯粹的商业言论，虽然商业广告纯粹是为了经济利益，但商业言论同样受宪法第一修正案的保护。这份具有里程碑意义的判决强调，保护商业言论的价值不仅在于保护广告主的言论自由，而且在于商业信息的自由流通在自由经济体系里是不可或缺的，商业广告有利于促进消费者的知情权和选择权。在这个判例中，联邦最高法院首次确认商业言论的保护关涉重大的公共利益。

四年之后的“中央哈德逊电气公司诉纽约公共服务委员会案”确立的“四步分析法”，标志着商业言论保护原则的成熟与定型。第一步，商业言论要受宪法第一修正案的保护，必须属于合法活动且不能误导公众；第二步，如需限制和调整商业言论，必须考量政府所主张的利益是否重大；第三步，确定政府的限制和调整是否能直接促进政府所主张的利益；第四步，确定政府限制和调整商业言论的力度是否超过了必要的限度。“四步分析法”至今仍然是商业言论司法保护的公认原则。

有了这些判例的铺垫，The Slants 乐队的诉讼结果其实并不完全出人意料。美国专利商标局拒绝注册的审查官除了援引多部字典中的解释，还搬出乐队主唱关于“乐队名字的来源是对亚裔人的种族诽谤”的自陈，来证明 Slants 对亚裔种族具有“贬低性”，但是乐队坚持认为使用这个名字是为了从积极的角度去重新定义亚裔身份。

美国专利商标局并不认可这个逻辑，强调善意的意图“并不能消除其指向的群体中的大部分人认为这个词令人反感的事实”。2013 年 9 月，商标评审和上诉委员会直接援引《兰哈姆法》第 2 条 a 款的规定维持了美国专利商标局的决定。The Slants 乐队就美国专利商标局拒绝注册申请向联邦巡回上诉法院提起上诉。

联邦巡回上诉法院起初驳回了 The Slants 的请求，但戏剧性的是该院很快决定重新审理此案，并推翻了此前的判决。主审法官摩尔指出，商标是印刷在私人财产上的，不属于政府言论，不应受到政府的附加限制。尽管政府公布注册商标，但这只是在通告一个商标已经获得注册的事实，不代表政府认可这个商标是一个“好商标”。摩尔法官强调，专利商标局拒绝注册一个受法律保护的商标形式的商业言论，违反了宪法第一修正案。对此，美国联邦政府上诉至最高法院，要求推翻这一判决结果，理由是防止在商标注册过程中使用种族歧视语汇。不过，后来的联邦最高法院并没有站在政府一侧，而是进一步判决《兰哈姆法》第 2 条 a 款的规定违宪。

反对种族歧视同样是美国宪法的支柱性原则，但禁止注册包含种族歧视商标的《兰哈姆法》却被判决违宪，这让很多人百思不得其解。这一案例在美国引起的巨大争议仍在持续，在“沃克诉得克萨斯州案”中，联邦最高法院以政府制发的车牌属于“政府言论”为由，否决了司机可以在车牌上选择展示内容的权利。无论如何，包括注册商标在内的商业言论在美国的权利边界被不断扩展是不争的事实。而随着越来越多的政治性言论侵入商业领域，越来越多的商业言论开始深刻影响公共生活，美国商业言论的司法保护也将面临持续不断的挑战。如何在多元的价值冲突中进行取舍，如何在体现时代性的案例中越来越精细地界定权利边界，法律人的重担毫无疑问没有一刻可以松懈。

［原载于《方圆》杂志 2016 年第 24 期“衡平法理”专栏］

法律人的坚持和妥协

坚持和妥协是一对矛盾。没有坚持，只有妥协，就是一个机会主义者，这种人没有灵魂；只有坚持，不懂得妥协，就是一个教条主义者，这种人很难适应社会。作为人类世俗社会的建筑师和工程师，法律人需要有对“理想型”和乌托邦的憧憬。正如曼海姆所说，乌托邦虽然不能实现，但我们依然需要乌托邦。因为没有乌托邦，我们将丧失对历史的理解能力。法律人有所坚持，我们才能明白今天在历史中所处的位置，明天可能会走向哪里；法律人又必须有所妥协，因为只有这样我们才能站稳脚跟。

立法中的坚持和妥协。立法者在制定法律时总是追求一部逻辑严谨、技术精美和体系完整的法律。然而，实际立法却常常是一个讨价还价的过程。立法者必须面对社会中不同利益集团的利益诉求、不同群体的多元价值认同，并在这些不同的利益和价值之间找到均衡点。人类历史上的第一部成文宪法——美国宪法的制定就经历了一个艰难困苦的坚持和妥协过程。从 1787 年 9 月开始，围绕宪法的通过持续了长达一年的争论。在 1787 年美国举行宪法签署仪式的时候，81 岁高龄的富兰克林发表了一番肺腑之言。他说，当一群人因集合在一起而产生出智慧时，同时也不可避免地带来了自己的“偏见、偏激的情绪、错误的意见、地方的利益以及自私自利的观点”等，因此，制宪会议必须同时接受他们的智慧和偏见，不能指望得到一部完美的宪法。

的确，人类历史上的第一部成文宪法从体系上看远不完美，但它却是坚持和妥协之间恰当的均衡，既奠基于历史的真实又寄寓着成长的希望，因而保持了持久的生命力。环顾国内，坚持和妥协也越来越多地贯穿于立法过程之中。就2012年通过的刑事诉讼法的修改决定而言，草案在学术界和实务界、司法机关和律师界、司法机关各单位之间都存在很大的争议，以至于有人建议不要匆忙交付表决。其实，有争议是民主社会的常态，通过协商妥协达成多数一致才是立法的智慧。体系上、逻辑上完美的立法在实践中未必效果最好，而各种缺陷和不完美反而可能会是法律保持长久生命力的源泉。

维权时的坚持和妥协。德国法学家耶林曾指出，权利是一个人的精神生存条件，放弃权利就等于精神自杀。然而在现实中，人们对于权利的态度远远没有达到耶林所要求的高度。在人们的现实观念中，权利不过是一种利益，因而往往用经济人的理性去衡量和对待权利。早在19世纪，耶林就指出权利虽然常常以财产的形式表现出来但却不同于财产，财产可以放弃和妥协，权利却不可以。笔者认为，在纯粹私法领域，权利主体之间自愿的合意和妥协有利于化解纠纷、降低社会成本，是值得尊重和提倡的。如私下和解、民间仲裁等形式更灵活、成本更低廉的纠纷解决方式在西方发达国家方兴未艾。然而在公法领域，权利的放弃和妥协却危害至甚。比如政府侵权导致一个人1000元的损失，而此人通过各种合法途径获得这1000元的救济则需要付出10000元的代价，现实的利益考量将促使此人默认政府的侵权行为。这个人的权利放弃了，然而放弃的这部分权利并没有消失，而是转向了侵权者。随着这样的案件不断累积，政府的权力不断加强，最后势必成为难以控制的“利维坦”（海中的巨大怪兽）。单个公民的利益考量必然以自身的利益为限，然而这样一个考量的结果却间接影响到整个公民全体的利益。解决问题的办法之一就是培育公民的权利意识和法治意识，避免信息不对称下的“囚徒困境”。如果每个人都能成为自身合法权利的坚定维护者，非但政府不敢恣意侵犯公民权利，而且会大大推动整个社会的法治化进程，最终每个人都会从中受益。需要强调的是，公法领域的维权也必须通过合法的手段、在现行法律框架内进行，那种采取极端的、非法的手段进行的所谓“维权”其实是在破坏法治，是必须要旗帜鲜明地予以谴责和反对的。

面对恶法时的坚持和妥协。在法学上，“恶法亦法”还是“恶法非法”一直是理论界争论的焦点，围绕这个争论也形成了两大法学派别：自然法学派和分析实证法学派。自然法学派认为，在人类的实在法之上还存在着一个更高的自然法。当实在法违背自然法的时候，这个实在法就是邪恶的，根本不能称之为法律。这种观点无疑赋予了法律以道德的内涵，法律必须建立在一定的道德水准之上。分析实证法学派尤其是哈特的新分析实证法学派则认为，一部法律并不因为它不符合道德标准就失去其法律效力。哈特认为，法律规范和其他社会规范的差别就在于政府的强制力上。人们并不能因为一部法律是恶的就能免于遵守。然而这种观点在“二战”之后的纽伦堡审判中遇到了困难和挑战。在纽伦堡审判中，自然法学派看起来取得了胜利，但哈特却并不这么认为。他一向反对纽伦堡审判的方式。他认为法治是人们追求的众多价值的一种，纽伦堡审判不过是凸显了不同价值之间的冲突。他主张：“法律实证主义号召的是一种诚实的公民的态度来认真对待法律，而不是一种机会主义的游戏态度来破坏法律……这也正是苏格拉底尊重城邦的法律而自愿被处死的伦理意涵。”那么面对恶法，我们法律人究竟应该何去何从？笔者同意哈特所指出的法律是一种客观的物质力量，恶的法律还是法律，但精神上可以不认可它，甚至可以采取非暴力不合作的方式进行消极应对。需要指出的是，一个国家的法律是一个综合的体系，判断法律的善恶，应该从这个体系的整体出发，而不能从单部的法律甚至某个法律条文出发。笔者还要指出的是，判断法律的善恶应该从最基本的道德标准出发，而不能从最高的理想标准出发。综合上述判断，如果一国法律总体上是邪恶的，违背最基本的道德水准，则我们没有被奴役的义务，相反我们有权利违抗这样的法律，这是我们法律人的坚持；当一国法律仅仅是不完美或者不理想时，我们则必须要维护法律的权威，因为我们不能指望只享受法治带来的好处而不付出任何代价，这是我们法律人的妥协。然而，这种既坚持又妥协的态度，绝对不是哈特所说的对待法律的机会主义，相反，这是人类维护自身尊严和自由所必须采取的科学态度。还是那句话，不能把现实社会当作乌托邦，但我们必须有对乌托邦的憧憬，因为人类不能没有梦想，谁也不能夺去我们的梦想。

[原载于《法制日报》2013 年 8 月 7 日“思想部落”版]

社会转型期需要怎样的法治观

日前，有学者提出“社会转型期不能过分迷信法治”的言论引起社会热议。社会转型期究竟需要怎样的法治观呢？这的确是法治建设中一个无法回避的问题。

在讨论法治观问题之前，我们有必要先厘定法治的内涵。现代社会语境中，法治大致包含以下几项主要内容：立法民主，法律代表公意和公益；法律至上，政府权力受到有效制约；司法独立，生效法律得到严格实施；人权保障，权益受侵能得到及时救济。对照以上内容，我们就会发现，越是在社会转型的时期，越是在矛盾凸显的年代，我们越需要法治的昌明和司法的权威。法治不仅为我们的社会转型提供价值指引和路径选择，而且为我们的转型过程减震提速、保驾护航。

的确，社会转型期意味着社会环境在急剧变化，有些法律制度尚未成熟定型，法律的权威尚未完全确立，法治社会的目标尚未实现，因此，社会转型期的法治观必然有其不同的特点。

社会转型期需要积极的法治观。推动转型必须依靠政治权威，必然交织着政治决断和法律决断、权力意志和法律意志、法治和人治。因此，社会转型期包含着法律治理的元素，但法律的作用却受到拘束和限制。在此情形下，信仰法治固然要立足于现实，但又必须超脱于现实。如果不超脱于现实，那么随处可见的违法现象会造成法治的无力感，进而法治的价值和目标怀疑将受到。法治是一项社会系统工程，有其演进的逻辑和路径，无法毕其功于一役。在看不到法治的现实好处的时候，只有践行积极的法治观，为法治的应然目标所吸引，才能拨云见雾、披荆斩棘、坚定法治信仰，为法治转型汇聚正能量。倘若没有这种信念和坚持，社会转型很可能会失去防护栏，偏离法治的轨道，最终走向歧途。

社会转型期需要能动的法治观。有观点认为，法律是一种保守的力量，是阻碍社会变革和进步的力量。也有一种说法认为，中国今天的改革环境已经远不如20世纪80年代初期。一个原因便是现在已经制定了诸多法律，改革受到法律的制约，其成本和难度都相应变大。但是，无论如何都不能因此推导出法律阻碍改革的结论。我们一方面要对那些不合时宜的法律进行及时的修改，另一方面还要树立公共政策导向的司法观，革新法律解释理论和法律解释方法。历史上，并不缺乏司法推动改革的事例。如卡多佐在担任美国联邦最高法院大法官期间，积极支持政府加强对社会的管理和对经济生活的干预，有力地推动了美国社会的深刻转型。时至今日，卡多佐的很多名言对我们仍具启发意义。如“司法职能必须坚持回应人的需求”“法律服务的目的将支配法律解释的方法”“不追问立法者的意愿，而是追问，假如他知道我们目前的状况，会有什么意愿”，等等。我们应改变消极适用的司法观，从以分析性态度转向以功能性态度对待法律。因为立法不是为了正在消逝的片刻，而是为了不断延展的未来。如果我们的法律解释能直面现实，司法适用能灵活开放，就能有效增强法律的变通力和适应性，进而成为社会转型的促进因素而非阻碍因素。

社会转型期需要理性的法治观。在成熟的法治社会，一切问题都可以转化为法律问题，一切纠纷都可以通过司法裁决得以解决。但我们必须承认，社会转型期做不到这一点。因此，我们在培育法治信仰的同时，必须持有务实、理性、谦抑的态度。立法宜简不宜繁、宜粗不宜细。因为受制于时代条件和认识局限，细枝末节的规定很可能无法适应社会变化。原则性的规定指引了人们的行为预期，也为情势变化预留了空间。司法的形式理性要适度让位于实质理性。形式正义与实质正义之间的冲突是司法的一个永恒话题，而在社会转型期这一话题尤为复杂和敏感。一方面，司法过程还无法实现完全的自治，对政治权威、行政权威等其他权威的介入还需要保持一定程度、一定条件的尊重甚至吸纳；另一方面，司法与公众的互动还处在磨合阶段，实质理性和实体正义更有助于提升社会公众对司法的接受和认可。因此，虽然反复强调程序正义的价值，但当程序正义与实体正义的冲突激烈到某种程度时，适度的实体正义优先还是必要的。

综上所言，法治社会的实现是一个渐进的过程。当前，我们的社会不是“过分迷信法治”，而是法治信仰不足。我们深信，只有首先信仰法治，法治时代才可能真正到来。

[原载于《检察日报》2014 年 1 月 28 日“学术”版]

20 世纪中国学术社团回眸

历史上，中国是一个民间社团发展极不充分的国家。在漫长的封建专制时期，历朝历代都制定了严厉的法规律令禁止民间结社。随着清朝末年国门洞开，封建专制制度开始瓦解，西学开始东渐，学术及学术社团开始在古老的中华大地上生根、发芽、开花、结果。尤其进入 20 世纪以后，学术社团在中国的发展更是呈现出蓬勃之势，虽历经曲折坎坷，仍一路向前，取得了丰硕的成果，有力地推动了中华民族的进步和发展。

20 世纪初始，八国联军的战火烧遍北京城。为了救亡图存，清廷于 1901 年发布变法自强谕，清末新政由此拉开了序幕，我国学术社团的发展也渐次走向高潮。1906 年，清廷学部《奏定各省教育会章程折》获准，教育团体获得了法律地位。1908 年，清廷又在《结社集会律》中进一步明确了各类社团的合法地位，并且在《钦定宪法大纲》中赋予民众结社自由。这些突破历史的法律规定，为我国学术社团的发展提供了动力和保障。另外，新政时期科举制度的废除，新式教育的普及和提高，留学生的派遣等改革措施使传统社会结构发生了变化，形成了新式知识分子群体，这为我国学术社团的发展、活跃奠定了人才和思想基础。这期间，比较著名的学术社团有：1905 年成立的学务公所，1907 年成立的教育会，1909 年成立的南社等。这些社团开启了我国学术和教育的现代化征程。

辛亥革命以后，我国学术社团的活动和发展得到进一步加强。据统计，在民国初期，民国政府共制定了有关社团的法律法规十多种，其中包括一系列鼓励各业结社的法规政策，极大地激发了各界民众自由结社的热情。1913 年，中华全国电气协会成立；1914 年，中国科学社成立；1915 年，中华医学会成立。这些学会培养了一批科学家，其中不少人成为中国近代科学研究机构的开先河者。

“五四运动”发生后，更大规模、更多数量的各类学术社团相继成立，形成了 20 世纪我国学术社团发展的第二个高潮。如：1920 年，李大钊等人发起成立了马克思学说研究会；1924 年，鲁迅发起成立了语丝社；1926 年，清华大学成立了清华历史学会；1930 年，鲁迅等作家发起成立了中国左翼作家联盟；1931 年，改组后的中国工程师学会规模迅速扩大，到 1947 年时在全国共有 52 个分会，到 1949 年时会员多达 1 万余人。这些社团，特别是一些研究马克思列宁主义理论的学术团体，宣扬和传播共产主义理念，深刻改变了 20 世纪的中国历史。

中华民国时期的学术社团在抗日战争、国共内战等连续不断的战争背景下，艰难地生存并发展，总体上体现出了一定的民主性、科学性和民族性，是我国学术社团尤其是人文社科类学术社团发展的一个繁荣时期。这个时期的学术社团留下的学术成果，在我国的现当代思想史上占据着极为重要的位置。

与前半个世纪相比较，1949 年以后的中国学术社团发展，体现出了截然不同的新特点，经历了较为曲折的发展阶段，迎来了崭新的发展机遇。

1949 年，中国共产党领导的中华人民共和国正式成立。新政权的建立带来了经济社会生活的根本性变化，动摇了旧社会社团组织的基础。中华人民共和国成立后，及时按照社会主义价值标准对一部分旧有的社团组织进行取缔和改造，同时组织成立了一批适应新的经济社会环境的社团。1949 年成立的新法学研究会筹备会与新政治学研究会筹备会、社会科学联合会一起，成为了发起成立全国政协的主要单位。后来在其基础上合并成立的中国政治法律学会，为废除中华民国法统，建立新法制，制定新中国第一部宪法，作出了重要努力。1950 年，国家颁布并实施了《社会团体登记暂行办法》和《社会团体登记暂行办法实施细则》，对包括学术社团在内的社会团体进行了依法登记。1958 年起，各省、市、自治区相继成立了省级社科联和各类学会组织。总体而言，1949 年以后的学术社团官方色彩较浓，意识形态痕迹较深。到了“文革”期间，学术社团的发展进入了低谷，绝大多数学术社团几乎处于沉寂和消亡状态。

1978 年，改革开放使中国政治与经济一体化的传统格局逐渐改变，原有的一元化组织体系也逐渐融解。这从各方面为学术社团的复苏和发展创造了有利条件，中国学术社团也自此迎来了第三个黄金发展期。从 1979 年起，各地区和部门的社科类学术社团得到迅速发展。仅 1979 年当年，就有中国数量经济学会、中国考古学会、中国现代文学研究会、中国外国文学学会、中国逻辑学会、中国哲学史学会和中国法律史学会等近百家全国性社科类学术社团成立。另外，中国社会学研究会、中国法学会等一大批社科类学术社团也在这一时期纷纷成立。随后的近三十年里，伴随着我国经济和社会的发展，各种学术社团如雨后春笋般建立起来。单就法学社团而言，据 1997 年中国法学会第四次代表大会公布的数字：全国已设立地方性法学会 523 个，其中省级法学会 30 个，拥有全国会员 10 余万人。另据不完全统计，目前我国拥有全国性、行业性法学社团 13 家，如中国检察官协会、中国法官协会等。这些社团以政府司法部门为主，组成人员相对集中于某一司法职业。高校方面，几乎所有的法学部门都建立了自己的全国性学会，如中国犯罪学研究会、中国商法研究会、中国经济法研究会、中国国际法学会等。行业协会方面，比较著名的法学社团有中国音乐著作权协会等。以政府机关、高校、行业协会等为载体成立的学术社团，聚集了人才、资源等优势，已成为我国政策创新和知识创新的重要基地。

1998 年，国务院颁布了《社会团体登记管理条例》。2016 年，国务院对《社会团体登记管理条例》进行了修订，对包括学术社团在内的民间组织实行民政部门和主管部门双重管理的领导体制。这一方面规范了对社团的管理，另一方面也导致我国的学术社团仍依附于政治权力，独立性和自主性不够，不利于学术社团正常有序地发展，也会在某种程度上制约学术社团各种功能与作用的充分发挥。

1896 年，梁启超在《时务报》上发表了《论学会》一文。文章写道："今欲振中国，在广人才，欲广人才，在兴学会。"康有为也认为，"泰西所以富强之由，皆由学会讲求之力"。时至今日，以康有为、梁启超为代表的先贤们百年前的洞见仍闪烁着真理的光辉。今天，人们普遍认为民间社团是现代公民社会至关重要的组成部分，而学术社团又是民间社团中至关重要的组成部分。眺望 21 世纪中华民族光荣的复兴前景，我们没有理由忽略学术社团的重要作用，也没有借口不重振我国学术社团的辉煌与梦想。

[原载于《清风苑》2013 年第 1 期]

哈耶克：公民权利自由的守夜人

1899年，哈耶克出生在奥地利维也纳一个知识分子家庭，先后获得维也纳大学法学、政治科学博士学位。作为诺贝尔经济学奖获得者，哈耶克被誉为20世纪最伟大的经济学家之一。然而，哈耶克的学术贡献远远超出了经济学范围，他在法学领域的成就同样广为人知。哈耶克一生见证了两次世界大战和东西方冷战对峙，其法学思想的核心命题始终没有离开个人自由和权利。在《自由秩序原理》、《通往奴役之路》和《法律、立法与自由》等著作中，他充分运用经济学、语言学和认知社会学的知识对自由、权利和法律等基础概念进行澄清，形成了独树一帜的法学理论流派。

哈耶克认为自由是文明的源泉，也是文明发展的动力。文明要想发展进步，就必须“放弃对个人努力的所有直接控制”，依靠独立而自由的个人去把握分散的机会，适应各异的环境。正如英国哲学家密尔在《论自由》一书中所说，自由社会里有多少个人，就有多少个创新中心。正是分散的创新中心才能更好地把握、积累和传播分散的知识，并在此基础上分辨出关于未来的、更大的、更好的可能性。虽然哈耶克对个人自由的立论基础是功利主义的，但他又超越了功利主义，将自由视为一种必须坚持的价值，使之免于实际的、局部的功利计算。正如哈耶克所言：“如果我们将自由局限于给人类带来好处的某些特殊情况，那么我们便无法实现自由的最终目标。”

英国分析法学家奥斯丁曾经将法律定义为主权者的命令。哈耶克则着重指出了命令和法律的区别，正是由命令向法律的转变才推进了人类的自由。命令明确无误地确定将要采取的行动，受命者没有自己的自由选择权。理想的法律则仅仅为正准备采取行动的人提供作抉择时应予考虑的额外信息，行为人可以将法律视为一种外部约束条件，这种条件可以和天气、环境一样。行为人可以在法律的约束下自由地作出决定。对于一项命令而言，行动的目的肯定是由命令者确定的，行动的知识也许分散在命令者和行动者之间，但是命令者的知识显然具有更多的支配力。对于一项法律，每个具体行动的目的由行为人自己设定，行动的知识也仅仅由行为者支配。法律之所以没有确定行为者的目的和知识，是因为法律具有一般性和抽象性的特点。生活中的每一个具体行动都有自己特殊的条件和环境，法律没有能力对每个人的具体行动进行规制。正是在这个意义上，法律取代命令能更有效地保卫个人的自由。

我们通常的理解是，法律为我们提供了秩序。然而哈耶克指出：“立法者的使命不是建立某种秩序，而仅仅是为这样一种秩序的形成和不断的自我更新创造条件。”原因在于，秩序并不能靠强力从外部施加，秩序是社会内部建立的一种均衡，是社会内部分散的个人在不同的环境下相互博弈和反应的总和。哈耶克认为，在法律出现之前，一定有了某些不成文的原则，正是这些原则使人们达成共识从而制定出法律。如果一个社会没有一些最低限度的原则共识，是不能走进法律社会的。同样，如果制定的法律违背人们的根本信仰，那么法律就不会被接受和遵守。哈耶克深刻地指出，法律和司法权力说到底并不是一个物质性的事实，而是一个使人们肯服从的舆论状态。

亚里士多德最早完整地提出了法治的概念即良法之治。哈耶克也继承了这一思想。哈耶克指出，法治并不是法律的统治，而是有关法律该如何的规则，是一个“元”法律的学说或者是一个政治理想。在政府垄断权力统治的领域，人们势必要受到强制。为了确保个人自由，必须控制政府强制的活动疆界。法治的目的在于保障个人自由，因而其针对的焦点是对政府强制性活动的防范。只有确保政府严格依据法律实施强制，个人才能免受突如其来的、难以防范的外部干涉。

自由提供给我们的只是机遇、可能性和远景目标，并不提供给我们对具体问题的解决方案，这正是自由最致命的弱点。人们在面临未知的环境时，常常倾向于为了追求一个可见的具体目标而牺牲自由。问题在于，正如哈耶克所指出的，自由在我们最为无知的地方却恰恰最重要。因为在知识的边缘，在没有人可以预言结果的地方，在评价只能留给将来的历史的地方，自由才显示出其真正的价值。这的确是一个充满艰险和悖论的峡谷，人类至今的历史就是在这样一个峡谷中蹒跚而行。我们过去所行的路程是否可以让我们坚定信念，支撑着我们一路穿越这个峡谷呢？历史将会检验我们每个人的智慧。

[原载于《检察日报》2014 年 3 月 25 日“学术”版]

检察改革应着眼于强化诉讼监督权

检察机关是国家的法律监督机关。将宪法对检察机关的这一定位落到实处，是维护司法公正、提升司法公信力的重要保证，也是新一轮司法体制改革的重要目标。

权力不受监督，容易滋生腐败。司法领域腐败案件多发，某种程度上正是缺乏强有力的监督所致。监督乏力的问题多年来始终未能解决，有着深刻而复杂的原因。任何权力都具有对外扩张的倾向，具有抵制外来监督的本能。因此，要把监督权落到实处不能仅靠被监督者的道德自觉，更要靠科学、有效的制度设计，使接受监督成为一种法定义务，拒绝接受监督要承担明确的法律责任。

当前，以互联网为代表的舆论监督正对司法活动发挥着日益广泛的影响。这种民意导向的监督对于揭露司法腐败、防止司法偏离底线正义都具有积极的作用。但是司法活动毕竟具有高度的专业性和技术性，需要客观、冷静和节制，过度的舆论介入有可能导致“民意审判”，从长远看，不利于司法理性和法治秩序的确立。

公安、法院内部监督的效果也不理想。根据宪法规定，上下级法院之间是监督与被监督的关系。上下级公安机关之间虽然是领导与被领导的关系，但该领导权也包含了很多监督成分。比如，公安机关内部设有纪检、督查部门，不仅实现同级内部监督，也对下级机关进行监督。公安、法院系统内部虽然有监督手段，但监督的动机不足、力度不够。特别是不少地方将干警的个人违纪违法行为与整个单位甚至上级单位的考核评价捆绑在一起，使得上下级机关形成了“名誉共同体”，一荣俱荣、一损俱损。在此情况下，“捂丑”“护短”成为优先性选择，内部监督容易沦为“内部消化”“内部处理”。此外，由于上下级机关之间密切的业务联系，违纪违法行为在某些情形下是一体参与，难分彼此，具有“拔出萝卜带出泥”的效应，导致系统内部更倾向于合作而非监督。

可见，检察机关基于专业知识和法律视角行使的外部监督权，既能矫正社会监督的盲目性，又能避免内部监督中的利益裙带关系，具有无可取代的重要性。当前，检察机关的诉讼监督权无论手段、力度还是效果，都与维护司法公正的要求不相适应。这其中的一个主要原因是对监督权的认识不足，导致法律规定过于抽象，无法克服落实过程中的种种阻碍。

监督权的权能主要包括知情权、批评权、建议权和纠错权，有时还包括某些特殊种类的批准权。破解检察机关的监督难题必须解决信息获取和纠错手段两个关键问题。当前，公安机关的侦查活动和法院的审判活动均系自主独立完成，相关信息都不向检察机关敞开，使得检察监督无从入手、无处发力。以公安机关为例，其接警、初查、受案、立案、拘留、查封、扣押等侦查活动都不需要检察机关的审查或介入。检察机关只是在刑事案件提请审查逮捕和移送审查起诉两个阶段才被动地介入，对证据的书面和形式审查无法对公安机关卷宗之外的侦查活动形成有效监督。这使得公安机关在是否启动侦查、如何推进侦查等方面处于对外封闭状态，不受司法审查和司法控制，导致实践中选择性执法现象十分突出。纠错手段的缺乏是检察机关监督乏力的又一主要原因。监督权不同于领导权，检察机关不能直接撤销或者改变公安、法院作出的决定或裁判。对于公安机关、法院的程序或实体违法，检察机关目前只能在调查核实的基础上建议或请求其自行纠正。然而一方面，检察机关缺乏必要的调查手段，如果公安机关、法院不予配合，则相关调查几乎无法进行；另一方面，检察机关的纠正违法通知书和检察建议书没有强制效力，无法保证督促落实。

从严格意义上来说，上述问题并非今日才有，更非没有办法解决。一些法治发达国家通过检察领导警察或者使侦查决定权与执行权分离，已经在控制警察权方面积累了成功的经验。鉴于我国检察权的宪法定位及公安机关的现实政治地位，推行检察领导侦查短期内尚不现实。但我们可以通过接警信息共享，立案、撤案和强制侦查措施须经检察批准等前置化的方式强化对侦查过程的监督。至于审判监督，检察机关应当充分尊重法院的审判权威，重点在保障当事人程序性权利、查处虚假诉讼、纠正已生效的错误裁判、参与公益诉讼或者集团诉讼等领域发挥作用。为消解监督阻力，可以考虑创设有中国特色的检察令状制度，让检察机关有权发出调查令、立案令、督促令、执行令等强制性的令状。有能力执行而拒不执行检察令状的单位或个人需要承担行政乃至刑事责任。

总之，强化检察机关的诉讼监督权实质上是对我国司法权力架构的一次重新调整，其牵涉的利益分配问题或许比具体的制度设计问题更难平衡和解决。正因如此，将中央提出的司法改革目标落到实处，考验的不仅是设计改革路径的智慧，更是推进改革的决心和魄力。

[原载于《中国社会科学报》2014 年 4 月 25 日“评论”版]

诉访分离改革的进步与隐忧

信访是一项中国特色的民意表达机制。在利益诉求的公共表达渠道被严重挤压之后，信访试图用分散化的、个体化的窗口管窥并回应民众的利益诉求。这原本是在各种现实条件制约下落实宪法赋予民众的批评、监督权，实现官民良性互动的一种积极尝试。但由于该项制度在设计上缺乏清晰的功能定位和科学的程序配套，导致信访非但未能及时沟通社情民意，反而成为社会矛盾的突出表现形式。在此情形下，政府的维稳思维主导了对信访的应对和治理。信访逐渐异化为游离于法律程序之外的官民博弈，成为高悬于法律秩序之上的“堰塞湖”。

信访对法律秩序的破坏不仅体现在行政权的扩张和滥用上，更体现在对司法权的入侵和压制上。司法活动是最讲究法律权威的，也是最追求程序自治的。然而不论是党委政府，还是普通民众，甚至是司法机关本身都对此认识不足。由于司法权与行政权的界分仅停留在概念层面，加之陈旧的意识形态捆绑，法院、检察院事实上作为党委政府的一部分在运作。因此，如果信访裹挟着“群众”“民意”的压力，司法机关很难有单独面对的信心和实力。此时，即便党委政府不主动介入，司法机关很可能也会主动请求介入。在一些地方，处置涉法涉诉信访已经成为党委政府的“一把手”工程。为了平息上访申诉，党委政府往往将已经生效的司法裁判和处理决定弃之一旁，另行推动问题的“政治解决”。当司法作为纠纷解决的权威和终局机制的地位被动摇，矛盾纠纷就如同决堤的河流，肆意泛滥，其流向很难再被引导。事实证明，现行的信访体制破坏了法律秩序的基础，加剧了社会治理的失范。

在法律没有最高权威的地方，就不会有真正稳固的秩序。正是看到信访体制的上述危险和弊端，中央办公厅、国务院办公厅日前印发了《关于依法处理涉法涉诉信访问题的意见》（以下简称《意见》）。《意见》要求实行诉讼与信访分离制度，把涉及民商事、行政、刑事等诉讼权利救济的信访事项从普通信访体制中分离出来，由政法机关依法处理。通过将涉法涉诉信访事项导入司法程序机制，建立依法终结制度，在法治化轨道上实现公众维权与政府维稳的统一。

诉访分离改革在当下具有正本清源的重要意义，有助于从根本上改变信访凌驾于司法之上的现状，恢复司法的终局性权威。美国联邦最高法院大法官杰克逊有句名言："我作的判决之所以是终极性的、不可推翻的，并不是因为我作的判决正确。恰恰相反，我之所以判决是正确的，是因为我的判决是不可推翻的。"司法权威的首要前提条件是从制度上确立司法的终局性。而现行信访体制对法治的破坏之一便是打破了司法的终局性。没有终局性，没有一锤定音的效果，司法自然就不会受人尊重。涉法涉诉信访本质上是对司法活动的异议表达，这种表达应当转化为具体、明确的权利主张，通过法定的程序向司法机关提出。司法机关必须在尊重既判权威的基础上，要么依法矫正确实存在的瑕疵或错误，要么依法实现信访终结。也即，涉法涉诉信访需要被归化为司法程序的一种参与方式，而非对抗司法的另一种维权模式。诉访分离实际上重申了司法和行政的界域，对于确立司法在纠纷解决中的终局权威和司法机关在司法领域中的自治权威，屏蔽外部权力对司法的干预和影响都具有正面的促进和倒逼作用。推行"信访归信访，司法归司法"，有助于促进司法"人格上的独立和成长"，进而实现更为深刻的法治秩序。

然而，《意见》的落实到位仍需要全盘的改革配套，否则诉访分离要么无法真正实现，要么会产生新的更大的危机。在民众需要权威、依靠权威的情况下，如果司法权威的供给无法有效满足社会需求，那么更高的、政治权威的介入仍然不可避免。司法权威的生成不但需要以终局性为前提，还需要以公信力为支撑。而在当前的体制背景下，司法公信力的孱弱已是不争的事实。一方面将权利伸张的渠道限缩在司法程序之内，另一方面又没有同步提高司法的自治能力。当前的诉访分离改革在没有触动现行司法体制，特别是没有解决司法不独立、司法腐败、司法系统内部监督乏力等问题的情况下，匆忙堵住了民意诉求的后门。不受公众认可、缺乏足够公信力的程序终结机制，反而可能会进一步激发公众在司法程序之外寻求救济，从而再次陷入当前涉法涉诉信访的恶性循环。

此外，陈旧的司法惯性和科层思维依旧主导着司法权的运行，政治权威有从外部植入司法系统内部的趋势。比如，根据官方资料统计，当前全国 31 位高级人民法院院长中，拥有大学学历的仅 17 人，其中属于法学科班出身的只有 11 人，而没有任何法学学历的高达 7 人，更有 3 人既无法学学历又无大学经历。学历虽然不能说明一切，但专业素养对于法官职业水平而言是绝对不可或缺的，特别是我国诉讼法赋予了院长极大的实体和程序性权力。从上述人员资历可以看出，主导法院人事任命的是政治逻辑而非法律逻辑。该种政治逻辑又透过人事任命内化为法院的运行逻辑。因此，即便切断了外部的政治压力，法院依然是在按照科层化、行政化的方式行使权力。在处置涉法涉诉信访，特别是面临较大的民意或者舆论压力的情况下，法院必然会寻找、依赖内部的政治权威。因此，在司法程序的外衣下包裹着的很可能依然是政治的考量和政治的决断。这不但会使诉访分离改革重新回到原点，而且会使司法的公信力进一步坍塌。

诉访分离改革是司法体制改革的一个很好的切入点，但这项改革能否成功在很大程度上取决于更为宏观的政治体制改革，绝非一日之功、绝非一蹴可就。如果司法机关有法不依、知法犯法但却得不到及时纠正，如果司法公正特别是程序正义得不到切实保障，那么《意见》所要求的诉访分离注定无法阻挡民众用脚步选择出来的诉访合一。

［原载于《民主与法制时报》2014 年 5 月 12 日“理论”版］

信仰法治，如何可能

公元前399年，苏格拉底被指控犯有“腐蚀青年”等三项罪名，被雅典陪审团判处死刑。根据当时雅典的法律，只要苏格拉底向法庭道歉认错便可得到宽恕，但苏格拉底不愿为了偷生而背弃信念，拒绝认错。苏格拉底的朋友帮助他买通了狱卒，打开了监狱后门，但苏格拉底拒绝逃跑。苏格拉底认为对他的审判虽然违背正义，但自己有服从城邦法律的义务。而秘密逃跑、逃避法律的制裁，同样不符合正义的原则。就这样，苏格拉底在为自己进行了申辩之后，平静地喝下了手中的毒酒，接受了陪审团的判决。

苏格拉底被誉为人类历史上为法律殉身的第一人。他的故事，穿越两千多年，读来仍让人思绪万千。虽然中国也有谭嗣同这样为变法而甘愿牺牲的人，但古老的中国至今仍未建立起真正的法治秩序。现代法治在中国的根基还远未建立，其实现还有漫漫长路需要经历和跋涉。然而，法治中国的根基是什么？起点又在哪里？

自由主义学派认为中国法治的根基是私有产权和自由竞争的市场经济，保守主义学派则认为中国法治的根基是本土文化和历史传统。然而，不论是培植经济基础，还是挖掘本土资源，都只是实现法治的必要而非充分条件，与法治之间仍然隔着千山万水，无法建立直接的对应关系。如果要疏通社会现实与法治理想之间的暗道，还有一样东西不可或缺，那就是法治信仰。

美国法学家伯尔曼写过一本《法律与宗教》，里面有一句话非常经典：“法律必须被信仰，否则就形同虚设。”但何为信仰？如何才能信仰？能被证实的东西，都是知识，接受知识不叫信仰，那叫理性。信仰针对的是看不见、摸不着，尚未实现甚至根本无法证实的东西，信仰只能凭着一种内心的激情去把握和确认。因此，信仰本质上是一种“偏见”，只不过这种“偏见”超越现实的具体情境，带有稳定的价值判断和强大的自我说服功能。回到伯尔曼，他的意思无非是法律必须深入人心，变成每个人内心的一种带有确定性的“偏见”。伯尔曼的话自然没错，但问题是如何让一个不信仰法律的个人或者民族，逐步建立法律信仰？

美国法学家昂格尔曾认为，形成现代的法律秩序必须要有超验的自然法信仰。他认为现代法律秩序之所以发源于欧洲，一个重要的原因就是欧洲有着悠久的宗教和自然法传统。昂氏这种将原初发生学意义上的条件等同于实现法治必要条件的观点，一向争议颇大。一个不容争辩的事实是，东亚的日本、韩国以及我国的台湾、香港地区都成功建立了现代法治秩序，但却并没有类似欧洲那样的自然法信仰。可见，法治信仰未必完全等同于超验的自然法信仰。

那么，在我国何以建立法治信仰？我的答案是乐观。拥有对法治的乐观，意味着相信法治的好处，也意味着相信法治一定会在中国生根发芽、茁壮成长。如果每个人，尤其是每个司法实务工作者，都自觉且真诚地抱有这种乐观，那么法治在中国的发展便有了意识和观念的基础，对法治的信仰也就会慢慢地形成和普及。其实回到苏格拉底和谭嗣同，我们看到的除了牺牲以外，都还有这种乐观。试想，如果苏格拉底不认为雅典城邦的法律会造福绝大多数人，不认为遵守雅典城邦的法律从根本上有益于城邦正义的实现，他会认为逃避城邦的法律处罚是不正义的吗？而苏格拉底之所以认为遵守法律比不遵守法律更符合正义的原则，不正源于他对雅典城邦法律的乐观吗？同样的道理，如果谭嗣同对中国法治的未来彻底绝望，怎么可能立志要做中国变法流血牺牲第一人呢？归根到底，谭嗣同是因为他的乐观，因为他对中国法治未来的乐观，才选择以牺牲自己的方式来推动变法维新。

然而在当下，我们如何能够保持乐观心态，进而管窥未来的法治图景？乐观绝不能建立在不谙世事、止于“形势一片大好”的肤浅和盲目之上；乐观也不能仅仅是一种“青山遮不住，毕竟东流去”的抽象麻醉和精神安慰；乐观更不能变成与此岸无关的彼岸信仰；乐观必须是在洞悉了历史的千般艰难和万般曲折之后，基于确信中国的未来必须依靠法治而形成的一种使命和坚定。因此，这种乐观虽然是观念上的，但却需要行动上的强力支撑，与行动须臾不可分离。再次回到苏格拉底和谭嗣同，我们会看到他们的乐观正源于其身体力行，他们是行动的乐观主义者。

曾获得过诺贝尔文学奖的法国作家加缪在其著作《西西弗神话》中，集中阐述了这种行动上的乐观主义。西西弗斯是古希腊的一个神，因为背叛宙斯，死后被罚要将一块沉重的石头，从平地推往山顶。每当西西弗斯快要将石头推上山顶的时候，石头就会滚回山下的平地，于是西西弗斯又得重新将石头推往山顶，如此反复，永不休止。众神以为用这样一种无效又无望的工作可以让西西弗斯陷入绝望的深渊之中，承受比死亡更可怕的痛苦。可是万能的神错了。当西西弗斯知道这一切后，非但没有感到绝望，反而感到了真正的希望。这希望就蕴藏在每天推着巨石一步步前进的行动中。只要想到将诸行动，只要想到正在行动中，希望就会从西西弗斯内心深处源源不断地涌出。西西弗斯的神话给我们的启示是，行动是战胜悲观主义和怀疑主义的最好武器。对于中国人而言，法治信仰的源泉不仅是抽象的、不可捉摸的超验或终极观念，更是“不抛弃、不放弃”的坚韧行动。只有行动才会孕育希望，也只有行动者才是真正的乐观者。离开了以身作则的努力，离开了刻下的行为选择，我们任何人都无从乐观，也无权乐观。

作为推进法治信仰、构筑法治理想的行动者，应该把脚下的每一步都当作希望的源泉和意义的所在，用法治的思维去思考每一个问题，用法治的方式去处理每一起案件，用法治的坚定去面对每一个强权，细细绘制、慢慢扩展中国的法治信仰版图。即便像西西弗斯那样遭遇前功尽弃、无功而返，也要聚焦于当下，再一次选择义无反顾地前行。

[原载于《法制日报》2014 年 5 月 7 日“思想部落”版]

“枪口抬高一厘米”不是鸡汤，而是人性的呼唤

不知何时，中文世界出现了“枪口抬高一厘米”的法律格言。这条格言描述的是20世纪德国统一后与柏林墙有关的一场刑事审判。虽然准确的数字仍然存在争议，但现在可以确定的是，在冷战对峙时期，曾有数百名民主德国民众因为企图翻越柏林墙而被军警人员开枪射杀致死。据不完全统计，共有数百名当年的肇事者曾被检察官起诉，其中包括约八十名普通边境卫兵。

“枪口抬高一厘米”这条格言，源于对一名叫作因格·亨里奇的守墙卫兵的审判。亨里奇在他二十七岁那一年，朝着一名企图翻越柏林墙的青年扣动了扳机。这名年仅二十岁的东德年轻人在翻越柏林墙的过程中功败垂成，并且因为被击中膝盖和背部，于当日抢救无效死亡。在柏林墙倒塌后的两年，亨里奇被人们从记忆深处推向了法庭被告席。不出所料，亨里奇的律师辩称这些卫兵仅仅是在执行上级的命令，军事人员对执行命令的行为不负刑事责任。律师还援引当时民主德国的《刑法》和《边境法》，试图证明为了阻止未经国家允许离开国境的行为，卫兵可以使用武器进行射击。

根据熊培云《自由在高处》一书的描述，该案的一审主审法官西奥多·赛德尔对此案曾这样回应：“作为卫兵，不执行上级命令是有罪的，但打不准是无罪的。作为一个心智健全的人，此时此刻，你有把枪口抬高一厘米的主权，这是你应主动承担的良心义务。这个世界，在法律之外还有‘良知’。当法律和良知冲突之时，良知是最高的行为准则。”最终，卫兵亨里奇被判处三年半的有期徒刑。

由此，“一厘米主权”的称谓在中国法律界迅速传播开来。

然而，据热衷考证的《南方都市报》编辑长平先生在《把枪抬高一点》一文中披露，他在德国曾当面向负责此类案件的柏林市前总检察长和前高级检察官核实此事，却遭到两位当事人的断然否认。长平先生随之将这条格言的流行，归因于一种无关法理的东方式策略或“民间智慧”。长平先生此文一出，感觉受到“欺骗”或者感觉到被“一厘米主权”压制的各方人士纷纷撰文，大加批判。比如流传甚广的《别胡扯！德国法官根本没说过“枪口抬高一厘米”这样的蠢话!》《“把枪口抬高一厘米”，这碗鸡汤有毒》等文章，均持激烈的批评立场。

“枪口抬高一厘米”果真是中国人熬制的一碗毒鸡汤吗？一审主审法官赛德尔认为，亨里奇“跪下膝盖，从距离37米的地方向逃难者射击……当之前的射击没有效果，他转而瞄准上半身开枪”，而这样的做法无异于一个残暴的凶手。虽然民主德国的《边境法》允许士兵枪击离境者，但“这种法律不应该获得认可，应该拒绝服从”。

为了强化并支持自己的观点，赛德尔在判决中援引了著名的拉德布鲁赫公式。这个公式分为三个部分：首先，所有的实在法都应当体现法的安定性，不能够随意否定其效力；其次，除了法的安定性之外，实在法还应当体现合目的性和正义；最后，若实在法违反正义达到了不能容忍的程度，它就失去了其之所以为法的“法性”，可以看作是非法的法律。赛德尔据此将民主德国的《边境法》相关条款看作是“非法的法律”，并且在接受媒体采访时明确表示“代表权力机构去杀害民众时，没有人有权利忽视自己的良心”。

批评论者大多认为，“枪口抬高一厘米”纯属杜撰，并且将导致捉摸不定的道德审判。他们还以此后德国法院特别是欧洲人权法院在类似其他案件的判决中明确否认适用拉德布鲁赫公式为由，认为类似的“良知”判决即便在德国也被纠正和否定。不可否认的是，欧洲人权法院在2001年3月21日的判决中明确表示不再适用拉德布鲁赫公式，但却仍然维持了德国法院的有罪判决。只不过，欧洲人权法院转而从民主德国实在法的内部去寻找定罪判决的根据。比如《边境法》同时还规定“尽可能保护生命”，民主德国《宪法》强调保障人道尊严和个人自由等。联系到柏林墙系列案件都面临着对民主德国实在法的评价和处理问题，欧洲人权法院的判决很难说没有刻意避免“政治审判”的策略考虑。

由此可见，“枪口抬高一厘米”之所以受欢迎，是因为它强调了即便在软弱的困境之中，人性依然有某些应当坚守的底线。平庸的恶和平庸的善不过一线之间，司法有时可以而且应当去谨慎厘清两者的微弱分界。“枪口抬高一厘米”虽非赛德尔法官的原话，但其内在精神意蕴与德国乃至欧洲人权法院的判决却并没有任何相悖之处。而且更重要的是，经过此种更加形象化的描述，深邃的道理更加浅显易懂，更加深入人心。

“枪口抬高一厘米”如果确系中国人首创，那么绝不应该将其仅仅当作鸡汤对待。这条格言非但无毒，而且为中文语汇和中国司法理念增添了可敬的人性光辉。特别是在各种奇葩判决层出不穷，司法人员沦为流水线操作工，司法审判越发欠缺人性温度的当下，体悟“枪口抬高一厘米”的司法意涵尤具有特殊的现实意义。

[原载于《方圆》杂志2017年第6期“衡平法理”专栏]

物化时代需要经常“回到康德”

康德被公认为是世界上最伟大的古典主义哲学家之一。他在晚年，特别是法国大革命之后对法律、政治问题的思考开始增多。康德的法哲学思想散见于他的不同著作特别是道德论述之中。相对集中阐述康德法哲学思想的《法的形而上学原理》一书正是脱胎于《道德形而上学》。一般认为康德开创了哲理法学派，后经费希特、黑格尔以至20世纪罗尔斯进一步发展，在法哲学史上占有重要地位。总体而言，康德的法哲学思想主要围绕法律与道德、法律与权利、法律与和平三大关系展开。

法律与道德。道德是康德哲学体系中的一个核心命题。在康德看来，道德是人的先验的纯粹理性的一部分，是一种绝对命令。任何行为的道德性仅仅来源于合乎这种命令本身，而非任何经验的动机或结果。康德的伦理体系与边沁等人所倡导的以经验和结果为评价准则的功利主义伦理体系是根本相悖、格格不入的。康德的先验道德理论为其法律定义的形成奠定了基础。

康德区分了两种立法：伦理的立法和法律的立法。他认为一切立法都包含两个因素：法则和动机。如果法则所规定的义务同时又是动机，那么该种立法是伦理立法。如果法则规定了义务但没有体现唯一的动机，那么该种立法就是法律立法。与此相对应，一种行为仅仅符合法则而不考虑动机时，构成该行为的合法性；一种行为既符合法则又符合动机时，则构成该行为的道德性。康德所称的立法显然并未局限于我们通常所说的实在法，而是包括了道德律令在内的自然法。不过与康德的绝对化区分不同，动机逐渐被引入了法律的立法之中。比如在行政法领域，动机常常是评价行政行为合法性的重要依据。形式符合规则，但动机不符合立法精神的行政行为也属于权力滥用。而在刑法领域，动机更是成为衡量行为是否构成犯罪、构成何种犯罪以及主观恶性的必备要件。动机被引入实在法，其实是道德法律化的一个映射。

法律与权利。康德认为权利具有三个层次的含义：首先，权利意味着人与人之间的一种外在的实践关系；其次，权利意味着自身自由与他人自由的关系；再次，权利意味着不考虑意志的具体内容，具有抽象性。与道德的先验性不同，康德认为权利来源于制定普遍性法律的实践理性。权利只考虑外在的行为，离不开强制性权威。正因为如此，康德认为严格意义上的权利“不掺杂任何道德的律令”，和伦理“没有任何牵连”。在这一点上，康德似乎为分析实证主义法学流派奠定了理论基础。

康德的私人权利理论主要围绕占有展开。康德认为自然状态中的占有取决于个人意志，具有临时性且必须体现为有形的控制；而文明状态中的占有是受到法律保护的，既可以是一种实际的控制状态，也可以是一种纯粹的权利推定。康德的这一论说在现代法律语境中转换成了持有和占有、直接占有和间接占有的连接和区分。在现代社会，物权普遍被认为是私权的基石，而占有又是物权的基石。康德在私人权利理论中着重强调法律对占有关系的保护无疑具有可贵的先见之明。

康德的公共权利思想深受卢梭和孟德斯鸠的影响。比如康德认为不论在何种情况下，“抗拒国家最高立法权力，都不是合法的”。这与卢梭的最高立法权不能代表的观点不谋而合。虽然康德也承认很多法律是不公正的，但他却坚持要求民众忍受这种不公正。有缺陷的法律只能由统治者进行改良，而不能由民众通过革命的方式去改变。然而，当不能阻止的革命成功以后，民众却“没有资格拒绝忠诚地服从在此国家中已经取得权力的新统治者”。由此看来，康德所要求的民众对国家的忠诚义务是一种保守的机会主义，和其所要求的在个人领域的绝对道德律令存在着不可调和的矛盾。如同卢梭的社会契约论既包含着主权在民等民主观念，也包含着主权绝对等国家主义观念，康德的公共权利公设所蕴含的信息也是含混不清甚至自相矛盾的。

法律与和平。和平是康德最为重要的政治理想之一。1795 年出版的《论永久和平》一书集中阐述了康德的和平理想，该书明确提出的世界公民、世界联邦、不干涉内政等原则至今仍具有现实意义。康德是一个主权至上论者，认为国与国之间处于一种自然状态。由于康德极端反对战争，所以他企图通过借鉴个人得以结束自然状态时的那种契约，在国际社会通过契约结束自然状态。所有的民族在自愿的基础上结成一个永久的联合体，建立宪法，通过分享共识去化解冲突，实现永久和平。

一方面主张主权绝对，另一方面又希望制定约束主权者的国际宪法，这两者之间似乎存在着不言而喻的张力。康德显然也意识到了这一点，但却依然相信“通过一个不断接近的过程，可以引向最高的政治上的善境，并通向永久和平”。令人欣慰的是，康德关于制定“世界法”的设想在相当程度上已经成为现实。当今世界不仅在政府和政治层面缔结了诸多的国际条约，而且以跨国公司、非政府组织为代表的民间力量也在推动经济、文化、公益等方面的世界规则制定。在经济全球化的引领下，“规则全球化”日益发展为一种潮流和趋势，成为实现全球治理和巩固世界和平的重要力量。

康德的法哲学思想历来争议颇大。比如在论述占有时，机械地将婚姻定义为夫妻双方“平等的占有关系”，“通过相互使用性器官，才能成为现实”。如果一方或者双方没有性功能，或者夫妻双方尚未完成同居，那么婚姻契约就无法生效。这种对于人身关系的推论在今日恐怕只能付之莞尔了。康德从他的先验哲学出发，认定人是先天自由的，并提出“公民必须是国家的目的”。然而，当这一论断遭遇现实的政治逻辑特别是多数决定的民主机制时，康德也无法解决其间的矛盾和问题。因为在多元民主社会中，少数人的意志有时会被忽略和压制，很难保证每个人都成为国家的目的。也因此，康德对民主制度抱有深深的疑虑，反倒对君主制推崇有加。

虽然康德的社会和道德理想无法通过他的国家和公法理论实现，但他对个人道德和自由所提出的先验论据却是相当有启蒙意义的，为捍卫个人自由和权利提供了最彻底的依据。他的“任何人都只能是别人的目的而非手段”的著名论述将每个人都提高到相等的价值平台上，体现了最伟大的人文关怀。因此，生活在日益被物化和异化的世界里，我们依然需要经常“回到康德”。

[原载于《检察日报》2014 年 6 月 24 日“学术”版]

依法反腐需要爬坡过坎

党的十八大以来，反腐已然成为新一届中央领导集体的一项战略抉择。在凌厉的反腐攻势下，以往的一些官场“潜规则”被不断打破，贪腐官员接连落马。人们在纷纷为中纪委主导的反腐工作点赞的同时，也在思考如何将反腐事业纳入法治化轨道，使其“不因领导人的改变而改变，不因领导人看法和注意力的改变而改变”。

腐败，归根结底无非是公职人员的徇私枉法、违法犯罪。腐败猖獗是法治不彰的突出表现，根源在于无法对公权力进行有效的制约和监督，导致权力凌驾于法律之上。因此，无论治标还是治本，反腐败都意味着对违法犯罪行为的制裁，对我行我素的公权力的驯服。也正是从这个角度，反腐与依法治国具有路径和目标上的同一性。

然而，在实际执行反腐任务的过程中，法律权威和正当程序也可能被不当挑战。反腐同样可能滑出法律的底线，沦为粗暴的权力压制。此种情况，将会使肃贪查腐的正义行径异化为丛林法则般的竞逐规则。反腐虽可竟一时之功，却容易滋生、强化一个新的法外权威，最终反过来成为法治的绊脚石。这样的反腐更像政治运动，风风火火一阵子，但最终往往虎头蛇尾、偃旗息鼓，注定无法持久。

以此观之，无论从反腐的实效性、彻底性来看还是从反腐的持续性来看，我们都需要构筑基于法治的反腐路径。建立在法治秩序上的反腐，在摒除身份和权势差异，做到一视同仁的无差别执法的同时，还要在程序上充分保障涉案官员的正当权利。只有依法反腐，才能真正做到有腐必反、反腐必成。要有勇气承认，在依法反腐这条道路上，我们还需要爬坡过坎，推进大胆而艰巨的改革。

其一，需要增强反腐败机构的独立性。目前我国的反腐败机构主要包括纪检监察和检察两部分。两者在人事、经费及业务上的不独立，很容易导致主观上不愿作为、客观上不便作为、一定要作为则选择性作为等问题。近两年查处的这些大案要案都是积存多年的腐败呆账，充分暴露出对反腐败机构进行改革的急迫性。当前，已经在推行纪检监察机关的双重领导，业务上以上级纪检监察机关领导为主，人事上由上级纪检监察机关会同组织部门共同确定。检察机关也在试点人财物省级统管，以期增强省以下检察机关对地方政府的独立性。改革的方向是明确的，但胆子可以更大、步子可以更快。只有当反腐败机构能摆脱各种幕后的权力牵绊，“选择性办案”“消极性办案”的空间才可能被最大程度地压缩。

其二，需要强化反腐败立法的适应性。纵观古今中外，贪腐都是严重的犯罪行为。反腐败立法中最重要的莫过于刑法。但我国刑法关于职务犯罪的相关规定漏洞较多，不少已经成为打击腐败的重要障碍。以受贿为例，不仅要利用职务便利，还要为他人谋取利益。而司法解释对“职务便利”和“利益”作出了限缩性、狭义解释，比如性满足就不属于“利益”。现实中，有的人给钱时不请托，放长线钓大鱼。而受贿人心中有数，遇事主动关照。这种缺乏具体对应关系的权钱交易在司法实践中竟然面临无法定罪的尴尬。更重要的是，在职务犯罪方面固守普通的犯罪证明标准，在没有目击证人的情况下，受贿人和行贿人只要有一个人不开口承认，证据链条就无法锁笼，案件就无法定罪量刑。在腐败泛滥、花样翻新的当下，陈旧的立法如不及时更新，将很难有效发挥惩治威慑作用。

其三，需要保障反腐败调查的合法性。在“口供为王”的证据规则下，为了撬开当事人的嘴巴，刑讯逼供、案外施压等违法侦查行为开始泛滥。解决的办法之一是开前门、堵后门。即降低入罪门槛，要求公职人员对自己的廉洁和清白承担一定的自证责任。在无法消除贪腐嫌疑的情况下，可以进行某些不利的证据推定。在降低证明标准和转嫁部分举证责任的同时，必须充分保障涉案官员的人权和尊严，让事实和证据说话，让反腐案件经得起法律检验。在纪检监察机关事实上充当反腐先锋的情况下，对“双规”等党纪措施法治化显得刻不容缓。

法治是一种高度现代化的国家治理体系，也是高压反腐成为中共执政新常态的重要保障。即将于10月在北京召开的中共十八届四中全会，将会研究全面推进依法治国的重大问题，这是中共历史上第一次以中央全会的规格来专门研究依法治国问题。而依法反腐会出台哪些措施？我们不妨拭目以待。

［原载于《民主与法制时报》2014年9月11日“评论”版］

孤独的思想者

这世界可能不只是人类才有思维，但应该只有人类才思想。能搬块石头采摘果子的大猩猩，很明显是有思维的动物了，可对于人类，能反思自己的存在，反思自己的际遇才算是有思想。帕斯卡尔声称正是因为有了思想，所以人类才显得伟大，然而尼采却又宣布痛苦是思想的代价。在文明的历史中，思想构成了最光辉璀璨、最圣洁夺目的篇章，然而思想者本人却又经历了怎样的俗世生活呢？

亚里士多德在解释城邦兴起的原因时说，人是政治动物。正是由于人的合群的天性，使人结合在一起，组成了城邦。人类第一个登上月球的宇航员阿姆斯特朗坦承在月球中最大的感受竟然是孤独，因为整个月球沉寂一片，没有生命。那种远离人类和地球，独自在月球上行走的阿姆斯特朗式孤独是容易被人想象和理解的。然而，俗世生活中的思想者的孤独却并不那么容易被人们理解。丹麦伟大的哲学家克尔凯郭尔一直都承认自己自始至终是一个孤独的人，并且力图将自己的孤独引入他的神学乃至所有哲学领域。可以说，孤独是他生存状况的写照，同时也是他毕生所追求的目标。他曾经说过：“孤独这件事对我——不是我私人，而是作为一个思想家立场的我——是一件决定性的事。”他甚至希望在自己的墓碑上仅刻上“那个孤独者”。

思想者是思想园地的孤独的拓荒者，是“在寂寞里奔驰的勇士”。孤独了，才说明你超过了别人的高度，越过了原有的疆界，跳出了他人的藩篱。身体行走在人群之中，思想却在“无人区”里游荡，这种思想者的孤独是一种不被时人理解的遗弃式孤独。《圣经·新约》中曾描述，耶稣为了拯救世人而来到世间，却不被世人接纳，反而被钉死在十字架上。人们通常把耶稣的受难理解为耶稣在十字架上的肉体之苦，殊不知，耶稣此时被世人遗弃的精神孤独和苦楚，要远胜过肉体之苦。

孤独是艺术史上的一个永恒主题，艺术家注定是一个孤独的群体。伟大的艺术作品都是艺术家给人类的馈赠和恩赐。在艺术领域没有百分之九十九的汗水，只有百分之百的天分和灵性。孤独是艺术灵感的源泉，也是艺术家的生命。如同电影《梅兰芳》里邱如白对孟小冬说的那几句话：“梅兰芳是孤独的，十几年来都是孤独的。梅兰芳所有一切的成就都从他那一份孤独中来，谁要是打破了这种孤独，谁就毁掉了梅兰芳。”

思想虽然常常给人带来难以排解的孤独和痛苦，却能使人深刻、伟大，因而千百年来的优秀人士依然渴慕、追求思想。启蒙思想家约翰·密尔曾宣称，宁愿做一个不满足的人也不做一头满足的猪。爱因斯坦深邃的思想、天才的探索使他内心变得十分孤独，著名华人物理学家杨振宁曾经说过，“爱因斯坦是一位孤独的物理学家”。但与此同时，爱因斯坦依然强调要对这个世界保持好奇，并说：“探索奥秘对于我们人类而言是最为美妙的事情。”大思想家叔本华在体悟人生孤独的同时，却又宣称孤独是卓越心灵的命运。

一个人可以没有思想，但一个民族不能没有思想者。如果我们真的渴慕思想，那么就请给予并保障思想者们孤独的自由。

［原载于《江苏法制报》2015 年 1 月 15 日“博览”版］

立法不能承受之重

近来，“常回家看看立法”“小学生减负立法”“阅读立法”“公交车让座立法”等引发社会关注。这些立法主张一方面关注了民意，另一方面却又遭遇执行难题。是立法者认识不到这些问题吗？答案是否定的。与其说这是立法技术的不成熟，还不如说是立法者在价值宣扬和道德责任的驱使之下所表现出来的“立法”冲动。而后者所导致的“过度立法”和“过度依赖立法”现象，或许更应该引起人们的关注和思考。

长期以来，由于法律制度的不健全，“加强立法”成了社会共识。在剖析社会问题时，“法律不健全”往往成为必不可少的原因。而在解决问题时，“加强立法”“完善制度”似乎又成了最正确的选择。的确，改革开放初期百废待兴，整个国家在很大程度上处于几乎无法可依的境况，此时建设法治的一个重要前提便是做到“有法可依”。然而在“中国特色社会主义法律体系已经形成”的今天，仍然维持这样一种动辄立法的强势话语，却蕴含了一种认识逻辑，即法律是应该无所不在、无所不包的，社会问题都可以用法律手段去解决。

法律不是万能的，首先因为法律归根到底是一种人为建构的秩序。即便在最理想的状况下，人们也很难就法律的全部内容达成完全一致。代议制使得立法往往仅能满足一部分人的偏好，只能表达一部分人的理想。与建构秩序相对的是经由文化传统、道德习俗、利弊权衡等共同衍生出来的自生秩序。英国学者哈耶克指出，人们自发形成的自生秩序远比人为建构的法律秩序更有生命力。那种试图通过立法去取代自生秩序的做法往往需要付出沉重的社会代价，而且还未必能够成功。

法律不是万能的，还因为法律是抽象的、稳定的，永远都有漏洞可钻。在一个推崇法律万能的社会里，规则常常被恶意利用，沦为不正当行为的挡箭牌。如果把法律当成最高的准则，取代道德成为正当、合理的代名词，会使社会渐渐丧失正义观念和底线思维。如在近年曝光的多起“破格提拔”“80后市长”“美女局长”事件中，当地政府无一例外地用“合乎规定”作为回应。在这里，合乎规定成了最高的准则，成了政府定分止争的最大神器。然而，公权力不应仅满足于“合乎规定”。社会公众需要的也不仅是“合乎规定”，而更重要的是“合乎正义”。美国法学家德沃金的研究表明，法治精神和法律原则能有效弥补实在法的漏洞，是良好法治秩序得以维持和运行的关键。这意味着，我们解决社会问题不能仅依靠法律文本，还需要培育法律信仰和法治精神，需要敬畏并善意地理解和执行法律。而后者，绝非通过立法就可以实现。

把立法当成解决一切社会问题的灵丹妙药是不切实际的，其结果反而可能使法律大厦因为不堪重压而坍塌。在立法领域，我们同样需要进行结构调整和转型升级。对于可以交给社会自治、市场调整的领域，最好不要将法律的手伸得过长。而在确实需要法律调整的领域，也并非规定得越多越好、越细越好。事实上，在很多时候我们面临着规则过剩的问题。大量的历史实践证明，立法越多并不意味着社会问题越少，事实甚至可能刚好相反。法律可以解决问题，但也可能会制造问题。这是因为法律也有其运行的条件和基础。如果作为制度运行条件的基础秩序出了问题，那么制度往往就会失灵。过去我们的立法往往“头疼医头、脚疼医脚”，更加专注于具体制度的供给，而对于具体制度赖以运行的“基础秩序”却很少关注，结果陷入了立法越来越多，问题也越来越多的恶性循环。解决的办法之一便是回头弥补“基础秩序”建设的不足，通过调整国家与社会的权力格局，重建社会的道德、信用体系，夯实法治秩序的根基。唯有如此，立法才能“简约而不简单”，才能真正有效地解决社会问题。

[原载于《检察日报》2013 年 12 月 17 日“学术”版]

斯卡利亚的法律遗产

2016 年 2 月 13 日凌晨，美国联邦最高法院大法官安东宁·斯卡利亚在睡眠中安详辞世。这个以敢于尖刻批评多数意见和流俗观点而著称的少数派和异见者，离开这个世界时却是如此从容、平静。而其溘然离开的背后，却旋即在美国社会激起了巨大的涟漪。人们不仅关心美国联邦最高法院保守派占微弱优势的传统生态是否会改变，而且更关心斯卡利亚坚定的保守主义和原旨主义立场对美国宪法乃至美国精神究竟意味着什么以及具有怎样的重要意义。

斯卡利亚是第一代意大利移民的后代，双亲都是虔诚的天主教徒，父亲老斯卡利亚还是一名语言学家。熟悉美国政治生态的人都知道，外来族裔在政治上往往倾向于自由主义，大多是民主党的支持者。然而日后的事实证明，这种移民身份背景在塑造斯卡利亚的价值取向方面所发挥的作用要远远小于他的家庭背景。

1986 年，斯卡利亚被当时的共和党总统里根任命为大法官，成为第一位意大利裔大法官。就任以后，斯卡利亚近乎偏执地捍卫宪法制定者的本初意旨，反对灵活变通地解释宪法，反对包括联邦最高法院在内的司法扩张。在诸如废除死刑、堕胎、同性恋和控枪等争议问题上，斯卡利亚都以强硬的反对立场而闻名于世。也因此，斯卡利亚被普遍认为是当前最高法院中最重要的保守派，一直被自由派视为不可拉拢的对手。

在 2005 年“罗珀诉西蒙斯案”中，最高法院以 5∶4 的投票裁定，宪法第八修正案和第十四修正案禁止对犯罪时未满十八周岁的未成年罪犯判处死刑。斯卡利亚在异议意见中言辞激愤，称多数意见完全是根据自己的主观偏好、选择性地援引外国法律和外国判例来改造美国法律，而法律的改变只能诉诸民主的决策方式，并非民选的九位大法官根本没有这个权力。2007 年，两名肯塔基州死刑犯请求最高法院判定注射死刑违反宪法第八修正案。斯卡利亚坚持，尽管宪法第八修正案禁止“残忍与异常的惩罚”，但从没要求死刑必须没有任何痛苦。面对对注射执行死刑问题的质疑，斯卡利亚几乎难掩愤怒：“这是执行死刑，又不是医生会诊!”在 2008 年“布迈丁诉布什案”中，最高法院以 5∶4 的投票裁定古巴关塔那摩关押的恐怖分子嫌疑人，有权在美国联邦法院寻求权利救济。斯卡利亚却炮轰最高法院将宪法权利授予了非美国人。

斯卡利亚生前最后一份有影响力的法律意见发表在 2015 年的“奥贝格费尔诉霍奇斯案”判决中。最高法院借助该案将婚姻重新解释为“在长期的联系中两个人找到了其他的自由，例如表达、亲昵和灵魂的自由”，并裁定同性婚姻在全美合法。斯卡利亚在异议意见中毫不留情地讥讽道：“1868 年宪法第十四修正案通过时，每个州都将婚姻定义为一男一女的结合……组成多数的五位大法官，竟然脸不红心不跳地根据宪法第十四修正案，发现了‘基本权利’，而这个所谓的权利，当时所有制定并通过修正案的人根本没有提到过。”斯卡利亚进一步疾呼，社会需要的是冷静理性的法律秩序，而炫耀、深奥的哲学分析并不是权利产生的来源。

在美国，无论舆论界还是学术界向来都是自由派占主导。可想而知，斯卡利亚的立场自然成为各路媒体和社会舆论集中抨击的焦点。“美国言论自由的敌人”“原始人”“活化石”等称号铺天盖地而来，斯卡利亚却处之泰然、不为所动。他只是轻描淡写地回应道：“我是一个保守主义者，我是一个文本主义者，我是一个原旨主义者，但我不是个傻瓜。”而在各种纪念品商店中，斯卡利亚的塑像往往是美国最高法院大法官中卖得最好的。很多美国人也许不喜欢、不认同斯卡利亚的立场，但却不愿错过、不能忽视他的声音。

斯卡利亚不仅以他的反对立场闻名，更以他阐述反对立场的方式而著称。或许因为传承了父亲的语言基因，有人评价他“始终屹立于生动阐述的巅峰”。美国著名记者琼·比斯丘皮克曾在《最高法院的“喜剧之王”：安东宁·斯卡利亚大法官传》中这样形容他：“立场保守，却文笔犀利；争强好胜，但逻辑严密；性格狂放，却魅力十足。”不论是莎士比亚的台词，还是古希腊经典悲剧中的桥段，斯卡利亚都能信手拈来、引用自如。此外，斯卡利亚在撰写判决意见时经常使用泼辣鲜活的比喻，这极大地增强了通常枯燥乏味的判决意见的感染力和可读性。比如在一份判决中，斯卡利亚写道：“不包括宗教言论自由内容的言论自由，就像是没有王子身份的哈姆雷特。”如果有人因为斯卡利亚的旁征博引、插科打诨就认为他激情有余而理性不足，那就大错特错了。其实，斯卡利亚激情四溢的文字背后，最让人敬佩的就是他的严谨和缜密。在一起涉及美国电话电报公司（AT&T）的反垄断案中，斯卡利亚为了论述自己的观点共引证了七本辞典，为了界定一个单词的含义甚至从拉丁词根一直梳理到现代用法。

斯卡利亚除了善于为自己的观点辩护外，还乐于给其他大法官的判决意见挑错。1991 年，哈里·布莱克门大法官就一份判决意见征求斯卡利亚的意见。斯卡利亚洋洋洒洒，把草稿改得面目全非，圈出不少的语法错误。布莱克门大法官是谦谦君子，为此专门致信感谢，可就连这份致谢信也被斯卡利亚圈出了几处拼写错误。斯卡利亚将对同僚的语言挑错视为一项事业，并声称要“鉴别和扑灭法律文书写作中出现的滥用新词行为”。

在美国的宪法解释传统中向来有两种相互对立的路径：一种力图寻求立法者的原意并严格根据立法原意和字面含义来解释法律；另一种力图寻求立法的目的和价值指向并根据社会发展变化来对法律条文进行弹性、灵活解释。前者的代表有大法官雨果·布莱克，后者的代表有大法官本杰明·N. 卡多佐。斯卡利亚毫无疑问属于前者。他经常挂在嘴边的口头禅之一便是："我才不相信什么'活的宪法'，这份文件世代相传至今，有人说它是死的宪法，而我更愿称它为一部历久弥新的宪法。"斯卡利亚对"活的宪法"这种说法厌恶至极，因为在他看来，18世纪制宪先贤们赋予宪法的含义才是法官判案的唯一基础，法官不应对宪法文本进行"扩张"或者"扭曲"解释。

如果用"文明进步"的政治标准来界定，那么斯卡利亚的绝大多数意见都是"保守的""落后的"，甚至"僵化的""不合时宜"的。然而在社会的急速变革中，在价值观的多元裂变中，"固执己见的少数""教条刻板的原旨主义者"更显珍贵和伟大。美国宪法之所以是世界上最古老的成文宪法，离不开斯卡利亚这样一位终其一生奉宪法文本如同《圣经》的坚守者。虽然斯卡利亚的法律意见很少成为最终的判决意见，但他三十年坚持撰写少数意见的历史才是美国司法不可或缺的内容。而这，或许才是斯卡利亚最大的法律遗产。

[原载于《方圆》杂志2016年第5期"衡平法理"专栏]

庞德与中国的法制邂逅

罗斯科·庞德是20世纪最负盛名的法学家之一。他终其一生都在竭力反对法律实证主义，强调法律在社会中的运行和功能，主张“法律的社会化”和“行动中的法律”，认为法律乃是一种专门化的社会控制形式。庞德的法律学说产生了广泛的世界性影响，这既与他思想的广博和深刻有关，更与他直接参与世界多国的法制实践有关。庞德在20世纪40年代后期对中国法制改革的研究和指导就是其中一个例证。

庞德与中国结缘始于一代法学大家杨兆龙。1934年，杨兆龙赴哈佛大学法学院攻读法律博士学位。仅仅一年后，杨兆龙凭借论文《中国司法制度之现状及问题研究——参考外国主要国家之制度》提前获得美国哈佛大学JD学位。这场历时4小时的博士论文答辩会，正是由当时的哈佛法学院院长庞德亲自主持。答辩会后，庞德对杨兆龙说：“你是接受我考试的第一个中国人。东方人的思维方法引起了我很大的兴趣。”当时谁也不曾想到，这对哈佛师徒日后竟然能在大洋彼岸的中国重逢，而且是联手开展比撰写法学论文更为具体、也更具影响的法制改革工作。

20世纪30年代，国内战火纷飞，学成回国的杨兆龙空有一身抱负却无处施展。庞德此间也有过两次访华经历，但停留的时间都非常短暂。1937年访华时，庞德在国民政府司法行政部部长王用宾的陪同下，先后前往法官练习所、中心大学做了“司法之功能”和“法律的理想运动”的学术演讲。随后全面抗战爆发，不仅中国的司法实践惨遭炮火蹂躏，庞德与中国的联系也被迫中断。

1945年，抗日战争取得全面胜利，国家面临战后复原工作，法律制度亟待重建。这一年的4月，杨兆龙衔命出任国民政府司法行政部刑事司司长。就在此时，邀请庞德来华担任司法行政部顾问的想法开始在他心中酝酿。当杨兆龙将这个想法告诉时任司法行政部部长谢冠生时，后者当即表示认可。对于聘任庞德一事，甚至蒋介石都亲自作出过批示，要求待遇必须优厚，以显示尊礼贤者。有了当时南京国民政府最高层的支持，杨兆龙代表司法行政部写信给庞德，谈及中国战后的立法和司法体系重建。杨在信中说："谢冠生和我一致认为您最有能力帮助我们完成这件大事……考虑到您年事已高以及您在美国的重要地位，在作此邀请前我们当然也曾犹豫不决。但您对中国以及中国学生的同情以及您过去对法律改革的执着让我们坚信：您一定会作出对我们最有利的决定。"

1946年2月初，获得斯坦福大学法学院博士学位的倪征燠受国民政府司法行政部委派赴美国进行司法考察。杨兆龙抓住机会，请求倪征燠去哈佛拜会庞德并再次当面延请。2月19日，杨兆龙又写信给庞德，提及"由于需要使用中文名字，我们斗胆为您选了一个由两个汉字组成的名字，发音与您的姓相似，意为'崇高的美德'或'伟大的人格'"。Roscoe Pound的名字从此在中文的法学文献中变成了大名鼎鼎的"罗斯科·庞德"。

参与一个国家的战后法制重建，这样的机会对于一个终其一生都在主张法律社会化的法学家而言何其难得！几乎没有任何悬念，庞德欣然接受了邀请。1946年6月28日，已经76岁高龄的庞德搭乘美国军机抵达上海，正式受聘担任了南京国民政府的司法行政部顾问和教育部顾问，成为近代来华的最后一位外国法律顾问。从1946年6月28日抵华到1948年11月21日正式离开，除了短暂的返美行程，庞德共在中国停留了17个月。这是庞德有生以来在海外停留的最长时间。

在华期间，庞德通过系统考察中国的法律条文，实地观摩司法的实际运作过程，对当时中国法制的现实状况和未来发展进行了非常深入的思考，.提出了大量富有灼见的建议。来华不到一个月，庞德就向司法行政部提交了自己的工作报告，制定了详细的司法调研计划，还自荐为中国主持编纂统一的法律典籍。1948 年 5 月，为了彻底改善法制，司法行政部专门成立了法制研究委员会，委员会下分设“法学著作编纂委员会”及“司法调查团”。这两项工作都由庞德与杨兆龙共同主持。其中，庞德率团实地调查过南京高院、南京警所、南京监狱及监狱看管所，并多次出席律师公会全国联合会及杭州市律师公会举行的座谈会。庞德对中国法律制度的研究几乎是全景式的，在法律继受、司法改革、统一法律解释、法学理论著述、法学教育等领域都有专论留世。但归结起来，庞德对中国法律改革的核心观点可以概括为：中国应该继续采用罗马法系模式；应该统一法律体系、注重法学理论教育；在引进域外制度时，应顾及特殊的文化及国情；不应机械解释法律；不应当让国民去适应法律，而应当让法律去适应国民；等等。

1948 年 11 月 21 日，由于国内时局的变化，庞德夫妇在美国驻华大使司徒雷登的督促下匆忙离开中国。原本雄心勃勃的法律改革计划只得中途夭折，庞德的法律改革建议尚未来得及实施就被历史尘封。多年以后，有学者认为庞德晚年在中国的影响力甚至已经超过美国。然而法学理论之于法律实践，永远是两个不同的领地，虽然有交叉却无法完全融合。提出一整套改革设想甚至起草一整套制度方案都相对容易，但要转化落地、付诸实操却远没有那么简单。正如庞德夫妇离开中国时的蹒跚背影所隐喻的那样：在拥有千年古老文明的国度实施法律改革，没有一帆风顺的路可走。

[原载于《方圆》杂志 2016 年第 10 期“衡平法理”专栏]

犬儒主义者的普洛透斯之面

犬儒主义根源于古希腊的第欧根尼，在现当代特指没有理想，逃避责任，以所谓生存逻辑压倒一切。当犬儒主义成为一个社会的主流思潮时，这个社会便会从整体上失去其精神和理想支撑，从而也不会为自己赢得一个值得期许的未来。正因为如此，一个积极追求现代化的民族，必须旗帜鲜明地对各种犬儒主义进行深入的批判。

犬儒主义者虽然涵盖不同的人群，有着各种不同的心理诱因和处事逻辑，但可以将其分为生活的犬儒主义者和学术的犬儒主义者两个大类。生活的犬儒主义者可以理解为主观上没有犬儒主义的学术概念，但其客观言行符合犬儒主义特点的不自觉的犬儒主义者。学术的犬儒主义者是指有着明确的犬儒主义概念，主动积极地把犬儒主义奉为自己的人生圭臬并将之推向社会的犬儒主义者。学术的犬儒主义者常常披着学术的外衣，用学术的词汇来积极地为犬儒主义提供种种合理化论证。如果说生活的犬儒主义者是出于生存逻辑下的无意识，尚能给予某种原谅的话，那么对于作为“超犬儒主义者”的学术的犬儒主义者所给的则只能是批判了。

学术的犬儒主义者们所赖以立论的信条，归结起来不外乎以下几点：第一，生存逻辑压倒一切；第二，现实的就是合理的；第三，必需的就是善的；第四，一切都由实力说了算。批判学术的犬儒主义，必须要对这些看起来冠冕堂皇的信条进行逐一批驳。

首先，生存的确压倒一切，不生存下来，一切都不用多谈。但是犬儒主义者们却有意抹去生存和生活的差异，认为凡是生活问题都是生存问题，通过将生存问题泛化和滥化，从而为自己的犬儒逻辑赢得合理性。然而事实却是，人们的生活问题不都是生存问题。马克思所讲的生存和发展的区分，马斯洛的需要层次理论都说明了人们面临的问题中仅有很微小的一部分属于生存问题。在现实生活中，人们追求真理，追求幸福，追求美，这些都超越了生存的层次。即便是现实中纯粹的物质利益追逐，很多也都无关乎生存本身。犬儒主义者挥舞着生存的大棒，将一切问题都归结为生存问题，不仅表明了其认识逻辑上的幼稚，而且将犬儒主义者反理想、无信念的本质暴露无遗。

其次，现实的就是合理的吗？黑格尔在说现实的就是合理的这句话时，是有其哲学背景的。黑格尔的这句话主要想说明现实的是已经实现了的可能性，有其条件和原因，是偶然性向必然性的转变。置于黑格尔的整体哲学中，这句话也可以理解为现实的东西都是绝对精神在其历史时空中的一个表现形式。但是犬儒主义者们脱离黑格尔的哲学语境，生搬硬套地用这句话来为自己辩护，则是不值一驳的。如果现实的就都是合理的，那么变化就是不合理的。可是今天的现实却又是从以前的现实变化过来的。可见，现实的就是合理的这句话，单从逻辑上都无法自洽，更不用说它和人们的价值倾向性完全相悖了。

再次，必需的就是善的吗？英国哲学家休谟曾说过，国家是必需的邪恶。这句话当然有其当时的特定背景，暂且不去评论，但却能说明必须和善之间并不能画等号。以赛亚·伯林在他的价值多元论难题中通过论证善和善之间不可调和的矛盾使得恶必需。就拿中国传统文化中的“极高明而道中庸”来说，中庸之道在现实中也许有必需的一面，但这能说明它就是中国传统文化的精华吗？现实中不好的东西有三种存在逻辑：第一，把不好的东西当作好的，积极追求；第二，明知是不好的，但屈于一时的利益考量，仍然去利用；第三，明知是不好的，但迫不得已，必须利用。可见，在现实中奉行中庸的人也应该分为三种，对第三种人固然可以原谅和同情，但对第二种人尤其是第一种人则必须给予批判。需要指出的是，即便可以对第三种人给予原谅和理解，这也仅仅是对特定情势下的特定行为的一种认可，对“极高明而道中庸”这个原则本身仍然要加以批判。犬儒主义者们混淆了行为原则和特定行为的区别，抹杀了人们行为的主观动机差异，仅仅从行为的结果去评判行为本身，是道德虚无主义的表现。就拿杀人来说，同样是杀人，但道德评价则要区分正当自卫的杀人和故意蓄谋的杀人。事实上，任何道德评价都要考虑到人的主观动机，纯粹结果评价的道德是伪道德。我们固然不赞同以道貌岸然的样子去做卫道士，但是全然地做个道德虚无主义者也是我们断然不能接受的。

最后，一切都应当由实力说了算吗？毋庸讳言，实力永远是社会博弈和路径选择的一个重要因素。特别是马基雅维利式的实力论，在历史中将长期存在。但一切由实力说了算，是一种赤裸裸的强权即公理的论调。现实是什么和现实应当怎样，永远都应该有区别。抹杀这个区别，是犬儒主义者最本质的特征。任何一个有希望的社会，都应当将美德、善和公正置于实力之上，让实力服从美德，而不是让美德屈从于实力。在法治社会，尤其应当做到法律面前人人平等，让法律和规则去制服实力的蛮横和傲娇。在法律面前，博弈的不应当是权势与金钱，而是既成事实和既定规则对谁有利，不论富贵与贫贱都应当持有同一标准。“我爸是李刚”，但“李刚”同样需要遵从法律和公共道德。实力决定论泛滥，不论是国内还是国际，都将成为秩序的破坏者，成为文明的威胁力量。

犬儒主义者具有抗拒批判的本能，也发展出许多具有迷惑性的说辞和论调。比如混淆差异、简化问题，不区分事物的程度乃至性质的差别，对事物采取一种简单化、模糊化的处理，歪曲批判者的内容，将批判者拉下自己设定的陷阱。比如，批判和鼓动原本是一对不同逻辑范畴的事物，但犬儒主义者却将之视为一枚硬币的两面，认为批判一件事物就必然意味着鼓动它的相反面。如果一个人批判中庸之道，犬儒主义者马上就会指责批判者鼓动别人饿着肚子反传统，指责批判者鼓动别人只身去扑森林大火。犬儒主义者通过故意的混淆差异、简化问题将批判者置于一个非常不利的环境之中，然后对之大加鞭挞，从而扭转自己抗拒批判的不利局面。事实情况却远没有这么简单。批判一个事物绝不代表鼓动它的相反面。乔装打扮是犬儒主义者所发明的一种抗拒批判的非常隐蔽的形式。犬儒主义者不仅消极地抗拒批判，还积极主动出击批判批判者。比如犬儒主义者认为存在一种“批判综合征”，认为批判也应该有个界限，批判本身也需要批判。犬儒主义者把批判的内容和批判本身相混淆，认为对批判的批判将导致不能批判，这无疑是荒谬的。

可见，打破犬儒主义最主要的是要批判学术的犬儒主义者，直陈其所秉持理念的荒谬。但由于学术的犬儒主义者的首要特征恰恰在于抗拒批判，特别是经过乔装打扮后的犬儒主义者竟然也以批判者自居，迷惑了很大一部分人，因此对犬儒主义的批判依然任重而道远。

［原载于正义网 2008 年 5 月 6 日“法律博客”版］

美联航事件：不谈种族歧视，只谈法律维权

美国东部时间2017年4月9日下午，一名亚裔乘客被芝加哥机场的三名安保警员从即将起飞的美联航航班上强行拖走。在这一过程中，这名亚裔乘客眼镜脱落、满脸鲜血且不断抗议。据悉，这架航班的旅客在登机后被告知，由于机票超售将有四位旅客必须下飞机。这位亚裔乘客被美联航选中后，以自己是医生、第二天需要出诊为由拒绝下飞机，从而招致警察的介入执法。

截至目前，美联航的CEO已经向该名亚裔乘客致歉，一名涉事警员也已经被停职调查。如果再结合该亚裔乘客很快就被重新带回原座，并未错过该次航班，那么这起事件似乎已经得到了妥善解决。出人意料的是，这件事非但没有平息，而且还同时在太平洋两岸的中美两国网络上引发舆论狂潮。甚至有人在白宫请愿网站上发起签名，要求美国联邦政府对该事件展开调查。

法治社会的一大特点就是，纷繁复杂的社会事件最终总能规约为法律事件，总能在法律的框架之下进行分析和解决。美联航事件也不例外。对整个事件的解读，如果偏离了美国的相关法律背景，除了会堕入各种阴谋论泥潭无法自拔外，对于该名亚裔乘客的权利保障或者对于解决北美普遍存在的超售机票、强制下机现象很难有多少实质性建树。

乘客购买机票，就意味着乘客与航空公司之间订立了运输合同。航空公司有义务在约定的时间、约定的地点、用约定的航班将乘客运往约定的地点。因此，一旦乘客完成付款特别是已经被允许登上

飞机，那么航空公司放弃承运义务显然是典型的违约行为。此处存在一个流传甚广的法律误解是：只要乘客买了票，航空公司就必须要承运；只要乘客登上了飞机，机组就没有任何权利要求其下飞机。其实这种逻辑不仅在中国是不成立的，在美国的法律中同样得不到支持。

在一个完整的法律体系中，义务跟权利一样，都是存在位阶和效力差异的。承运是合同义务，但这种义务的效力和位阶并不高，远达不到“不可撼动、不可挑战”的程度。如果美联航拒绝承运，那么其只需承担相应的违约责任即可。特别是考虑到美国法律允许航空公司超售，如果不允许美联航对部分乘客“拒载”，客观上必将导致整个航班“超载”，从而极大地危及飞行安全和公共安全。“9·11”事件后，美国颁行的《航空安全法案》更是规定乘客登机后必须服从机长的管理和命令，机长有权让任何乘客离开飞机。

尽管如此，当飞机超售导致超员时让谁离开、如何离开仍然是一个可以在不同层面进行探讨的问题。此次美联航事件中，亚裔乘客最终并未被强制带下飞机，因此航空公司并不需要对其承担违约责任。但在整个过程中，由于其遭受了人身损害，那么他当然有权向有关的侵权责任主体进行诉讼索赔。根据美国交通部关于超卖的相关条款，航空公司对于超售的座位需要乘客离开的，最高补偿不超过1350美元。不过，如果这名亚裔乘客选择提起人身损害之诉，赔偿数额将远超于此。

当然了，人身损害赔偿的具体金额很大程度上取决于各方的过错大小。身体损害是由于亚裔乘客的自残行为导致还是由于警方的暴力执法造成？机组人员向机场警方求助时是否如实报告了事情经过？这些问题都需要进一步调查、厘清。无论如何，有了中美两个超级大国的舆论加持，再加上美国向来胃口超大的陪审团协助，如果这名亚裔乘客以人身损害为由起诉维权，很可能将获得一笔不菲的赔偿。

[原载于《新京报》2017年4月12日“评论”版]

不要只用“霸权”视角看待美国的“长臂管辖权”

2015 年 5 月 27 日早上，一些正在熟睡的国际足联官员突然遭到瑞士警方逮捕。两天后他们本将在国际足联大会上参与选举新一届国际足联主席，而他们中的 7 人却被引渡到美国接受审讯，再也未能返回。很多人都同意这次行动掀开了国际体育组织反腐的高潮，但却很少有人理解为何是远在大西洋彼岸的美国司法部主导了这次抓捕行动。

在此之前，国际足联在世界杯申办、国际赛事转播等领域的腐败问题早已被炒得沸沸扬扬。奈何在经过一系列“自查自纠”之后，国际足联始终宣称没有重大违规。国际足联所在地瑞士苏黎世素以廉洁著称，但在调查国际足联贪腐方面却迟迟没有作为。直到美国司法部强势介入并主导调查之后，瑞士警方才应美国的要求，逮捕了 14 名国际足联官员和相关体育公司高管，从而揭开了国际足联腐败问题的冰山一角。

世界上绝大多数国家对于美国的跨国反腐都表示了欢迎和乐观其成，但也有少数国家认为美国对此并没有管辖权，美国插手国际足联事务完全是为了自身利益和推行国际霸权。其实，了解美国《反海外腐败法》的人都知道，美国在反腐领域实行的正是长臂管辖权。用时任美国司法部长洛丽塔·林奇的话说，这些人在美国策划了犯罪，使用了美国的银行系统，赚取了美国市场的利润，不公平的比赛影响到了美国的球迷，所以美国毫无疑问拥有管辖权。

也许有人会说，足球比赛是世界的，国际足联也是世界的。照美国的逻辑，许多国家甚至中国都可以据此主张管辖权。没错，许多国家都可以诠释同样的逻辑，但只有美国在逻辑之外还存在切实的国内准据法可供选择和援引。人们都说美国发挥国际作用、保障国家利益依靠的是其超强的综合国力，而综合国力除了经济、军事、文化实力之外，类似长臂管辖权这样超前的立法实践和司法制度同样不可小觑。在美国政府的一系列制裁案中，长臂管辖权都是确保制裁发挥效力的神器和利剑。如果美国政府制裁某一家公司，那么只要这家公司与美国存在“最低限度的联系”，美国政府都可以据此行使长臂管辖权，依据其国内法进行调查和指控。美国司法部就曾经对辽宁鸿祥和珠海振戎等中方公司进行过制裁或指控，而中国外交部则明确反对任何国家根据其国内法对中方实体或个人实施长臂管辖。

虽然长臂管辖权给民众留下深刻印象的都是国际案件，但其实这项制度始于美国国内的州际司法系统。1945 年的“华盛顿州政府诉国际鞋业公司案”所确立的“最低联系原则”被认为是开启了长臂管辖权的先河。美国有一家登记注册在密苏里州的国际鞋业公司，在华盛顿州设立了一个办公室，招募了几名业务员征集订单。华盛顿州政府知情后上门向国际鞋业公司征收失业救济基金，被后者以注册地和营业地均不在华盛顿州为由拒绝。吃了闭门羹之后，华盛顿州政府一纸诉状将国际鞋业公司告到了法院。被判决败诉后，国际鞋业公司以华盛顿州法院不具管辖权为由一直将案件上诉到了联邦最高法院。最终大法官判决认为：国际鞋业公司虽然不在华盛顿州，但涉及本案的交纳义务直接产生于被告在华盛顿州的活动，与华盛顿州存在“最低程度的联系”，华盛顿州法院对本案具有管辖权。长臂管辖权在美国国内得以普遍接受并发展成熟的标志，是美国统一私法协会制定的《统一联邦和州示范法》。该法典关于长臂管辖权的规定为各州提供了指引。

现如今，长臂管辖权从“最低联系原则”中进一步发展出了“效果原则”。即主张只要某一发生在国外的行为在美国境内产生了所谓的“效果”，不管行为人是否具有美国国籍或住所，也不论该行为是否符合当地法律，只要这种效果或影响的性质使美国行使管辖权不是完全不合理，对于因此种效果而产生的诉因，美国法院便可行使管辖权。也即，美国法院在行使长臂管辖权时只要满足法院地州的法规和联邦宪法的正当程序条款即可。例如，根据《反海外腐败法》，国外公司或公民哪怕只是使用了美国的银行或者网络支付了贿赂，美国便有管辖权。又如，1997 年美国司法部颁布的《反托拉斯法国际实施指南》明文规定：“如果外国的交易对美国商业发生了重大的和可预见的后果，不论它发生在什么地方，均受美国法院管辖。”

国际管辖权的争夺不仅涉及利益博弈，还涉及司法主权的冲突。随着跨国交往的加深，特别是互联网跨界侵权现象的频发，首创于美国的长臂管辖权被越来越多的国家所重视和接受。对于中国而言，当务之急不是简单地以霸权的视角去看待和抨击这一制度，而是思考如何应对长臂管辖权在国际私法和国际公法领域中的发展普及以及中国应当如何确立自己的长臂管辖权制度以更好地维护国家利益。

[原载于正义网 2017 年 5 月 26 日“法律博客”版]

苹果公司与 FBI 之间的未解“锁事”

在对一名犯罪嫌疑人实施逮捕过程中，警察从嫌疑人的身上搜到了一部手机，警察是否可以未经法院许可而直接查看手机中的短信或通信记录？在我们国家，警察可以、毫不犹豫地打开手机提取他们想要的任何信息。但在美国，这个争议却闹上了联邦最高法院。2014 年 6 月 25 日，联邦最高法院 9 位大法官罕见地一致投票判定：除非遇到特别紧急的情况，否则警方若想查看嫌疑人手机中的内容，必须首先取得法院的许可。警察强制调查权力和公民个人隐私权利的争议似乎结束了，不过美国政府和硅谷巨头之间的争议并未到此结束。如果嫌疑人手机设置了密码，那么警察可否申请法院强制生产商协助解锁呢？2015 年发生的另一起案例，再次将这个问题推向了舆论的风口浪尖。

2015 年 12 月 2 日，美国加利福尼亚州圣伯纳迪诺郡发生一起枪击事件，造成 14 人死亡，21 人受伤。该起事件，被认为是美国近三年来发生的最严重的枪击事件之一。两名制造枪案的疑犯分别是卫生局职员赛义德·法鲁克和他的妻子，两人随后被警方击毙。FBI 警探在后期侦查中寻获到了法鲁克的一部 iPhone 5C，但因为没有密码、不能解锁而无法获取手机内的信息。FBI 认为，手机内的信息对于调查枪击案的行凶动机非常重要，要求苹果公司提供特殊软件协助解锁。但苹果公司几乎未作过多考虑，就公开拒绝了 FBI 的请求。

调查人员发现，法鲁克的 iPhone 5C 设置了 4 位数密码，可能的组合理论上有 81 万个。更重要的是，这部手机配备了安全设置。一旦连续输错 10 次密码，那么手机内的信息有可能会全部自动清除。

因此，FBI 向法庭申请了两项强制令，要求苹果公司：第一，协助将法鲁克的手机改为无论输入多少次错误密码，都不会将手机内存资料销毁；第二，协助取消在输错密码后的时间等待，帮助节省调查人员的时间和精力。因为根据 iPhone 5C 的现有设计，连续 5 次输错密码，需要等待 1 分钟后才能继续输入。连续 6 次输错密码则需要等待 5 分钟，以此类推。

和此前遭遇的数十次申请一样，联邦法院加州河滨地区法庭支持了 FBI 的请求。2016 年情人节刚过，法官谢瑞·皮姆就发布命令，要求苹果公司提供解密软件，帮助 FBI 调查法鲁克的手机。然而，苹果公司选择了拒绝服从法庭的命令。一方面，苹果公司向法庭提交文件，要求法庭撤回命令，称其违反美国宪法，谴责联邦政府通过法院行使危险权力，实行对法律的无限解释，并指美国政府此举对数码安全和隐私保护有深远的影响；另一方面，苹果公司正式向加州中部联邦执法区法院提起上诉。

苹果公司的举动在全美引起轩然大波。除了普通民众，向来站在民权阵线一侧的律师，也有人对此颇多不满。一些律师指责，苹果公司的加密政策对调查刑事犯罪构成了实质性障碍，甚至有人警告苹果公司的做法将会加剧美国的恐怖主义风险。当时的两位总统候选人特朗普和希拉里，也不得不对此事件作出正式表态。特朗普“旗帜非常鲜明”地表示，“100% 支持法院”“苹果必须解锁手机”。希拉里则“圆滑”许多，仅表示，希望 FBI 和科技企业之间能够加强合作，让调查机构能够掌握恐怖分子使用的加密技术。

眼看多数社会舆论并不站在自己一边，苹果公司展开了舆论反攻。苹果公司首席执行官库克在官方网站上发布了一份《告客户书》。库克表示：“政府的要求将破坏苹果公司几十年来旨在保护客户的安全机制，让包括数千万美国公民在内的客户暴露在黑客和网络犯罪分子的攻击之下。”库克警告说，如果政府能够通过法令解锁一部 iPhone，那就会有权入侵任何人的手机攫取数据。政府将能够进一步侵犯公民隐私，并可以要求苹果公司开发监控软件，截取用户的消息，访问用户的健康记录或财务数据，跟踪用户的行踪，甚至远程调用用户的麦克风或摄像头。库克强调，政府的要求将最终损害公民自由，苹果公司反对此条命令的影响将远超出当前的法律案件。库克同时澄清，苹果公司同样为“消逝的生命哀悼，同时也希望为生活受到影响的人们伸张正义”。

舆论战正酣，FBI 却向法庭撤回了申请。理由是，2 月 28 日，FBI 通过第三方技术破解了这部手机。巧合的是，就在第二天，纽约东区联邦地区法庭法官在另外一宗贩毒案件中，判决联邦政府无权强制苹果公司解锁涉案手机。这是苹果公司与美国政府就手机解锁发生纷争以来首次获得来自地方法庭法官的支持。苹果公司并没有被这一连串的“胜利”冲昏头脑，而是更加坚决地拿起法律武器，要求 FBI 公开破解法鲁克手机的方法。而除苹果公司之外，众多硅谷巨擘都与美国政府存在着争端：它们通常以“有保护用户隐私的承诺”拒绝帮助政府获取用户私人信息。时至今日，如何在政府调查需要和公民隐私保护之间取得平衡仍是美国社会亟待解决的问题。

十几年前，冯小刚的电影《手机》红遍大江南北。剧中主人公的一句台词至今令人记忆犹新：“再这样下去，你们的手机就不是手机了。是什么呀？手雷！”电影《手机》描述的还只是 2G 通信时代，除了通话和发短信，那时手机的功能与现在不可同日而语。如今随着智能手机功能的日益强大和普及，个人隐私越来越向手机等智能终端集中。过去将住宅视为个人隐私的堡垒，如今智能手机中的个人隐私甚至比住宅还要多。如果我们的立法和司法不能敏锐地洞察到这一现实和趋势，那么我们的个人隐私在法律保护上就留下了巨大的缺口。正因为如此，大洋彼岸的这些法律论争并非与我们无关，我们也不能只是充当看客。在智能手机时代里，我们的关切与他们并无二致，一点也不比他们少。

[原载于《方圆》杂志 2016 年第 23 期“衡平法理”专栏]

《中国好声音》背后的司法难题

炎热的暑假到了，浙江卫视的黄金强档节目《中国好声音》却无法再和观众见面，取而代之的是一档《中国新歌声》的节目。观众熟悉的“the Voice of China”的旋律和“持有话筒的V字手势”标识在新节目中都不见了踪影。出现这样的变化，很多观众都大呼不习惯。其实这并非节目制作方的本意，而是这档节目背后的知识产权争议使然。

也许很少有人会想到，一档《中国好声音》的节目竟然牵出了数宗跨国诉讼纠纷。原来，一家叫作Talpa的荷兰公司声称自己才是《中国好声音》电视节目名称的合法拥有者。Talpa公司主张，“the Voice of”系由其独创开发的以歌唱比赛为内容的真人选秀节目，在全球六十多个国家播出。“the Voice of China”之所以在中国落地并经由浙江卫视播出，是因为灿星等国内节目制作公司与其签订了授权许可协议并支付了版权费用。但如今协议到期，双方因版权费用产生分歧，未能续签协议，因此灿星等公司继续使用“中国好声音”构成了侵权和不正当竞争。

一边是灿星公司嫌Talpa公司坐地起价、漫天要价不厚道，另一边是《中国好声音》已经积聚起来的巨大人气不断吸引着新的游戏玩家争相加入。很快，唐德影视乘虚而入，斥资5亿元人民币从Talpa公司获得了第五至第八季《中国好声音》节目的相关知识产权。唐德影视制作的《中国好声音》节目尚未问世，浙江卫视的《中国好声音》节目却依然火热，三方争议由此骤然升级。

Talpa 公司先是在香港申请法院临时禁制令，禁止制作与播放《中国好声音》第五季节目。随后唐德影视又在北京知识产权法院起诉，索赔人民币 5.1 亿元。正式开庭之前，法院作出保全裁定，责令灿星等公司在节目制作与宣传过程中停止使用《中国好声音》的名称与商标。迫于 Talpa 公司和唐德影视的司法攻势，浙江卫视只得将《中国好声音》正式更名为《中国新歌声》。

习惯了“好声音”的音迷们，对“新歌声”还真没那么适应。多年来一直赞助《中国好声音》的加多宝，有一句经典的广告词：“还是原来的配方，还是原来的味道”，意图冲淡王老吉更名带来的冲击。《中国新歌声》的节目模式没有改变、嘉宾阵容没有改变、播出平台没有改变，但仅仅因为节目名称变了，收视率就止不住地大幅下滑。灿星等节目制作公司及其隐藏在背后的浙江广电集团终于憋不住了，选择打破沉默、开始反击。方法很简单，以其人之道还治其人之身。浙江广电集团向唐德影视提起诉讼，称《中国好声音》中文节目名称是浙江卫视创造的，要求唐德影视立即停止使用《中国好声音》电视节目名称并赔偿人民币 1.2 亿元经济损失。与此同时，灿星及其关联公司声称将在荷兰、英国和美国同步对 Talpa 公司提起国际诉讼。

官司正酣，观众要想在电视机前重温《中国好声音》的美好时光估计短时间内怕是没法实现了。相关诉讼的最终结果如何，现在尚无法预测。但不论法院如何判决，这一系列的诉讼注定会是一场马拉松式的漫长争夺。也因此，《中国好声音》怕是再也“回不到从前”了。

作为前车之鉴，《中国好声音》背后的司法纷争给观众留下的也许只是遗憾，但对国内电视行业而言却是一堂很好的成长课程：只有加大原创电视节目的研发，才能有持久的竞争力。简单地抄袭、模仿国外的“电视节目模式”，很可能将遭遇越来越沉重的司法代价。虽然目前还没有立法明确地将“电视节目模式”列入保护范畴，知识产权国际公约对其也没有明文规定，但鉴于“电视节目模式”凝聚了创作者的智慧，具有经济价值，将其列入著作权法进行保护乃是大势所趋。今后国内电视制作机构在引进国外的“电视节目模式”时，需要明确引进的“电视节目模式”中的核心“模式元素”，及时向国家广电总局进行备案，确定自己的排他性独占权利，防止被诉侵权或者被其他电视制作机构模仿或抄袭。

[原载于《方圆》杂志 2017 年第 15 期“衡平法理”专栏]

正义依然无尽

我同全国各地的民众一样，非常关心安徽“五周杀人冤案”。看了这个案件的相关报道以后，我的内心非常沉重。身为一个法律人，看到这样的案件不断出现，不断地刷新我们法律人的想象力，不断地突破我们所守护的各种底线，内心非常复杂。我要再一次向刘静洁律师及本案其他律师团队致以由衷的敬意。接下来，我主要谈谈五个方面的问题。

第一，这次冤假错案的平反，我们国家应当认识到，律师是这个国家必不可少的一支健康力量，是整个国家发展进步、长治久安的一支非常重要的建设性力量。这个案件应当使国家对律师的作用、律师队伍有一个重新的评估和认识。大家可以想一想，这样一个冤假错案长期得不到平反，对于家属、律师而言，他们对这个国家的法治就会失去信心。如果一个国家到处都是冤假错案，到处都是司法不公，却没有任何矫正和救济机制，这个国家就无法保持持续稳定。律师在单个案件上也许是站在公权力的对立面，站在政府、公安机关或者检察机关的对立面，甚至有时候站在法院的对立面，但是律师唯一的武器是法律，唯一的工作方式是语言说服，唯一的功效在于帮助公民自我防卫。如果律师的工作是有效的，他一定是在帮助落实这个国家的法律，帮助这个国家伸张正义。

第二，几乎所有冤假错案都会出现刑讯逼供的问题。安徽“五周杀人冤案”发生在21年前，那个时候的刑讯逼供总体而言比现在严重许多。通过这么多年的努力，应当说在普通的刑事案件中，刑讯逼供的成分确实降低了很多。但是，我也可以同样负责任地告诉大家，以我做刑辩律师的经历来看，刑讯逼供、骗供、诱供远未绝迹。我在苏州做过七年检察官，在上海做了四年刑辩律师。应当说上海、苏州都是我们国家法治比较发达、法治水平相对较高的地方，但在这些地方同样存在非法取证的问题。不过现在的方式和以前不一样了，一般不会直接有肢体接触或者直接殴打，但威胁、疲劳审讯、诱供、骗供等手段仍然存在。例如威胁说抓你的家属，供认后给予减轻处理或者取保候审等，用诸如这样的方式获取了非常多的虚假供述。一方面是侦查阶段的非法取证没有绝迹，虚假供述大量存在；另一方面是以口供为主要定案依据的现状没有改变，审判为中心的诉讼制度尚未形成。而且检察机关、法院通常对公安机关的取证怀有一种莫名的信任感，这种信任有时候让我们律师感到可怕。我作为律师，在会见当事人或者在和证人进行核实的时候，他们会告诉我当时作出不真实口供或者证言的原因，因为办案人员给他们承诺，说讲完了就没事了，如果不讲就会查一些别的东西，以此来威胁他们。这些威胁或者引诱很难留下痕迹，很难拿到证据，因此检察官、法官一般不会采信。现在许多公检法的人员，特别是法检人员，甚至认为冤假错案已经是过去式了，甚至有人认为冤假错案是维持社会秩序必须付出的代价。此种错误认识，如果得不到廓清，后果会相当严重。

关于排除非法证据，我反复强调一个观点，那就是公检法人员在讯问犯罪嫌疑人、询问证人的时候应当允许律师在场。这个制度可以把绝大部分刑讯逼供、骗供、诱供消灭掉。这在许多国家都是通行的做法，我相信其他国家能做到的，我们国家也能做到。而且，这不需要录音录像，成本很低。

第三，无罪推定和疑罪从轻的问题。关于无罪推定和疑罪从无，这几年不断在说，每个人都耳熟能详，但为什么却一而再、再而三地出现疑罪从轻呢？我们在澎湃网上关于“五周案”的一篇报道中看得很真切。当时发回重审的时候，合议庭形成两派意见：一派认为应当宣告无罪，另一派认为还是有证据证明被告人涉嫌犯罪，如果放了等于纵容了罪犯。我曾经也做过公诉人，坦率地说体制内很多人都持后一种观点。他们认为虽然证据不够，但可能是因客观原因无法收集，毕竟证据永远是事后收集的。例如在“五周案”中，公安人员找不到杀人的凶器，就在原审被告人家厨房里拿一把菜刀。但这没法证明那就是杀人用的菜刀啊！并且原审被告人口供之间相互矛盾，口供本身不稳定，证人证言之间也有矛盾，但合议庭认为有部分证据证明被告人可能涉嫌犯罪，他们内心会认为这是人命关天的案子，万一把杀人的人给错放了怎么办？因此他们内心很恐惧。其实，我们国家很多法律人并没有真正明白一个道理，就是为什么要坚持疑罪从无而不是疑罪从轻。前几天在华东师范大学法学院做讲座时，我提出了一个观点：天下无冤远比天下无贼有价值。我们的刑法通过一整套国家机器去惩治凶手、伸张正义，这当然是必要的。但问题是，一个国家在刑事方面最重要的是预防犯罪。靠什么去预防犯罪？靠合理的财富分配机制、高素质的教育、畅通的表达渠道和司法制度的公正，这才是最根本的途径。没有哪个社会是完美的，一定会有漏网之鱼，社会发展得再好还是难以杜绝犯罪，这个时候我们应该怎么办？我们有一整套制约犯罪的手段，比如全国统一的身份查控系统、指纹系统，日益强大的侦查科技，无处不在的监控探头等。如果一个人计划实施犯罪，那么他将受到无处不在的制约，所以单个人犯罪所能造成的危害终究是小的。但是，如果脱离了证据，在没有充分证据的情况下可以随便抓人，一旦这个底线被突破了，那么作恶的就不是个人了，而是一整套国家机器。相对于单个个体实施的犯罪而言，不受控制的权力、脱离证据的法治才是真正的社会杀手。脱离证据可以刑讯逼供、屈打成招，从理论上讲，每个人都有可能成为冤假错案的牺牲品。正义如果在一个地方守不住，最终就会全线崩溃、坍塌。宁可错放一百，也不能误杀一个。如果被释放的人是真凶，那么应该检讨的是法网为什么不够严密，为什么不能通过各种渠道去收集足够的证据？稍一比较就知道，法治化程度越高的地方犯罪率往往越低，恰恰是那些有严刑峻法却不讲法治的地方，犯罪率反而越高。

第四，申诉的问题，这个案子的被告人蒙冤21年才平反。我们经常说这是迟到的正义，迟到的正义比没有正义要好。近年来国家对纠正冤假错案相当重视，有一大批长年得不到解决的案件相继得到了平反。应该说这是一个进步，我们必须给予肯定。但是这个案子当中同样暴露出很多问题，例如司法机关的冷漠、不负责任，长年申诉不被重视，甚至反过来要求申诉人或者其代理律师拿出无罪证据。这种做法不是安徽独有的，是全国所有申诉案件中普遍存在的问题。判决生效以后如果要申诉，司法机关把举证责任倒置过来了，要求申诉人举证。可是，申诉人怎么举证呢？他被剥夺了人身自由无法取证，律师的调查取证权又受到极大的局限，我们国家又不承认私家侦探。在中国，律师调查取证的权利是很小的，受到种种看得见、看不见的因素的制约。绝大多数刑事律师都是不愿意调查取证的，尤其是关于口供的证据，因为风险太大。让申诉人拿出证据来证明其没有作案、证明当年系错判是很难的，也是违背《刑事诉讼法》规定的。

我们应该怎么去界定冤假错案？当年案子判决的时候，如果判决依据的证据体系达不到当时法律规定的证明要求，那么就是冤假错案。申诉人只要证明当时的判决是在证据达不到法定证明标准的情况下作出的即可。可能很多人又会说，虽然现有证据不能证明你是凶手，但不代表你就是清白的，你事实上就是凶手。典型的就是福建念斌案。念斌即便最后被法院判决无罪，公安又对其进行继续侦查，继续把他锁定为犯罪嫌疑人，甚至限制其出境。一个人到底有没有犯罪，只有上帝知道。我们人类靠什么去做判断呢？我们只能靠证据。没有证据证明一个人杀了人，那他就没杀人。不存在法律宣告无罪而实质上他仍然有罪的说法，因为那样的说法本身就是反法治的。我们所有局外人包括司法机关在证据之外无法也不应该作任何判断。

第五，谈谈追责的问题。本案五名蒙冤者在被当庭宣告无罪后表示宁愿不要国家赔偿也要追责，这又是一个沉重的话题。我前几天发了一条微博，认为本案应当立即启动问责程序。本案涉及抓捕证人，威胁要抓捕律师，对原审被告人进行刑讯逼供等问题。虽然判决书没有认定刑讯逼供，但这是一个很简单的常识。如果没有被刑讯逼供，一个没有杀人的人怎么会承认自己杀了人呢？实践中，如果一个案件中证人证言改变了，公安机关就会怀疑是否律师在中间做了“小动作”，要把律师以伪证罪、妨害作证罪抓起来。但是，本案中那些公然刑讯逼供的，公然让证人作伪证的，公然威胁抓捕律师的人反而没有被追责。追责的目的不是报复，而是没有办法的办法。我们通过追责去警告、阻止其他的后来人继续做这样的事情。冤案平反难，但错案追责却比平反冤假错案更难，这显然不正常。

安徽“五周杀人冤案”的平反，多亏了媒体的报道。现在对媒体关于个案报道的要求越来越严格，很多地方都要求媒体在法院、检察院对案件再审立案之前不能报道，理由是要尊重法院的生效判决。媒体在法院、检察院再审立案之后报道那叫锦上添花，在再审立案之前报道那叫雪中送炭，我个人不赞同以尊重生效判决的权威为由不允许媒体报道的做法。所有法院生效判决的效力有两种：一种是法律上的效力，一种是人心上的效力。如果判决不能让人信服，即使判决在法律上生效了，也并不能增强司法的公信力。真正的司法权威建立在人心之上，所以适当的媒体报道应当被允许甚至鼓励。而且站在实体公正、纠正冤假错案的角度上讲，媒体监督和公众讨论也是非常有意义的。

[原载于正义网 2018 年 4 月 27 日“法律博客”版，
本文为作者在“安徽五周杀人案研讨会”上的发言，有修改]

第二篇　**书香法意**

规则的形而上分析

我们愈发生活在一个规则的世界中。一方面，文明的进步扩展着我们的自由；另一方面，规则对我们生活的渗透日益加深，对我们行为的规制日益细微——我们越来越只能倚靠规则去获得自由。因此我们要理解我们的社会，理解我们自身的命运，就不能只研究规则的现象学，还需要研究规则的形而上学。《规则的理由》一书就是布坎南和布伦南两位先生从经济学的视角对规则的本质、产生、功能和运行规律所作的分析。

关于规则产生的理由，概括起来大致有两种理论，即契约主义和非契约主义，前者的典型如霍布斯，后者的典型如马克思。本书作者认为，历史上规则的产生是强者征服弱者的结果，但是，如果从理论上假定规则“仿佛”是从契约中产生的，则可赋予规则以合法性的考查，从而奠定宪政主义的根基。本书作者主张契约式的宪政主义，从个人主义和个体价值出发，将“全部政治事务仅仅看作一个复杂的涉及多人的交易或契约系统。个人必须被认为是聚集在一起探求某些问题并最终达成协议，以建立对大家都相互有利的集体组织或安排”。因此，政治制度、个人权利都是交易的结果，都能从契约中推导出来，从而排除了那些先验的所谓自然权利。

本书作者对契约理论的独到贡献之一在于借鉴并修正了罗尔斯的“无知之幕”，创立了不确定性之幕的理论。作者认为，一方面，每个人从社会获得的信息都是极其有限的，未来充满了未知，因此人们在选择一个规则时，这种规则对自己利益的影响充满了不确定性。另一方面，人际合作的需要使他们懂得达成协议对他们是有利的。因此，人们在协商契约、选择规则时，就会处于和罗尔斯的无知之幕相似的不确定性之幕里面。无知之幕中由于每个人不了解自己的特殊信息，从而使人们能选择一个公正的规则；不确定性之幕中由于个人对规则产生的影响和结果的不确定性，依然使人们倾向于选择一个公正的规则。罗尔斯的无知之幕纯粹是一个假设，而本书作者的不确定性之幕则是一个现实解读，更具有真实性，因而更富有说服力。

作者认为规则的作用在于使人们能够相互预见彼此可能的行为。在一种规则体系之下，社会结果可以看作是人们相互行为所形成的均衡。对于社会结果不应该用某种外部性的、独立的规范性标准去评价，相反，正义的社会结果仅仅源自对规则的遵守。与传统的讨论聚焦于规则的公正性相反，作者认为规则在逻辑上优先于公正，“规则变成了公正的基础”。作者区分了规则的选择和规则确定之下的选择。规则的选择涉及规则之间的公正，而这种公正依赖于选择规则的规则，可以称为元规则。元规则的合法性源于人们的同意，规则的合法性即正义性则源于对元规则的遵守。作者将公正定义为不违反获得自愿同意的规则，认为规则存在本身就意味着公正。

作者进一步认为，只要参与规则所规范的活动便可视为对规则的自愿的同意。与此同时，只有在受到极端的胁迫和暴力强制状态下所作出的同意才算是不自愿的。作者对公正与规则关系的分析可谓新颖独到，其好处在于为公正寻找到了一个确定性的基础，便于实证性研究；其缺点在于将规则本身视为公正的化身，容易歪曲规则可能实际上不公正的事实，并且为人们对规则进行合理的批评和质疑设置了障碍。一方面，人们参与规则规范的活动绝不能视为是对规则的自愿同意。原因在于有些活动是人生存所必须进行的，对这些活动的参与只是人的本能需要。如果规则将这些本能性生存活动纳入其规制范围，则民众将失去对规则表达抗议的能力。比如，在一个高度计划的经济体制下，人们必须服从政府分配的某个工作岗位，否则将无法生存下来。这时，个人参与政府分配的某一工作岗位的工作，绝非表明此人是对规则的自愿遵守。相反，这种工作参与恰恰是政府强制的结果。在这个问题上，作者陷入了和洛克、卢梭等人类似的泥潭中。他们似乎只是为了满足他们自己的学说假设，便通过一种显然不成立的推论来绑架个人的自由意志。另一方面，如果规则本身意味着公正，那么我们进行制度创新、制度改进的动力何在、理由何在呢？虽然作者将规则本身视作元规则之下的一种选择，从而为人们重新进行规则选择打开了另一扇大门，但是在解释人们为何要重新进行规则选择时，依然会遇到不可解决的困难。

作者比较了科学、真理和政治。科学是人们从事的一种事业，该种事业追求一种独立的、客观的标准，即真理。真理独立于科学家的信念。即便在某一时期，所有的科学家就某个科学命题达成了一致信念，也并不意味着该种信念即为真理。在科学中，所谓的真命题不过是在应用人自己的真理检验或真理判断方法，这种方法与真理本身无关。政治过程中的多数规则或者一致规则也属于同样的性质。多数同意或一致同意的规则未必就是最好的或者最恰当的规则。然而，多数同意或一致同意的确是一种发现最接近“真理”的结果的最佳规则。正如陪审团作出的决定不一定正义，但陪审团较其他所有的制度安排能更接近正确决定。形形色色的威权主义者，总是善于给政治披上一层科学或者真理的外衣。然而正如前文所述，由于真理独立于人们的信念，因此统治者就顺势剥夺了人们对其统治合法性的质疑能力。威权主义的规则常常以“公共利益”作为出发点和归宿点，将任何具体的个人价值束之高阁。这样一种威权体制使得以个人主义为起点的宪政主义变成了一种“仁慈的神话”。

在非契约主义中，民主制度的优越性取决于它在产生独立存在的“公共利益”方面的成就；而在契约主义中，民主制度的优越性源于它有助于以个人价值表达能力为基础的宪政制度。在非契约主义中，政治是结果至上论或者目的论的，其就被视为一个“公共利益”的发现过程。而在契约—立宪主义中，政治是过程论的，即“政治本身没有目标或目的。广义的政治就是一个复杂的制度过程，在这个过程中人们表达他们赋予呈现在他们面前的选择的价值”。对于政治的评价不是依据最终状态或社会结果，而是在应用规则的过程中。

作者将经济人的假设运用到政治领域，假定每个政治过程的参与者都会追求自身利益的最大化。作者也承认政治中的经济人假设并非因为它经验上总是正确的，而是因为它在分析上是恰当的。社会互动中的格雷欣定律证明了这种假设的必要性。格雷欣定律即恶行驱逐善行，所有人都会因为极少数追逐私利者的存在，而让自己采取追求私利的行为。因此，在设计政治制度时，必须以“经济人”为出发点。由于经济人暗含了一个前提，即互动主体之间存在着普遍的冲突，所以政治制度的设计也必须将政治代表置身于私人利益与公共利益冲突的漩涡之中。我们只有在这个冲突中才能坚固宪政理想的基础。

作者认为我们现在的社会面临着很多困境，因而试图改进我们所依靠和遵循的规则。由于我们处于帕累托最优状态，即我们有可能转变到其他状态至少能使一个人获益，而不会伤害到任何人，所以我们完全可以在民主制度中实现某种得到一致同意的变革。如果将规则视为一种权属确认和利益安排，则任何规则改变都具有利益再分配的特点；但是如果将规则视为一种行为框架，人们在这个框架中通过互动而“产生了分配结果的格局”，那么规则改变对人们分配的影响将是很难预见的。因此，作者认为如果将规则视为一种行为框架而非利益安排，则规则的改变更容易获得人们的支持。表现在改革方案上，规则的改变将在同意和实际落实之间引入一个时间差，即在将具有持久性和长久性的改革方案公之于众、寻求人们同意的同时，承诺该改革方案将在一个未来的时间落实以便不影响当前人们的既得利益。正是这种时间差将规则从一种利益安排变成了一种初始的行为框架，因而能够更容易获得人们的同意。通过这种变革方式，作者希望我们能向公民信仰迈进——在这种信仰中，"我们的注意力自然而然地集中在约束政府行为的规则上，而不是集中在为了政治对公民生活不断扩张的干预进行辩护的创新上"。

布坎南和布伦南在此书中以经济学的视角对规则进行了行而上的分析，引入经济人的假设来分析政治过程和政治行为，对我们都有很好的启发作用。他们对于民主制度中社会制度变革可能性的论证和对于变革方式的设计也使我们对生活于其中的这个"规则社会"增添了几分乐观。需要指出的是，作者在该书中对于正义和规则关系的说明虽然具有创新性，但却存在明显的错误和不当，也使得全书的逻辑上不能保持自洽和统一，成为全书的一个"软肋"。但是瑕不掩瑜，这本书仍然有助于加深我们对于规则的深层理解，也有助于拓宽我们认识规则的视野。

[原载于《文景》杂志 2007 年第 1 期]

解读司法过程

卡多佐被称为美国历史上最有影响的法律家和法学理论家之一，曾经接任霍姆斯成为美国联邦最高法院大法官。由于他对法律的现实主义、功利主义的态度，对政府干预和公共政策的理解和支持，普通法在他手下实现了“静悄悄的革命”。《司法过程的性质》一书精练地浓缩了卡多佐最主要的法律思想，已经成为法学经典著作。

司法在普通法中具有最核心的作用，理解司法过程是理解普通法的关键。此书作者正是以司法过程为中心，探讨了美国司法理论和实践中面临的重大问题。作者在开篇就问道，当法官在决定一个案件时他究竟做了些什么呢？他什么时候应该遵循先例，什么时候应该突破先例呢？在没有先例，或者在突破先例的时候，又应当怎样创制一个新的先例呢？在这样一个取舍和创制的过程中，指导思想和方法又有哪些呢？本书此后的行文，几乎都是围绕这些基本的问题展开。

作者认为，在遵循先例作为第一原则的普通法系中，法官在决定一个案件时，首先应该考察和比较先例。当有恰当而契合的先例时，法官的工作就是依据先例作出判决，但是作者认为“正是在没有决定性的先例时，严肃的法官工作才真正开始”。此处“没有决定性的先例”包含两种情况：一是没有类似的先例；二是有类似的先例，但由于社会情境的变化，已不能实现正义的要求，从而应被修正或抛弃。在前一种情况下法官依据什么原则创制先例，在后一种情况下法官又怎样决定之前的先例确定的原则“将要运行和发展的路径和方向”呢？对后一个问题的回答将会自然而然地使前一个问题变得明了。作者认为，一个原则可以沿着四个路径发展、演进：沿着逻辑的路线，即哲学的方法；沿着历史发展的路线，即历史的方法；沿着社区习惯的路线，即传统的方法；沿着正义、道德和社会福利、社会风气的路线，即社会学的方法。遵循先例使普通法具有了形式上的公正性，保证了普通法的统一性、一致性和确定性，是普通法的一个基本的原则，而逻辑的方法在这一过程中起了首要的作用。因为“先例有沿着逻辑发展路线自我延伸的倾向”，所以遵循先例就是遵循先例自身的逻辑发展倾向，是一个逻辑的推理过程。与此同时，作者又强调法官不应滥用哲学的方法。因为哲学的方法虽然能带来“形式和实质的对称”，却未必能实现实质的正义，回应社会福利的需求。正如作者所说：“规则所给予的启示只是一种正义的情感。这种情感无法禁止，我们带着遵从先例的神圣光圈围绕着它前进。”当原则扩展其逻辑达至一定的程度时，历史就会为其提供一个限度。原因就在于历史的发展并非总是合乎逻辑的，起源于特定历史条件下的原则，其逻辑扩展超出历史所能包容的限度时，便不能在新的历史条件下实现它原来的目的了。正如霍姆斯指出的那样，这个时候，“经常的情况是，历史的影响为逻辑扫清道路”。经常可以看到很多法律概念和法律原则除了历史的方法外，便无法理解。历史研究常常能帮助我们更好地辨明原则的过去，从而决定其未来。如果历史和哲学的方法仍不能确定一个原则的发展方向，传统的方法就可能被采纳。习惯是人们在长期的社会生活实践中形成的“自发秩序”，在普通法的历史中曾发挥了重要的作用。在今天，习惯依然是法官确认原则发展方向的一个重要检验标准。而现在哲学的、历史的、传统的方法都正让位于一个更重要、更根本的方法，即社会学的方法。作者坚持“法律的终极原因是社会的福利。未达到其目标的规则不可能永久性地证明其存在是合理的”，因此，“法律所服务的目的将支配所有这些方法”。为着社会福利的目的，法官有更大的权力违反以前的先例，创制新的先例。在社会学的方法中，制定法被视为指导一个理想社会的一些原则性宣告，法官对其应保持一种“流动性和动态化的理解”。法官在解释这些制定法时，不应去追问当时立法者的意图，而应该去追问当时那些立法者们忽略了什么，从而在“法律的缝隙”中实现法官的立法者职能。的确，在社会学的方法中法官的立法职能空前突出了，正如作者所说，“每个法官都在他的能力限度内进行立法”。然而，这并不意味法官可以随心所欲地进行判决，相反法官仍要受制定法、先例的约束，只能将其立法限定在“法律的空白处”，并且将其司法决定建立在“具有一种客观性质的某些因素之上”。总而言之，“社会学方法所要求的一切就是，法官将在这一狭窄的选择范围内来寻求社会正义”。

遵循先例的原则不应被放弃，但的确应该被放松。我们不应该被过去捆住手脚，尤其是当过去妨害我们现在所要追求的社会目标时。另外，法律的确定性、一致性一直都是法律最基本的价值，具有值得我们维持和珍视的重要性。那么，如何在这二者之间保持一种动态的平衡呢？作者富有洞见地指出“我们正趋于越来越理解这样一个真理”，即“说到底，只有很少的规则；而主要是一些标准和程度”。对这些标准和程度的把握很大程度上取决于法官个人的品行、学识、习惯、情感甚至偏见。作者不奢求法官将会绝对客观中立地去伸张正义、发现客观真理，相反，作者认为法官具有人的全部弱点和局限性，客观真理也有人的主观心灵的色彩。因此，作者劝告我们不要对法院的判决寄予过高的期待，但同时又应对未来保持信心，因为“未来本身会照看好这些问题”。

在作者所处的时代，美国正经历着由自由放任向政府干预的关键转折。卡多佐凭借着他对法律独特的、深刻的理解，积极支持法律对社会生活的干预，对普通法的变革起到了重要作用。然而，作者本人却非常谦逊，一再声称自己扮演的“小小的角色”是微不足道的。是的，在实现人类正义这一伟大的事业中，我们应该怀有对至善和永恒的敬畏，并使自己谦卑起来。“司法过程的最高境界不是发现法律，而是创造法律”，那么让我们接过火炬，在创造中让正义的火焰“辉煌”如昔。

[原载于《文景》杂志2007年第11期]

制度的隐蔽逻辑

在描述、解释一种制度的现状及其变迁时，人们通常采取文化、历史的向度。在“经济学帝国主义”的时代里，经济学为制度变迁提供了一个新的解释路径。而在阅读完《官僚制》一书后，笔者以为官僚制度也能在结构和功能主义的视角中为整个制度解释提供一把钥匙，也应该在制度解释中占有一席之地。

《官僚制》一书的作者毕瑟姆是英国利兹大学政治学教授，专于马克思和韦伯的比较研究。《官僚制》一书已经成为20世纪90年代以来欧美高等教育中最权威的社会科学教材之一，引进我国以后也受到我国知识界的重视。

提到官僚制，我们的第一反应就是政府拖拖拉拉、恣意横行、拥有不受监督的权力却同时又非常低效，总之官僚制在人们的日常用语中普遍具有贬义的色彩。既然官僚制为千夫所指，却又为何拥有那么顽强的生命力以致人类政治历史的各个时期都无法摆脱其统治呢？形式上千差万别的官僚制度是否具有某种共性呢？其权力来源是怎样的，又是怎样运作的呢？归纳起来，这些问题可以划归为三个问题，即官僚制与效率的关系，官僚制的权力来源，官僚制与民主的关系。

一

由于这些问题对于理解我们的社会和制度都非常重要，所以各个学科的学者都将官僚制纳入自己的研究对象，从而形成了不同的研究范式。作者在此书的第一章里对于官僚制与效率关系的分析就归纳了三种主要的研究范式：

（1）组织社会学：组织社会学研究社会中各种形式的组织的一般共性和提升组织效率的可能条件。韦伯认为各种组织的理性化结果就是采用了官僚制。他总结了官僚制所具有的四个最主要的特征：层级制，连续性，非人格性，专业化。换言之，官僚制是一种专业分工的结果，是一种严格程序理性的产物。在官僚制中，人成了组织机器的一个零部件，严格按照规章办事，没有发挥自己"主观能动性"的空间。这种机械化的科层制固然能够高效地完成既定的任务，但缺乏应变能力，因此具有相当大的保守性。

（2）政治经济学：政治经济学关注组织的收入来源，将官僚制界定为一个非市场的组织，它依靠拨款而非市场获得收入。市场是一种横向的、平等交易的机制，官僚制则是一种纵向的等级制度，"通过有意识地行使权威强制的结构，纵向地协调人们的行动。在层级制中，人们按照定义就是不平等的"。那么官僚制存在的合法性何在呢？作者认为，官僚制的存在可以从市场的前提中推导出来。科层的官僚制能够维护市场交易秩序，提供公共产品，从而降低社会成本。然而，由于官僚制规避了市场竞争，所以传统的经济学理论认为官僚制必然是无效率的。但近来的反对者则提出了一些理论试图证明官僚制也存在一定的竞争机制。一种观点认为组成官僚系统的各个部门为了有限的财政拨款而竞争；另一种观点认为选举市场的存在也使得官僚系统受到间接的竞争压力，而这样的竞争也同样会提升官僚制的效率。

（3）公共行政管理学："官僚制在这里意味着与私人组织中行政管理相对的公共行政管理。"该种范式中，官僚制的公共性和政治性使得官僚制的效率分析变得困难。公共管理和公共服务不能唯效率马首是瞻，经常的情况是人们为了实现正义、公平等价值而牺牲效率，这一点在行政程序中尤为凸显。然而效率依然是重要的，尤其是在现代社会中，效率更是被人们愈发重视。于是，人们倾向于认为有效的行政管理依赖于公共服务精神和公共责任程序。

综上，组织社会学关注的是组织结构问题，因而其效率问题实质上是组织形式和结构对目标和环境的适应力问题；政治经济学以利己的经济人为假设前提，其效率问题是如何协调官僚的私人利益和官僚制所要服务的公共利益问题；公共行政管理学关注的是文化和责任问题，其效率问题实质上是组织文化和责任机制与目标之间的合宜性问题。以上的各种范式既有其独特的视角又有其特有的局限，因此在这个科际整合的年代，作者认为“我们需要一种一般的官僚制概念，也需要一种官僚制的类型学”。换言之，作者采纳了韦伯的最为宽泛的官僚制概念，同时也吸收了不同研究范式的研究成果并将其视为一种官僚制分类标准。通过以上分析可以看出，官僚制具有保守性、自利性，具有独特的组织文化，这些特征使得“政策的内容，而不仅是政策的实施，受到行政管理体制特性的系统化影响”。

二

在解释官僚制的权力来源时，韦伯和马克思给出了不同的回答。韦伯认为社会的官僚化是专业化和分工的结果，是不可逆转的。与技术的进步、分工的精细化相对应的是各种形式的组织日益庞大和复杂，管理和协调事务越来越多，必须要有专业管理人员才能满足管理和协调的需求，才能提高效率。官僚正是在社会进步和分工中逐渐形成并独立出来的一个新的社会群体，是现代社会的典型特征。官僚制的产生一方面有利于提高效率，但另一方面其扩张又限制和威胁着个人自由。官僚化的世界是一个秩序化、安定化的世界，官僚制成为凌驾于个人之上的另一种权威，如果这种权威没有某种对抗因素从而达到某种“权力均衡”，那么创新、冒险等精神以及个人自由都将被窒息，我们都将成为一个机器人，故步自封于一个铁笼中。韦伯的这种理论为其后的社会主义实践所证明。在社会主义的各国实践中，市场被取消，生产分配都依赖一个官僚系统，这样一个官僚系统由于承担着史无前例的社会功能，因而具有史无前例的权威。又由于意识形态等方面的原因，社会主义国家的科层系统需要抵御内外各种力量的挑战和威胁，行政相对封闭，缺乏有效的制约官僚系统的外部力量。很快，这些国家的官僚系统逐渐趋向演变成一个新的统一阶层。通过官僚化的过程，工人阶级为确保其自身解放而创建的各种制度，成为一种趋向永恒化的机构和异己力量。或许，这就是历史律的二律背反。官僚制揭示了社会主义设想的深刻矛盾，从而也预兆了其最终的结局。在韦伯看来，只有在资本主义社会中，个人才能拥有同官僚制进行对抗的能力。这种能力来源于私有财产、市场的力量、结社的自由以及广泛的民主等。然而，即使在资本主义社会中，韦伯也不认为民主代表着真正的个人自由和大众权利，因为“在官僚制的时代，这仅仅是一个幻想”。韦伯著名的领导民主理论认为，民主的作用有两个：一是选择一个领袖对官僚进行指导和制约；二是使不称职的领袖下台。这种代表着自由主义的个人精英式民主理论对传统的民主理论作出了重大的修正，在某种程度上调和了古典的民主理论和马克思主义的民主理论的分歧。官僚化理论在韦伯的学说中具有重要地位，官僚化制度被视为现代化过程的关键制度，其权力来源于人们的工具理性和效率追求。与此相对应的是，马克思从阶级分析的立场出发，认为官僚制首先是一种阶级控制的工具，纯粹的技术和行政管理则是官僚制的一个次要的功能。在这些国家中，消除阶级对立是其初始目标。但为了确保实现这一目标，官僚制在扩张和强化自身的过程中滋生出了异化因子，从而发展出了取代无产阶级地位的危险倾向。托洛茨基将这一现象归因于各社会主义国家落后的社会状况。另一些学者则认为，官僚制确保了一种快速的工业积累，是当时普遍落后的社会主义各国不可或缺的选择。然而，这种功利主义的理论并未给各国社会主义实践的命运以有说服力的解释。虽然马克思主义者关于社会主义官僚制的理论没有经受住实践的检验，但其关于资本主义社会的官僚制理论则是不容回避的。这种理论认为“官僚制的权力问题是一个为保持对劳动力的社会控制所必需的权力的高度集中问题”，官僚制的权力根源于生产资料所有制的权力。

三

前面的分析中，几乎所有的理论都认为官僚制和民主都是对立的，然而作者毕瑟姆却不认同这种简单的二元对立的观点。作者认为官僚制和民主之间不存在韦伯所谓的对立。因为现实中的民主是少数对多数的服从，而不是全体一致的同意，这意味着民主本身包含着强制。官僚制正是民主本身所必须倚仗的制度。另外，民主意味着大众的压力，意味着民众要求更多更好的公共产品和公共服务，这也必然导致政治领域的扩张和官僚制的强化。由此可见，民主和官僚制具有内在的相容性和依赖性。我们的现实追求只能是一个官僚的民主制或者民主的官僚制，作者认为这样一种制度应该具有以下三个特征：专业建议的多元化和开放性；平等而透明的咨询渠道；在公共服务的酝酿过程中对公民负有解释责任。然而，为什么有那么多的学者以对立的观点来看待官僚制和民主的关系呢？通过进一步分析官僚制的运作过程，作者发现官僚制的一些社会功能使得它必须走向独立和自我封闭。这些社会功能有：对未解决的社会冲突的管理；中央过分扩张的态势；保护国家的安全利益等。换言之，并非官僚制本身反民主，而是官僚制的某些社会功能使得它的信息垄断能力和组织能力变得反民主。之前的学者正是混淆了这两者之间的区别，将官僚制的社会功能误解为官僚制属性本身的缺陷。一种为了确保民主而建立的机制反过来又限制和阻碍了民主，这正是民主的悖论。然而正如作者所言：“作为民主社会的公民，如果我们要扩展民主实践自身的领域，就需要既理解这种能力的价值，又理解这种能力的局限。”

官僚制作为一种相对封闭的制度，其自身运作的逻辑对于理解整个国家制度运作的重要性不言而喻。在韦伯式的官僚制中，官僚是非人格化的，官僚制的负面功能源自官僚制结构本身；马克思主义的官僚制中，专业化的官僚意味着控制和压迫；毕瑟姆的《官僚制》在承认官僚制对民主的阻碍的同时，却又表明这是民主自身的吊诡。然而，现实中的官僚制却并不是前面三位学者所设计的“理想型”。官僚制是对官僚的制化，而官僚和制的关系在不同的历史时段、不同的文化背景下却呈现出大异其趣的形式。这些形式在保持官僚制共性的同时，却也使官僚制对整个制度的演变按照不同的进路发挥着影响力。这种影响力常常不在阳光之下敞露，而是通过一个个利己的官僚在各种可能的行为选择的总体作用下发挥效能。这种作用常常隐没在冠冕堂皇的辞藻背后，包裹在规范的形式外表之下，构成了制度运作的隐蔽逻辑基础。

[原载于《读书》2007年第9期]

法律与现代社会

批判法律研究运动是后现代法学的一个重要的分支，在20世纪80年代盛极一时，且影响力逐渐波及全球。我国的信春鹰教授也在80年代末期将批判法学介绍到国内。总体上而言，批判法学是以西方马克思主义、法兰克福学派等思想理论为指导，对西方自由主义的法律传统进行根本的批判。批判法学或者从历史的角度分析法律的演变，从而认为法律根本不是什么“公意”，相反只不过是为商界、企业界利益服务的；或者从哲学的深度去分析自由主义法律传统的实质和难以回避的矛盾，从而认为法律的客观性、中立性和确定性都是不可能实现的；或者用实证的方法去说明法律和政治的不可分离的关系。20世纪90年代以后，批判法学开始陷入低谷。这其中的原因是多方面的：批判法学总体上没有提出足以摧毁自由主义法律传统的理论学说，使得批判本身的效果不理想；批判法学批判很多，建树却很少，使得它的实际社会作用大受影响；苏联解体、东欧剧变使得批判法学这种左翼法学面临极大的尴尬和现实困境。然而，批判法学也给我们留下了很多有益的思考和启发，正如自由主义法学大师德沃金所说：“如果能够避免由于普遍怀疑论的野心而犯下的错误，仅采取内在怀疑主义的方式的话，那么批判法学研究是重要的。我们可以从它的批判活动，从它的成功和失误中获得许多教益。”

昂格尔被认为是批判法学的精神领袖。他原籍巴西，1970年进入哈佛法学院读书并于同年取得法学硕士学位（LLM），1976年获得哈佛法学博士学位（SJD），相当于哲学博士学位（PHD）。1976年，年仅28岁的昂格尔成为哈佛法学院教授——该学院有史以来最年轻的法学教授。2000年起，昂格尔成为“罗斯科·庞德”法学教授，相当于哈佛首席法理学教授。他的早期著作主要有《知识与政治》《现代社会中的法律》和《批判法律研究》，后期他对自由主义法律的态度发生了转变，表示接受自由主义法律传统的基本理念，代表著作有《激情：人论》和《政治学：建构性社会理论》。本文所要谈论的《现代社会中的法律》一书典型地代表了他早期的批判法律思想。该书分为四章，分别是社会理论的困境，法律与社会形态，法律与现代性，再谈社会理论的困境。由于原著的很多内容跳跃性很强，且相关分析在不同的章节间多有迂回，为了行文方便，本文也将因循该书的体例分章进行评析。

作者在第一章首先分析了社会理论家探讨问题时常用的理性主义的逻辑分析和历史主义的因果解释这两种方法的局限性。他认为两者都以必然性、顺序和客观性来描述相互关系。然而二者存在相异点：因果关系意味着事物之间有时间上的先后顺序，逻辑必然性则无此要求；因果关系一定是具体的、特定的事物之间的相互关系，逻辑必然性则一定是形式的、抽象的事物之间的相互关系；因果关系的矛盾在于如果深入具体的情境之中，因果链会被无限伸长和扩展，这使得一个单一的因果关系不再具有说服力。逻辑必然性的矛盾在于如何使得形式性的逻辑分析应用于具体的、特定的事物之间。他认为克服上述矛盾的出路在于形成一种方法，以便“抛弃逻辑分析模式和因果关系解释模式所共同的东西——即关心顺序和寻求必然性联系”。他认为应放弃线性顺序和必然性，采用非线性的、整体性的方法描述相互联系的所有因素。昂格尔接着分析了经典社会理论解释社会秩序时的两种思想传统，即个人利益理论和共识理论各自的缺陷。个人利益理论认为，每个人的行为都是基于自身的意愿，可以是利己的也可以是利他的。这种理论面临着以下三种矛盾：

（1）该理论难以说明人们之间怎样产生相似性以建立规则从而组成社会；（2）该理论认为规则只是实现个人利益的工具，然而体现公正和善的规则却“无法还原成关于目的和方法的计算”；（3）“体现在个人利益理论中的社会生活概念并未给协作的价值留出余地”。与个人利益理论相对立的共识理论认为，人们会从社会或集团共有的价值和认识出发来形成规则，进而组建社会。规则成为集团共有价值的表现，人们遵守规则是因为规则能够实现人们参与其中的共同目的。这种理论的缺陷是夸大了社会秩序中的一致性，而对其中的冲突注意太少。该理论将规则作为共同价值的体现，然而正是在坚持价值过程中出现的裂缝和冲突才使得规则的出现成为必要。如果社会各个成员之间有完全的共识，丝毫没有冲突，显然规则没有存在的必要。在这里法律恰恰是冲突的产物，是为着解决冲突而产生的。

作者在第二章根据不同的社会形态，区分了三种法律概念。（1）习惯法：它是指反复出现的、个人和群体之间相互作用的模式，同时这些个人和群体或多或少地明确承认这种模式产生了应当得到满足的相互的行为期待。习惯法不能区分发生了什么和应当做什么的界限，习惯和义务的差异也是模糊的。习惯法不具备实在性和公共性，也缺乏明确的表达。（2）官僚法或规则法律：它是由国家制定并强制实施的规则体系。这种法律发生在国家和社会分离以后，由政府强加于社会，目的是维护统治者的利益。官僚法具有实在性和公共性，有明确的表达，习惯与义务的区别或者制定规则和使用规则的区别开始变得有意义。（3）法律秩序或法律制度：它只能在特殊的社会环境中才能生存和发展，具有实在性、公共性、自治性和普遍性。自治性是指实体内容、机构、方法和职业四个相互依存的方面。普遍性则保障了个人在形式上的平等。作者认为法律秩序要想产生，必须具备两个条件：多元集团和自然法。一个由多元的集团组成的社会才不会出现一个永远稳定的权力中心，各个集团的相互制衡必然对现存秩序有破坏作用；一个有超验的自然法的社会，才可能有对现行法律进行批判的理由和实现法律改造的目标。作者认为正是这二者的结合才产生了西方的自由主义法律秩序。

值得一提的是，作者在这一章分析了中国的法律传统。他认为法律秩序之所以仅仅产生于欧洲，是因为在其他的文明中，多元集团或自然法这两个条件不齐备。他认为公元前1122年到公元前771年这一阶段是中国的习惯法时期。“礼”是这一阶段中国社会秩序的主要维护手段。他分析了“礼”的四个特性：第一，是一种与等级紧密相连的行为标准；第二，是一种习惯性的行为方式，没有关于如何行为和应当如何行为的区分；第三，不是实在的规则，没有从具体的情景中抽象出来的一般的表现形式；第四，不是公共的规则，不是政府制定的。对昂氏的这一分析，很多学者都表达了不同的看法。比如季卫东就认为：“把古代的礼看作自发的秩序的典型——既不是实证的又不是公定的，甚至算不上规则，这是不准确的。古典文献和考古学的研究表明，在许多场合礼是正式的明文规范。”作者认为从公元前771年一直到公元前221年秦始皇统一中国，是从习惯法到官僚法的转变时期，作者称之为改革时期。在这个时期，先前的等级社会结构受到了极大的冲击，国家开始与社会分离，新的中央集权的国家开始出现。这一时期，商人处于依附地位，没有形成一支独立的力量，也没有发展壮大；在诸侯纷争中涌现出来的“士”也被吸纳进新的国家机器体系之中，成为一种体制内的存在，这个时期的中国没有一个独立于政府的有实力的力量，亦即没有一个多元集团。与此同时，中国古代也没能发展出一种超验的宗教。中国古代的宗教始终为政府所利用，成为维护王权的工具。虽然当时的社会不能发展出一种法律秩序，但这一时期的中国的确出现了官僚法。这一时期的官僚法具有实在性、公共性和有时虽被宣称却很少甚至几乎没有实现的普遍性，但不具有自治性。因为这时候法律和行政命令常常具有同样的效力，在很多时候行政命令就是法律。又因为没有一个独立的法律职业群体，从而也没有形成一个单单依据法律的法律推理模式。与此同时，司法机构和行政机构的界限也很模糊，并没有一个专门的独立的司法机构。正因为既不具备一个多元集团，又不存在一种超验的宗教，所以在公元前221年以后的两千余年的历史中，中国都未能形成一种西方式的自由主义法律秩序。通过比较中国和欧洲的法律，昂格尔认为“二者分别代表了缺乏法治和出现法治的两种极端——大多数文明形态始终位于上述两种极端之间”。昂格尔的这一分析，在国内法学理论界也引起了很大的争议。昂氏对法律秩序在欧洲的原初发生机制的分析，我们可以暂且不论。单就20世纪同是东亚儒教文明的日本和韩国成功地走入现代法律秩序而言，我们至少可以证明昂格尔所称的超验宗教已经不是当代国家走向法律秩序的必需条件。

在本章最后，作者对第一章的社会理论问题作出了法律上的回应。他认为习惯法正是共识理论所描述的，而官僚法则是个人利益理论所描述的。不过，作者拒绝将两种理论和两种形态的法律简单地单向对应起来，因为在很多社会形态中官僚法和习惯法都会存在的事实决定了共识理论和个人利益理论也是需要共存的。然而，这样一来矛盾就不可避免地产生了，以至于作者声称“法律是对秩序衰落的一种反应。”

在第三章，作者以法律作为切入点来分析现代性问题。作者首先选取了部落的、自由的和贵族的三种社会形态，通过对比分析这三种社会形态对三个问题的不同回答，从而发现隐藏在不同社会背后的“深层结构”。这三个问题分别是：内部人和陌生人如何界定，内部人结合的条件及如何跟陌生人交往，人们界定内部人和陌生人经历的现实和理想的关系的趋向是什么。在部落社会中人们基于血缘关系，组成数量不多的几个集团。内部人和陌生人有着重要的区分，内部人之间与内部人和陌生人之间的交往方式也迥然不同。在这种社会中理想和现实没有被区分开来。在自由主义社会中，内部人和陌生人的界定变得复杂起来，与之伴随的是这种区分变得不再如在部落社会中重要，尽管这种区分仍然存在。在这种社会中，普遍利益将人们联系在一起。一方面人们结合在一起，另一方面人们发现寻找一种共同的价值变得愈发困难。这样，理想和现实在这个社会形态中被分裂，人的理性也被分割成两个部分：既关注现实利益——利益是自由主义社会结合的纽带，又不愿放弃对理想的追求。贵族社会是一个严格而稳定的等级社会。每个等级的人们形成一个集团，把本集团的人视为内部人，把其他集团的人视为陌生人。社会结合的纽带不是社会协作，也不是利益联盟，而是名誉。一方面每个等级都有自己的精神气质和理想价值，另一方面超验宗教又要求一个适用于各个不同等级的共同理想，因此“它时而倾向把理想和现实结合在一起，时而又倾向于使之分离”。在上述这种框架之内作者分析了等级社会中的法律和自由主义社会中的法律。等级社会向自由主义社会转变大致经历了两种模式，即官僚专制主义和议会立宪主义，分别以普鲁士和英格兰为代表。这两种方式虽然在导致法律秩序出现的具体原理上相异很多，但却有一个共同的属性，那就是君主的权力受到了很大的牵制和制约，从而为法律秩序的出现打开了通道。作者认为等级秩序就是在接近权力、财富和知识方面等级式地安置社会集团，而自由主义社会则是一个比较开放的、不全面的等级社会。在自由主义社会中，人们为了避免或消除在等级秩序中的不利状态，尽力争取政府权力最广泛的社会基础，只好为法治而奋斗。作者区分了广义的法治和狭义的法治，认为前者是自由主义社会的典型，后者则只能在特殊的情境中才能产生。广义的法治是指相互关联的中立性、统一性以及可预见性。政府的权力必须在规则的范围内前后一致地适用。狭义的法治则要求更为严格、更为公正的立法程序，公众对立法本身具有更高的参与度。这两种形式都希望通过使权力的非人格化来解决自由主义社会的困境 。而这一目标的实现又取决于两个假设：最重要的权力必须集中于政府和权力能够受到规则的有效制约。不过，在作者看来，在自由主义社会这两个假设都是虚构的。一方面，对一个人生存状态和自由影响最大的是自己的家庭、工作和社会关系等，而不是政府；另一方面，权力也不可能受到规则真正有效的制约，因为规则首先就必须被解释，而这本身无疑是行使权力的过程。作者举例说，在立法过程中根本就不存在一个真正中立的程序。每一种程序选择都会使某种立法选择优于其他考虑，而且一种程序选择本身就是一种价值的选择。通过这些分析，作者试图表明在自由主义法律秩序中并不存在一个真正有效的自我合法化机制。

自由主义法律秩序的内在困境将使自由主义法律秩序向后自由主义法律秩序转变，作者分析了后自由主义法律秩序的一些特点。后自由主义社会有两个一般性的特点：政府公开干预自由主义社会中政府不应涉足的领域；国家和社会又开始重新混同界限，公法私法化和私法公法化。一方面公法日益涉足私人的领域，另一方面社会组织等私人自治的社会团体具有越来越多的公共职能。后自由主义社会中，福利国家对法律秩序至少有两个方面的重要影响：第一，无固定内容的标准和一般性条款被迅速扩张性地使用；第二，从形式主义的法律推理向目的或政策导向的法律推理转变。这两点无疑都是对法律的普遍性和自治性的威胁，有可能使得法律秩序面临解体。福利国家使得国家和社会的界限模糊，私人机构制定了越来越多的规则，整个社会的法律体系越来越多地包括非政府的规则，这一趋势也蚕食着法律的公共性和实在性。综上来看，后自由主义法律在背弃法律形式主义的道路上渐行渐远。作者认为，一个形式的规则体系就是指严格依据规则本身去考虑问题，而不关心这种考虑所产生的结果。虽然任何法律都依赖于某种程度的形式，然而又没有一部完全形式化的法律。在形式与公平、协作与冲突的妥协中，后自由主义法律的形式性无疑是大大地退步了。由于后自由主义法律承载了更多的道德义务，设定了更多的行为标准，人们对理想和现实的区分也有淡化的倾向。

在第四章，作者再次回到第一章所提出的问题，并对之进行整体性回答。作者提出了一种克服逻辑分析即理性主义和因果分析即历史主义的新方法——共同意义的方法。这种方法将行为和信念统合起来，摒弃传统方法上二者的对立，将注意力投射到二者的关系——一种互动的而非单向决定的关系上。在这种解释方法中，人的信念也是社会的组成部分，从而实现了研究者主观性和客观性的统一。在社会秩序问题中，共识理论难以说明冲突和变化，个人利益理论难以解释社会的内聚力和稳定性。然而，作者又指出这两种方法的缺陷和对立完全有可能在现实中得到克服。作者认为有可能设想出一种能够致力于调和个性和社会性的社会秩序。在这种社会秩序中，现有秩序和超验批评在一个可能的范围内得到互动。对于这样一种社会秩序究竟如何能够达成，作者语焉不详。但是作者认为西方的自由主义法律秩序肯定是不能达成这个目标的，看来希望只能寄托在后自由主义法律秩序上了。那么，自由主义法律发展到后自由主义法律以后，其前景又如何呢？作者认为面临着两种情况：一种是循环式的，重新回归到不区分理想与现实的习惯法中去；另一种是螺旋式的上升，信念与行为不再分裂，理想与现实已经逐渐融为一体。在作者看来，后者才是一种真正的超越。

昂格尔作为一代法理学大师，学识广博，思想深刻，文本也非常艰涩难读。《现代社会中的法律》一书涉及哲学、历史学和社会学等各方面的理论，已经超越了批判法学的代表作地位，成为一部法理学乃至社会科学的经典。正如批判法学自己所认为的，法律和社会是不可分离的，我们不能脱离社会谈论一种“纯粹的法律”。作者在该书中将法律视作镶嵌在社会中的经络，将法学理论融于哲学、历史学和社会学理论背景中，正体现了作者一直主张的对传统方法的“超越”之所在。该书通过对传统社会理论的方法问题、现代性问题和社会秩序问题的批判性理解，为自由主义法律描绘了一幅黯淡的未来图景，并试图打破人们对自由主义法律的盲目乐观和迷信。然而，正如美国大法官霍姆斯所说的那样："法律的生命从来都不是逻辑，法律的生命从来都是经验。"自由主义法律在逻辑和方法论上的缺陷并不能掩盖其在现实社会中的总体成功。当然，批判依然是重要的，是有价值的，这也是我们仍然要讨论昂格尔的理由之所在。如果我们能接纳波谱的"零星的社会工程"理论，采取局部批判而不是整体批判、局部改进而不是总体重构的社会改造方法，那么昂格尔的批判法学理论将为我们提供不竭的前进动力。也只有在这种情况下，昂格尔对现代社会中的法律批判才能让我们真正超越"现代社会中的法律"。

[原载于《文景》杂志 2008 年第 5 期]

前瞻与内省

季卫东先生是一位热衷于中国法治化进程和中国宪政转型的法理学者。我初次接触季先生的文字，是他的一本在国内广为流传的《宪政新论》。我当时就被作者渊博的学识和开阔的视野所折服，之后便陆续阅读了他的更多著作。法律出版社去年将季卫东先生这些年来在国内发表的各种零散文字结集出版，得到一个五卷本的法学系列文集，即《宪政的理念》《法治构图》《正义思考的轨迹》《制度规范以及实践》《秩序与混沌的临界》，集中反映了季卫东先生这些年来的心路轨迹和思考成果。

作为这个系列中的一本，《正义思考的轨迹》一书分为两辑：第一辑是人物与学说，主要是评介国内外的法学名家的一些著作和思想；第二辑是法学前沿的景观，主要是评介国外法学尤其是国外法社会学的最新进展。本书的文章虽然表面上看起来各自成篇，相互关联不大，但细细究来，却发现这些零散的文章背后有一条清晰的主线，那就是：用社会学的视角去研究法律并在中国法治现代化转型的背景中去考察相关的法学理论。

阅读该书，会经常碰到一个名词：程序。作者认为，中国法治转型的关键是实现人际交涉的程序化。其实一个国家要实现法治，立法只是最基本也是最简单的一步。一个国家法治落后最重要的原因不是这个国家立法太少，而是这个国家的法律在执行过程中出现了问题。换言之，如何将纸面上的法律转变为实际生活中的法律，是法治化转型的关键。对于中国而言，法律秩序只是中国社会秩序中的一个方面，甚至不是最主要的方面。经常的情况是，法律必须夹杂甚至委身于关系和人情的秩序体系中才能生存。关系秩序和人情秩序最本质的特征便是程序的非刚性甚至程序的缺失。我们可以想象，寻关系往往走的是后门，攀人情往往走的是捷径和小道。这些都是违背程序或者不讲程序的。法治作为一种规则之治，要求在运用规则的过程中排除人情关系因素，实现规则的独立运行。因此，中国要实现法治就必须强化程序的力量，以程序确保规则的运行不受歪曲和干扰。

阅读完《正义思考的轨迹》一书，给我印象最深的便是本书既有非常前沿的法律视野，又有非常强烈的现实关照。季卫东先生熟练掌握中、英、日三种语言，能够游刃有余地在该三种语言文献资料中穿梭，因此本书对国际法学前沿问题的洞察和把握具有很强的说服力。同时，本书的每篇文章都有非常明确的中国问题指向和中国现实关怀。比如在介绍美国的“关系法学”时，作者就着重分析了其与中国传统中“关系本位”的法律秩序的区别；在介绍西方的后现代主义法学时，仍不忘思考中国法治现代化转型如何与后现代法学思潮进行对接。

作为一个体制外的华人学者，季卫东先生一方面对中国国情有着切身的认知，另一方面又置身于异域的法治体验之中，因此其对中国法治进程的理论言说具有不可替代的独到性。这些风格各异、长短不齐的文章充分体现出了一个海外游子对祖国法治进程的理解力和洞察力，对我们这些法律实务界的人士具有特别的启发意义。

[原载于《清风苑》2008 年第 6 期]

自由的心理机制

自弗洛伊德开创精神分析学派以降，精神分析在社会科学中的应用越来越广泛。与马克思和涂尔干等人的观点相反，精神分析学派不承认存在一个独立于个人的“社会”。他们认为个人尤其是个人心理是构成社会的基础，研究社会必须首先研究个人的心理机制。在这种认识论指导下，精神分析学派通过精神或心理分析对社会科学的各个领域都展开了卓有成效的研究。《逃避自由》一书就是新精神分析学派的领袖人物弗洛姆运用精神分析的方法对自由所作的精彩阐释和解读。

精神分析的理论基础是“潜意识”。尼采在他的很多哲学著作中都提到了人们的理性外表下面所隐藏的非理性冲动。尼采通过“潜意识”这个批判武器，把我们正统的伦理道德和科学认识能力彻底颠覆了，从而走向了非道德主义和不可知论。弗洛伊德受尼采的“潜意识”启发，更深入地挖掘“潜意识”及其对人的影响，得出了真正决定人的性格和行为选择的不是人的意识而是人的“潜意识”这样一个结论。弗洛伊德的分析将非理性和“潜意识”纳入理性和意识的分析框架之中，从而为精神分析学派的建立奠定了基础。本书作者弗洛姆先生作为新精神分析学派的代表，在继承弗洛伊德精神分析方法的基础上，也对弗洛伊德的很多观点作出了重大修正。这其中最重要的表现之一就是，他们两人的人性观有着显著的不同。弗洛伊德的人性观基本上是恒定不变的，即人性本质上是受其各种生物欲望尤其是自我保存欲望和性欲望所支配的。弗洛姆则认为人性既有生物性的一面，也有社会文化性的一面。弗洛姆认为人性中最基本的欲望除了自我保存的欲望外，还有逃避孤独的欲望。作者写道："生物化的需求并非人性中唯一强制性的要求。还有另外一种同样刻不容缓的需求，它虽不植根于肉体过程中，但却深植于人类模式的本质与生活实践中：人需要与外面的世界相联系，以免孤独。感到完全孤独与孤立会导致精神崩溃，恰如肉体饥饿会导致死亡。"在弗洛姆看来，自由是一把"双刃剑"。一方面，自由增强了单个个体的自主性和独立性；另一方面，自由也割断了个体与自然、个体与社会的纽带，使每个个体的孤立感和孤独感空前强烈。作者将自由所带来的孤独感称为"自由的重负"，当这种重负达到一定程度时，人就会选择逃避自由。

弗洛姆区分了两种自由：消极自由和积极自由。前者是指摆脱束缚，获得自由；后者是指积极地运用自由去发展自己，充分地实现自我的完整人格。人类自由的历史首先起源于摆脱自然界的束缚。在相当长的历史时期内，人没有清晰的自我意识，不能将自己和外部的世界作出区分。那时的人与世界浑然一体，生活在与自然界的天然联系之中，和其他的动物没什么本质的区别。正是在人具有清晰的自我意识，将自我从与外部世界的天然联系中独立出来的那一刻起，人才获得了相对于世界的主体性，才变得不同于普通的动物。换言之，现代意义上的人的出现始于割断个人与世界的天然纽带，在行为上摆脱本能决定的控制。弗洛姆将这个个人日益从原始纽带中脱颖而出的过程称为"个体化"的过程。"个体化"的过程造成两个方面的影响：一方面个人的力量不断增长，另一方面单个个体独自面对世界时的孤独感也日益加深。前一方面表明伴随着"个体化"的过程，个人的消极自由不断增大；后一方面则表明个人消极自由增大的同时，积极自由并没有同步增长。割断了与世界的原始纽带，却又不能自发地和世界重新发生联系；摆脱了原始的束缚，随之增加的不确定感和孤独感却又常常使人无法承受——"个体化”的过程使消极自由和积极自由之间的鸿沟越来越大，自由越来越成为一种不能承受的重负，造成的结果便是人们疯狂地逃避自由，通过种种方式重新建立纽带关系，从而摆脱自由带来的孤独感和不安全感。

弗洛姆的上述理论能很好地解释宗教尤其是基督教产生的心理原因。当人消极地从与世界的天然联系中摆脱出来的时候，他对这个世界的恐惧感和不安全感也开始产生。这种感觉如此强烈以至于他必须建立一种新的纽带和世界重新发生联系。这种新的纽带便是宗教。到中世纪，甚至整个欧洲都被基督教化了。虽然在现代人看来，中世纪的历史是一段缺乏自由、愚昧无知的黑暗历史，但当时人们的生活并没有现代人认为的那么糟。在中世纪，人们固然要忍受更多的饥饿、寒冷和病痛，但每个人自降生以始，便在这个世界上获得了一个固定而确切的位置，今生和来世都有被预定好的命运，不会感到孤独和不安全。正如弗洛姆所说的那样：“尽管中世纪的人在现代意义上是不自由的，不过，他既不孤单，也不孤独。由于自降生起他便在社会世界中有了一个确定的、不可变更而又毋庸置疑的位置，所以他扎根于一个有机整体中，没必要也无须怀疑生命的意义。”弗洛姆指出，恰恰是在文艺复兴和宗教改革发起者的身上，表露出了个人的孤独甚至绝望感。这是容易理解的。文艺复兴和宗教改革发生的历史社会背景是城市开始兴起，资本主义手工业和商业开始发展，竞争开始加剧，整个社会的确定性开始动摇。文艺复兴和宗教改革都试图提升人的“个体化”程度，扩展人的消极自由，因此也自然而然地会增强人的不安全感和孤独感。正因为如此，文艺复兴时期的作家们一方面热情歌颂人的理性和尊严，另一方面他们的作品中也时常流露出一种孤独、焦虑甚至绝望的情绪。而宗教改革家们，一方面解除了罗马天主教会的权威，减轻了信徒在信仰方面的诸多束缚；另一方面却又完全否认个人的自由意志，推崇一种绝对的上帝预定观念。比如，马丁·路德确立的新教原则承认信徒皆祭祀，每个信徒都可以直接来到上帝面前，与上帝进行对话，将信徒从天主教会中解放出来。但与此同时，马丁·路德又强调人的绝对败坏，否认人可以通过自由意志获得救赎，强调除了完全地顺服上帝外别无获救的途径。可以说，宗教改革家们尤其是马丁·路德的宗教理论生动地再现了人的“个体化”过程中自由的两个侧面。解除天主教会的权威，可以扩展人的消极自由，但与此同时人的积极自由并没有同步扩展，因此消极自由所带来的孤独感和不安全感迫使人们寻找新的权威。于是，罗马天主教会的权威解除了，但上帝的权威则被史无前例地加强了。

该书的一个特别出彩之处是弗洛姆对纳粹心理学的分析。他将希特勒的性格、理论以及纳粹制度归结为“权威主义性格”的一种极端表现形式。弗洛姆解释道：“权威主义性格的本质就是同时具有施虐和受虐冲动。施虐冲动的目的在于拥有控制另一个人的无限权力，其中多少夹杂着破坏欲；受虐冲动的目的在于把自己完全消解在一个强大权力中，借此分享他的力量与荣耀。施虐和受虐倾向的原因都在于个人无法忍受孤立，需要借共生关系来克服这种孤独。”说到底，作者认为纳粹制度产生的原因依然在于获得了消极自由的人无法积极地运用这一自由，从而通过施虐和受虐来逃避自由所带来的孤独。弗洛姆对纳粹的这一心理分析，在战后产生了巨大的影响，引发了很大的争议。

弗洛姆将人类目前为止的历史过程归结为“个体化”的过程，并通过分析“个体化”过程中自由的两个侧面，将诸多历史事件归因于人的心理问题，即逃避自由所带来的孤独感。需要指出的是，弗洛姆虽然将很多历史事件都归结为人的心理孤独感，但他却不是一个简单的心理独断论者。相反，在对历史事件进行心理分析时，弗洛姆总是首先分析事件发生时的经济、政治、文化等社会背景，进而从中引申出个人心理对这些社会背景的反应机制。通过这样一种分析，弗洛姆在揭示历史事件背后的个人心理的同时，也将人类社会问题的解决寄希望于改进人们的经济、政治、文化生存条件。作者认为积极自由的滞后，是由于我们社会的经济、政治、文化条件不合理所导致的。比如，现代社会已经具有了表达思想的自由，但人们却失去了进行独立思想的能力；教会和国家的权威消失了，但社会和舆论的权威取而代之；社会虽然民主了，但人们的趋同化趋势却在增强，个体独特性消失得更快。如果通过改进社会条件使得积极自由能够和消极自由同步增长，那么人类的很多社会问题便可以得到解决。因为积极自由要求我们自发地通过劳动和爱，将独立的、自我充分发展的个体重新和世界联系起来。这种联系将以自由为纽带，同时也更大地扩展着人的自由。通过这种联系，“自由扩大的过程并非恶性循环，人们可以自由但并不孤独，有批判精神但并不疑虑重重，独立但又是人类的有机组成部分”。可是，该如何改进我们的社会条件从而实现积极自由呢？作者认为最基本的方法是发展一种真正的民主，因为“只有在高度发展的民主社会里，自由才有可能取得胜利”。在作者看来，现代社会的民主已经沦为一种形式主义的空壳，因为民主的真正进展在于增大个人的自由、创造性和自发性。作者主张“用积极理智的合作取代对人的操弄，并要把民有、民治、民享的政府原则从传统的政治领域扩大到经济领域”，用计划经济取代市场经济，从而使社会“像主宰自然问题那样理性地主宰社会问题”。总而言之，作者认为，“民主政体是一种为个人的充分发展创造经济、政治及文化条件的制度”，只有在这样一个民主社会中，人类的社会问题才有可能得到解决。

作为新精神分析学派的代表，弗洛姆继承和发展了弗洛伊德的相关理论，体现在本书中便是作者将自由问题归结为一个心理问题，进而探讨自由的心理机制；作为人文主义的大师，弗洛姆也受到马克思学说的重大影响，体现在本书中便是作者在进行心理分析时非常注重其经济、政治、文化等背景性因素以及主张用计划经济取代市场经济从而实现积极自由。弗洛姆的积极自由与马克思关于人的自由和全面发展的学说具有非常大的相似性，但是弗洛姆所主张的用计划经济取代市场经济的设想，在现在看来已经不是一个可取的方案。不过，这并不影响弗洛姆整个社会理论体系所带给我们的启示，尤其是他的作品中所体现出来的热忱的人文关怀和美好的社会憧憬将给我们以永远的激励。

[原载于《法制日报》2008 年 6 月 29 日“周末”版]

政治的人生

亚里士多德在《政治学》一书中提出了一个著名的论断：人是政治性动物。政治映衬着人性的光辉与丑恶，主宰着人类社会的荣辱与变迁，在文明的历史上留下了斑驳陆离的复杂底色。这是因为政治与权力密不可分，从政者的抱负和志趣各不相同。有的人把权力当作终极目标，从政是为了掌控他人、攫取利益；有的人把权力当作实现目标的手段，从政是为了激浊扬清、改良社会。同样以政治为生，但我们将第一种人称为政客，将第二种人称为政治家。读完吴官正同志的《闲来笔潭》一书，我们或许能对这二者的区分有着更生动、更丰满的认识。

吴官正同志出生于那个特殊的年代，虽然从初中开始就表现出了对自然科学的超人天赋，进入清华大学学习的也是理工科专业，但最终还是应国家需要选择了以政治为业。在长达数十年的政治生涯中，吴官正同志手握重权但心存敬畏，一心为公、一生清廉，真正做到了“权为民所用、情为民所系、利为民所谋”。《闲来笔潭》中记述的几个小片段给我留下了深刻的印象：

1983 年 3 月，吴官正同志担任武汉市长后，家里还是很穷。夫人在学校教书，总是下课回家时到菜场去买便宜的菜。一次买一堆，吃不完就用绳子挂在阳台上吹干做咸菜。孩子想看电视没钱买，就凑钱买零部件，由吴官正同志自己动手组装了一台黑白电视机。每天早晨骑自行车上班，在路边早点摊上买三两热干面吃，一年到头几乎天天如此，以至于有人在背后叫他“热干面”“三两”。

吴官正同志不仅对自己严格要求，对亲属的要求也非常严格。现在公车私用成为一个社会顽疾，但吴官正同志从不准夫人和子女用他的公车，顺路捎一段也不肯。夫人张锦裳在一篇回忆文章中讲过一个故事。1986 年 5 月的一天半夜，大儿媳妇的爸爸打电话说儿媳快要生了，要她找一辆车送到医院。由于人生地不熟，又是晚上，便提出借用吴官正同志的车，不料被一口拒绝。万般无奈之下，张锦裳只好说："去晚了，要出人命的，要不我交钱。"吴官正同志这才同意了。现在一些地方权力家族化，"一人得道、鸡犬升天"，官二代现象屡见不鲜。但吴官正同志憎恨以权谋私，对亲属的各种请托给予了拒绝。这其中还有一段往事令吴官正同志时常辗转在胸，倍感难过。在担任江西省长期间，二姐来到吴官正同志家中，请求帮忙安排孩子的工作被一口拒绝。二姐伤心落泪，连饭也没吃便走了。此后直到二姐去世，两人都未再谋面。吴官正同志在多篇回忆文章中均提到了对二姐的愧疚，感慨二姐找"有权有势"的弟弟帮忙实出于人之常情，再正常不过，而自己当时的语气过于生硬，实属不该。

如果据此就把吴官正同志说成是个不食人间烟火、无情无欲的圣人，就又不符合现实了。吴官正同志对家人、对亲属的严格要求恰恰源自他内心对事业、对百姓深沉的热爱。吴官正同志 1992 年从报纸上看到一个故事，讲的是 20 世纪 50 年代中期，年轻貌美的达悟来到庐山，在一个叫木瓜洞的地方剃发为尼，专心佛道。1966 年"文化大革命"开始，宗教成了革命的对象，和尚、尼姑都被赶出庙宇，下放劳动，改造思想。有一天造反派找到达悟，要她与另一位同样被扫地出门的和尚还俗成家。两人之前并不认识，内心也无还俗之愿，但造反派硬把两个人关进同一间房子，不从就又打又骂。两人捆绑成夫妻，先后生育了两个女儿。党的十一届三中全会后，宗教政策拨乱反正，岁月和遭际并未磨灭那位和尚出家的念头。他抛妻弃女再度出家，达悟只能拖着一双女儿重新回到寺庙。达悟的两个女儿幼小的心灵中种下了被人歧视和屈辱的种子，性格非常内向。上初中时一个偶然的机会，她们的事情出现在媒体上，同学们的风言风语让她们抬不起头来，只能辍学在家，一度产生了轻生的念头。吴官正同志知道这件事情后，给市里主要领导打电话，帮她们解决实际困难，最后安排她们到一家工厂上班。1996 年路过九江时，吴官正同志得知姐姐因白血病已经去世时非常难过，专程去看望了妹妹，并叮嘱厂长："你帮助了这对姐妹，做了好事，要感谢你。给她们这样生活艰难的人解决点困难，人家一辈子都不会忘记。不仅不会忘记你，也不会忘记党和政府。"1997 年吴官正同志调往山东工作。在临行的当天，他还请工作人员打电话嘱咐那位厂长继续照顾那位女孩。在山东工作后，吴官正同志曾多次打电话关心达悟和她女儿的情况。得知达悟去世的消息后，吴官正同志为这对苦难的母女伤感良久。从报纸上看到的一则故事触发了这样的一段情缘，充分说明吴官正同志是个感情充沛、心思细腻的人，他对贫苦群众的感情是真诚的、自发的。吴官正同志由于从小家境贫寒，几度差点因贫穷而辍学，所以十分关心贫寒学子，在任上帮助很多贫苦学生解决了上学问题，发生了很多令人动容的事迹。

爱帮助别人，是因为吴官正同志对百姓的热爱；不爱帮助自己人，是因为吴官正同志对权力的敬畏。吴官正同志在工作中并非没有遇到过各种"歪风邪气"，他接触的人当中也有不少让他痛恨、憎恶的"坏人""小人"，但难能可贵的是他身上永远保持着一种坚定的信念和凛然的正气。吴官正同志退休后忆及在中纪委工作时曾经做过一个梦，梦见有人议论："吴官正这个黑皮，不知海里的水有多深，不知人心难测。"他在梦中自我辩解说："脸黑不是我的过错，虽不知水深几何，但再深也有底。虽不知人们心中想什么，但知道人民心中有杆公平秤。"我相信，真正的政治家必须得超出一己之私，心系苍生，对人类的苦难有着深切的同情并愿意为了解决人类的苦难而作出努力和牺牲。正如马克斯·韦伯1919年在慕尼黑发表的《以政治为业》中所说："一个人得确信，即使这个世界在他看来愚陋不堪，根本不值得他为之献身，他仍能无怨无悔；尽管面对这样的局面，他仍能够说'等着瞧吧！'只有做到了这一步，才能说他听到了政治的'召唤'。"

作为普通百姓，我们绝大多数人无法像吴官正同志那样身居高位，选择一种政治的人生，但我们可以而且应该学习吴官正同志的那份政治情怀。我们也许可以没有决绝的牺牲，没有惊人的举动，但在工作中却应该做到坚守岗位、谨守分际、不越底线。即使面临身不由己的窘境，依然能够紧盯内心的信念之火，使之不至熄灭。尽管我们并未"以政治为业"，但内心也该听到来自"政治的召唤"。

[原载于《检察日报》2013年8月20日"清风"版]

反向参照一种新型司法模式

在一个共同体中生活的人们，既存在着广泛的共同利益，也存在着各自不同的特殊利益。利益冲突和利益对立需要某种方式去化解。在人类漫长的发展历史上，形成了形式多样的纠纷解决模式，而审判制度就是这些纠纷解决模式的高级发达形式。

司法是一个严格准确适用法律从而获得正确判决的过程。然而，这一观点却受到了越来越多的质疑。首先，适用法律的前提是解释法律。然而解释学的知识已经告诉我们，文本的解读存在很大的弹性空间，并不存在一个唯一正确的解读。其次，适用法律的另一个条件是认清事实。法律所关涉的事实是已经在历史时空中发生过的，很难被人们全景式地还原。法律适用所依赖的事实都只是事后通过各种手段来呈现、反证、描摹或叙述的事实。然而，这些毕竟不是真实的历史事实，而只是充满着人的主观选择和建构的法律事实。再次，即便能够获得绝对可靠的法律事实，能够准确地解读法律文本，也还需要通过具体的法官去将这些法律条文和法律事实正确对应起来。由于法官并非都是绝对客观公正、没有主观偏见的，因此这个连接法律条文和法律事实的过程也不如人们想象的那般确定。最后，即便前面三个条件都能如愿完美实现，严格的形式主义法律适用也并不能绝对保证会有一个实质公正的法律结果。于是，一个问题不可避免地产生了：司法的合法性基础在哪里？

日本学者棚濑孝雄的著作《纠纷的解决与审判制度》正是试图回答上述问题的一个积极尝试。棚氏通过将司法的哲学基础从自由主义置换为民主主义，从而提出了一种超越传统法律适用模式的新型司法模式——参加模式。

为了建构参加模式，棚氏区分了“大文字的法”和“小文字的法”。所谓“大文字的法”就是指政府代表全体国民制定的统一的法律规范；“小文字的法”则是指在一个个具体的情境中，通过当事人的微观交涉，通过与裁判者的各种互动，最后依据“大文字的法”所作出的直接规制当事人眼前的权利义务的具体规范。如果我们将“大文字的法”简单理解为制定法，将“小文字的法”简单理解为法院裁判，那么参加模式的创新之处主要有两点：

一是打破了制定法的刚性约束，仅将其视作裁判形成的条件而非根据。如棚氏所说：“法秩序并不是一个大文字的法这样固定的框架，而是由无数小文字的法通过竞争和共鸣来形成，并包含着无穷的流动化契机的过程。”当然，将制定法视为一种开放、流动的对话体系并非棚氏的原创，而是现实主义法学流派的基本主张。在棚氏看来，制定法的价值在于促成当事人合意，为当事人化解纠纷提供参考方案，而非在于其具有普遍的强制适用效力。

二是打破了法官在形成裁判上的支配地位，强调当事人应当站在司法主权者的地位去自主形成裁判。在参加模式中，不但制定法不是唯一的裁判依据，而且法官也不是唯一的裁判形成者。在棚氏看来，既然传统的法律适用模式本质上仍是一种社会交涉过程，那么何不把此种交涉正式地纳入司法裁判的形成过程，并通过当事人的自主交涉来形成自主裁判？为了实现这一目标，棚氏将当事人的论辩置于诉讼程序的中心。在司法过程中，裁断者仅仅作为一个消极的事实性存在，其本身也可以被纳入当事人的交涉范围之内。如当事人可以自主选择裁判机构、裁判人员、裁判程序并自主决定裁判结果。

司法过程的不确定性，在法律现实主义者看来是传统司法模式的一个包袱和危机，但在棚氏等司法过程论者看来，却是构建新型司法模式的一个契机。正是司法过程的弹性和不确定性才为容纳当事人的自主交涉提供了可能。流行于西方国家的民间仲裁、自主和解、非诉争端解决等去法律化、去司法化的运动方兴未艾，或许都在为棚氏的观点提供各种支持。

然而，依循棚氏的理论是否能够建构起更为成功的新型司法模式也不无疑问。首先，棚氏理论过分弱化制定法的作用，是否会导致法律虚无主义并从而危及规则之治的根本？其次，棚氏的理论聚焦于纠纷的解决，忽视了法律规范对人们行为的一般指导和预测功能。再次，棚氏理论高度依赖当事人合意，如何处理当事人无法达成合意时的纠纷？其实，法社会学理论往往具有反建构的颠覆性效果。与其用棚氏的理论指导我国法治建设，不如将其作为一种反向参照，使我们更加重视司法的社会性、复杂性，更加重视当事人在司法过程中的地位和意思自治，更加重视调解、和解等非强制裁决在解决纠纷中的作用，从而在法治建设过程中能够更加务实开放地走出一条“中国道路”。

[原载于《检察日报》2013 年 11 月 21 日“学术”版]

罗尔斯：无知之幕下选择的正义

约翰·罗尔斯被誉为20世纪西方新自然法学派的主要代表之一。1950年他获得普林斯顿大学哲学博士学位，先后在普林斯顿大学、康奈尔大学、麻省理工学院和哈佛大学任教。罗尔斯一生致力于正义问题的研究，先后发表了《正义论》《政治自由主义》等著作，在哲学、政治学、法学、伦理学等多个领域都产生了巨大反响，引发了广泛的讨论。

罗尔斯的代表作《正义论》实际上是一本论文集，三易其稿后于1971年正式出版发行。该书最富创意也最富洞见的是无知之幕的假设。社会学的研究表明，每个人的观念中都无可避免地包含着偏见和利己倾向，因此要求人们对正义的标准达成共识是非常困难的。罗尔斯引入无知之幕，就是试图排除人的主观偏见，从而客观界定正义的标准。罗尔斯将社会契约理论中的自然状态改造为原初状态。在原初状态中，每个人都是平等的、理性的，生活中都有一种轻度的匮乏，彼此间保持一定的冷淡。在这种状态中，每个人都不知道关于自身的所有特殊信息，比如阶级地位、财富、职业、智商、年龄、性别等。同时每个人都有关于社会运行的基本知识，比如知道人和人之间需要进行分工合作等。处于无知之幕之下的人如果要达成契约，进而按照契约的方式构建他们的社会制度，那么这种契约将符合正义原则。原因在于每个人都不知道自己的特殊信息，只能将自己和每一个他人都看作相同的，从而放弃各自的价值倾向和利益偏见。在没有倾向和偏见的情况下，每个人对于正义的标准就有可能趋于一致。又由于彼此间的相互冷淡，每个人依然保持着自利倾向。在无知之幕的遮盖之下，每个人自利的结果就只能是选择一种正义的社会结构。

人们在无知之幕下选择的正义，罗尔斯称为“作为公平的正义”，并将其最终概括为两大原则。第一个正义原则是每个人都拥有最广泛的平等自由。第二个正义原则是社会和经济的不平等应这样安排：(1) 适合于最少受惠者的最大利益；(2) 职务和地位向所有人开放。这些原则又有优先次序，即平等自由原则是第一位的，机会平等原则是第二位的，差别原则是第三位的。

罗尔斯创造性地将契约选择理论作为其两个正义原则的基础，实现了康德的先验伦理体系与洛克的社会契约理论的完美融合，为改良我们的社会结构提供了新的理论图景。

然而，无知之幕的假设是否具有真实可能性？在原初状态中，在无知之幕之下，人们一定会选择两个正义原则吗？两个正义原则在现实中会得到普遍服从吗？如潮的批评和质疑促使罗尔斯继续思考正义问题，并最终在《政治自由主义》一书中对上述问题进行了回应。

《政治自由主义》出版于1993年，是罗尔斯继蜚声世界的《正义论》之后的又一部力作。《政治自由主义》的主旨虽非正义问题，但由于对《正义论》的部分观点作了重大修正，故该书被普遍视为罗尔斯正义理论的重要组成部分。在《正义论》中，罗尔斯通过比较、排除的方法论证了人们在无知之幕之下选择两个正义原则的必然性。但在《政治自由主义》中，他认为现代民主社会具有一种互不相容却又合乎理性的多元化特征，任何人都不应期待某一种学说会得到全体公民的认可。罗尔斯强调不会把他的正义观念当作真理来谈，相反是把它当作合乎理性的观念来谈。罗尔斯通过将《正义论》所提出的两个正义原则转换为一种适应社会基本结构的正义观念，放弃了对人们在无知之幕下必然选择两个正义原则的坚持，也连带地使无知之幕假设的争议成为冗余。罗尔斯虽然在批评声浪中作出了姿态上的让步，却仍然保留了两个正义原则的主要内容。

罗尔斯的主要学术生涯虽然在美国，但其思想却更多地受到欧陆理性主义的影响。这不仅突出体现在他的著作喜欢宏大的体系和抽象的思辨论证上，而且也体现在他著作的反功利主义态度上。不过，如果据此认为罗尔斯的正义理论只是一堆形而上学的经院哲学，对我们社会毫无现实意义，那就大错特错了。比如，罗尔斯的正义理论大量汲取了社会主义运动实践的营养，将自由主义者所主张的抽象机会平等区分为形式的机会平等和公正的机会平等。在罗尔斯看来，这种形式的机会平等确保了每个人由于先天资质、家庭出身等偶然因素所导致的接近社会有利地位的起点不平等。罗尔斯认为，先天资质、家庭出身等偶然因素不是个人应得的，相反应将之视为一种共同的社会财产。社会制度安排必须使每个人在接近社会有利地位的条件上接近平等，也即公平的机会平等。罗尔斯的这一区分与经典社会主义者有异曲同工之妙，区别是经典社会主义者更强调通过政府分配的方式保障结果平等，而罗尔斯更强调实质的机会平等并承认接纳结果不平等的合理性。在“官二代”“富二代”“星二代”盛行的当下中国，罗尔斯的区分是否具有特别的现实意义呢？

[原载于《检察日报》2013 年 10 月 15 日“学术”版]

反观传统政治制度

《帝国的终结》被易中天先生自评为迄今为止最为用力也最为看重的一部著作。该书承续了易氏著作浅显易懂、风趣生动、见解独到的一贯风格，即便讨论的是政治制度这样的严肃主题，也丝毫不会让人有枯燥乏味的感觉。书中所谓的帝国，是指从公元前221年秦王嬴政统一六国到公元1911年大清王朝灭亡之间的中国，也即通常教科书中的封建中国。该书对帝国命运所作的荡气回肠的分析，厘清了帝国的存在逻辑及其内在矛盾，对于我们凝聚改革共识、共筑“中国梦”的理想具有积极的启发意义。

正如钱穆先生所说：“任何一制度之创立，必然有其外在的需要，必然有其内在的用意。”我们不能否认帝国制度在相当程度上是符合当时国情的，否则难以解释帝国制度为何会存续两千年之久。易中天先生认为帝国专制之于农业社会的中国是一种必然。因为农业生产是依靠天时、地利、人和的，尤其恐惧战乱的破坏，需要一个稳定的环境。而一个高度中央集权的专制社会无疑能结束军事纷争，达致社会安宁。尽管帝国不受约束的权力恣意也让这个农业民族不堪重负，但在武力和权力之间，两害相权取其轻，农业民族依然更倾向于选择权力。

帝国应这样一个农业社会而生，其后也及时采取了一系列的措施来保证帝国的生存和延续。首先，帝国实行“重农抑商”的政策，压制民间财力。帝国很清楚，它的生存基础是一个自给自足的小农经济和一盘散沙的孤立的农民。其次，帝国实行“罢黜百家、独尊儒术”的文化政策，控制民间思想。易中天先生指出：“专制主义比谁都清楚，思想自由是它的死敌。只要人们能真正自由地思想，专制就不会有存身的余地。”帝国通过将儒教尊为国教，政权只向儒生开放，从而一举收买了知识分子。帝国还通过它强大的意识形态说服功能和道德教化功能，将帝国的那套“君君臣臣”的伦理灌输到每个普通人的心里。

帝国虽然具有封闭的稳态结构，但存续期间却经历了数十个王朝。那么，王朝的更替和帝国的存续之间是否具有某种内在的联系呢？易中天先生指出，帝国内部其实存在着深刻的矛盾，这种矛盾只能通过王朝更替这样一种极端的形式来获得解决。首先，帝国制度必然导致腐败。因为“作为一种集权制度，帝国规定了资源和财富可以通过权力来剥夺和占有的基本原则”。由于权力本身就是一种价值巨大的资源，可以赎买，所以有权力的地方就会有腐败的可能。官僚腐败，官逼民反，王朝的统治基础就会动摇。其次，帝国容纳不了繁荣和富强。国家财富增加，要么导致统治者穷奢极欲，要么导致其好大喜功，大动兵戈。另外，由于财富增加不均等，富人兼并土地，当土地集中到一定程度，王朝的安宁也会受到威胁。当一个王朝达到它的鼎盛时期后，必然会走下坡路，摆脱不了灭亡的宿命。

既然帝国的稳态结构必须通过王朝更替这一手段来维系，那么当颠覆王朝的力量超出帝国的框架时，帝国而不仅仅是王朝的命运就会受到严峻的挑战。19世纪中后叶，当一种迥异于中华帝国的西方列强来颠覆大清王朝时，随同大清王朝覆亡的还有古老的帝国制度。

时至今日，我们大都能意识到帝国的政治制度是我们的民族在近代落后挨打的总根源。帝国政治制度的最大特点是中央集权，也即皇权至高无上、权力主宰一切以及社会资源按等级权力进行分配。当代西方著名思想家卡尔·波普在《开放社会及其敌人》一书中曾论及，权力集中必然导致社会封闭。帝国对工商业的抑制，对思想的控制，使得个人抱负只能通过仕途来得到施展。帝国将它本身必须仰仗的社会精英卡死在权力一条道路上，致使帝国的生产力和科学技术长期停滞不前。由于权力遵循总量守恒原则，具有排他性、独占性和垄断性，一个人权力的增大必须以其他人权力的减少为代价，因此对权力的追逐和争夺成了一种零和游戏，很难找到共赢共存之道。这使得帝国内部充满了内耗和破坏，前朝创造的财富和文明很可能被后朝付之一炬，社会文明水准提升缓慢。与此同时，帝国通过高高在上的专制君主和其下等级森严的官僚体系来实施其权力。这种权力的等级性，造成了对上唯唯诺诺、卑躬屈膝，对下颐指气使、盛气凌人的官僚人格。体现在政治上，表现为中国历史上只有互斗以及互斗之后的臣服，缺少平等协商、讨价还价、妥协让步和合作共赢，产生不了民主意识和公民意识。帝国权力主宰的社会也排斥、禁绝自由思想。而一个没有自由思想的社会，不会有批判和反思能力，从而也不能为自己的命运拓展新的空间。

在一个权力受到限制、市场和规则居于支配地位的开放社会，情况可以完全不同。破除了政治垄断，个人可以在市场、学术、艺术、公益等不同领域来施展个人抱负。市场虽然有竞争，但更大的机制却是合作。亚当·斯密早就指出市场交换的另一面就是彼此间的依赖和合作。由于市场是开放的，能够共同把蛋糕做大，从而能最大限度地支持和包容个人雄心，将其导入一种互益的合作轨道。学术、艺术、公益更是一种互相启发、互有助益的事业，能使不同的个人智慧和雄心共赢共存，造福社会。个人智慧尽情挥洒、个性活力尽情释放，正能量源源不断地涌发，整个社会就会不断地发展和进步。

帝国的历史在当今仍然是一个沉重的话题，我们的国家还留有太多的帝国残余，还背负着太多的帝国沉积。走出帝国的政治传统和遗留，仍然是我们当今的最大冲动和渴求。《帝国的终结——中国古代政治制度批判》一书给我们的启示也许是：实现“中国梦”

不仅需要我们扎实地推进市场化进程，还需要我们积极开展政治和法治文明建设。只有真正“把权力关进制度的笼子里”，使市场和规则取代权力成为社会的支配性力量，我们国家才能成功完成现代化的转型。制度经济学的研究已经证明，制度变迁只能是一个漫长的过程。不过，只要我们坚守正确的方向，不断地试错和总结，这个过程或许漫长，却一定会离目标越来越近。

[原载于 2014 年 8 月 28 日《检察日报》“学术”版]

卡夫卡的法律寓言

小说《诉讼》（又译为《审判》）被广泛认为是卡夫卡的代表作之一。卡夫卡生前默默无闻，死后却被誉为现代派表现主义文学的宗师。在具有世界性影响的作家中，卡夫卡是少数获得过法学博士学位的人。然而，就是这样一位法学专业出身的文豪却借助小说《诉讼》为读者描述了一幅恐怖的司法图景。

如书名所提示的那样，小说以银行高级职员约瑟夫·K涉入的一宗诉讼案件为主线。作者在开篇第一句就为全书故事情节的开展设下了基调："一定是有人对约瑟夫·K进行了诬陷，因为他没有做过什么坏事，却在一天早晨被捕了。"在宣布逮捕时，既无人表明身份，也无人说明理由。预审法官的第一次讯问就搞错了约瑟夫·K的身份，并且仅仅只提了一个问题。分成左右两边站立的听众都佩戴着同一种徽章，显示他们属于同一个集团。仅仅经历过一次审讯，约瑟夫·K就在他三十一岁生日前夕被押到一个乱石岗，并在那里被处决。同样没有人表明身份和理由，约瑟夫·K至死都不知道自己有什么罪行。

约瑟夫·K的诉讼遭遇如同一面镜子，折射出了他面对的司法制度的野蛮和丑恶。因为按照法律，诉讼过程是不公开的，包括起诉书、判决书在内的法律文件是不允许被告人或辩护人看到的。人们不知道自己触犯了哪些罪名，只有在审讯的过程中才能猜出法院指控的内容和指控的缘由。然而，一旦法官在审讯过程中没有提问，那么就无从知道该如何为自己辩护了。约瑟夫·K曾经想要草拟一份抗辩书，却发现这几乎是无法完成的任务。因为他面对未知的罪名，不知为何受控。他不得不回忆自己一生的经历，甚至细枝末节和琐碎事件都不放过，从各个角度来进行反省和检查。然而即使如此，他也无法确认自己究竟在什么地方触犯了法律。

在这样的司法制度下，奢谈自由、安全和尊严无疑都是莫大的讽刺。偏偏故事的主人公约瑟夫·K是一个充满正义，拒绝向法官行贿，也拒绝向律师屈膝的人。正直、善良、对公义始终抱有期待的约瑟夫·K虽然死了，但那个无处不在、无法接近而又无从逃避的法庭却在持续运转。现实和希望、可能和必然错综复杂地杂糅在一起，而这一切又都被一个无形的机构所掌控。规则无处不在，但却难以捉摸。审判密不透风，但又无从抗拒。卡夫卡的《诉讼》如同奥威尔的《一九八四》，给读者留下的是无尽的恐怖和荒诞。

《诉讼》发表后，引起了人们的广泛关注。美国法学家博西格诺将书中“法律之门”的故事作为导引来探讨法律的本质。我国也有法学教授曾撰文探讨《诉讼》与司法惯性的关系，还有人从小说中抽象出了一种“模糊判决法则”。当然，对《诉讼》的解读远远超出了法学领域。有人从语言学的角度，认为那个不可知的法庭代表着文本最终的不可解释性。还有人认为小说中的法庭代表上帝，法庭的审判实质上是上帝对人的审判。《诉讼》的真实寓意也许只有卡夫卡本人才知道了。卡夫卡生前的最后一位情人朵拉在一封致友人的信中如此写道：

……的确，没有人能够通过阅读理解他。除非你自己认识他，否则你就不可能理解卡夫卡，甚至都不可能对他获得一个模糊的理解。所有试图理解他的努力都是徒劳的，除非他允许你看着他的眼睛，或是握着他的手……

《诉讼》的真实寓意我们也许可以不去深究，但小说中的诉讼场景曾不同程度地在一些国家成为现实却不得不令人警醒。荒诞和现实往往在一线之间，乌托邦的地下也许布满暗道。人性之中蕴藏着摧残自身的力量，人类至今蒙受的最大苦难并非来自大自然的外力，而恰恰是我们自身的画地为牢。正如韦伯在《学术与政治》一书中所指出的那样，我们不仅需要“信念伦理”，更需要“责任伦理”。“信念伦理”不问后果，它唯一的要求就是“盯住信念之火，不要让它熄灭”。而“责任伦理”则要求我们认识并理解自己所选择的信念，敢于为行为的后果承担责任。在《诉讼》中，法院神父认为法律的尊严不容怀疑，人们只需把一切都当作必然的予以接受，可约瑟夫·K却坚信谎言不可能成为普遍准则。如果说神父对法律的信仰仅仅只是一种“信念伦理”的话，那么约瑟夫·K对法律的怀疑就体现出了更多的“责任伦理”。在这个充满冲突和陷阱的世界里，“信念伦理”已经被轻率、武断地强调得过多。而事实上，“责任伦理”科学理性、务实负责的态度应该在行动的领域里具有更多的优先性。

社会需要一双双冷峻的眼睛，盯防在权力和人性的耦合过程中产生不受控制的疯狂。作为一个法律工作者，不能仅止于关心“本案”和“本案当事人”，还要有法律灵魂和法律思维。正义不能是一个抽空了内涵的外壳，审判也不能是对照法律条文进行的表演。只有在饱含热爱的同时保持足够的警惕和清醒，不轻易选择成为社会的旁观者，我们才能摆脱约瑟夫·K的命运。正如那个“法庭”并非一人可以建造，摆脱“法庭”的掌控也需要我们每个人的努力。

[原载于《法制日报》2013年7月10日“思想部落”版]

崎岖的正义

当今世界，美国被普遍认为是法治化程度较高、司法公信力也较高的国家。然而，曾经担任美国俄亥俄州检察总长的吉姆·佩特罗及其夫人南希·佩特罗撰写的《冤案何以发生——导致冤假错案的八大司法迷信》一书所披露的事实却让人触目惊心，甚至令人难以置信。比如1989年到2003年，美国共发现340起成功洗冤的案件。其中超过一半的人已经服刑十年或者更久，80%的人已经至少服刑五年。被成功洗冤的340起案件中96%为谋杀或性暴力犯罪，而这些犯罪仅代表了2%的重罪案件。这些案件之所以能够成功洗冤，主要是因为DNA检测证明了当事人的无辜，或者因为死刑案件能够吸引到证明清白所必需的资源及注意力。按照上述冤错案件比例计算，美国每年大约有7500件案件被错误定罪。这样的数据不但对于美国公民，而且对于每一个信仰法治的人都是一种无法接受的伤害。

然而，该书的重点不仅在于剖析为人信赖的美国司法体系为何会如此不可靠，而更在于通过记录作者推动纠正多起冤假错案的经过向人们揭示发现并纠正一起冤假错案是何等的艰难和侥幸。本书开篇讲述的克拉伦斯·埃尔金斯冤案，仅仅根据一个六岁女孩的指认，克拉伦斯·埃尔金斯就被陪审团判决犯有谋杀、强奸和严重暴力伤害人身三个重罪。他的妻子梅琳达为此常年辗转奔波，几乎倾尽所有。即使在本书作者、时任俄亥俄州检察总长公开表示支持的情况下，也是“公平的车辆举步维艰”，案件没有任何进展。最终梅琳达因为一个偶然的机会发现了真凶并设法获取了他的DNA，检察官才在强大的舆论压力下被迫同意撤销起诉，而此时克拉伦斯·埃尔金斯已被关押了八年之久。迪安·吉利斯皮也是因为被害人的辨认被陪审团判决犯有强奸、抢劫罪，在监狱申诉18年后才获得上诉法庭上15分钟的陈述机会。本书作者卸任检察总长职务后加入了为迪安·吉利斯皮申冤的律师团队中，他们发现了本案的可能犯罪嫌疑人，证明了警察存在故意隐瞒证据和对辨认对象进行不正当暗示等违法情况，但也需要历经数年才能获得一次法官听证的机会。截至作者为本书作序时，迪安·吉利斯皮已被关押了22年，等来的只是法官"愿意以开放的态度对待本案"的承诺。这两起案件都存在着大量的相反证据和矛盾证据，但成功洗冤仍旧困难重重。克拉伦斯·埃尔金斯案中，妻子梅琳达异乎寻常的坚定意志和长期不懈的持续努力，美国洗冤工程团队公益律师的鼎力帮助，私人侦探强大的获取证据能力以及性侵案件中留下的DNA线索都发挥了至关重要的作用。然而，迪安·吉利斯皮就没有这么好运了。尊重判决是美国司法系统的基石，绝大多数法官都会利用各种可能的理由拒绝重审，因此一旦被判决有罪就很难再推翻，除非能够提供不容置疑的铁证。手握大权的司法机关甚至只需要一份斩钉截铁的辨认就能判决某人有罪，但要洗清冤情却要手无寸铁的当事人提供铁证，这似乎是个巨大的悖论。

不得不承认，美国在定罪量刑、证据规则等刑事司法制度方面与我国存在重大差异。比如美国定罪高度依赖法庭辩论和陪审团的自由心证，大量运用品格证据且不要求形成闭合的证据锁链，等等。我国刑事诉讼则具有侦查中心主义和口供中心主义的特点，法庭辩论不是定罪的关键，严格限制品格证据的使用且要求形成完整的证据锁链。但这些差异丝毫没有降低本书对我国刑事司法的重要警示意义。比如迪安·吉利斯皮案所暴露的司法人员不端行为、证据漏洞、对推翻生效判决的抵制等问题在我国的一系列冤假错案中也都不同程度地存在。该书所总结的导致冤假错案的八大司法迷信同样值得我们思考和警醒，它们是：监狱里的每个囚犯都会声称自己无罪；我们的司法体制很少冤枉好人；有罪的人才会认罪；发生冤案是由于合理的人为过失；目击证人是最好的证据；错误的有罪判决会在上诉程序中得到纠正；质疑每一个有罪判决将会伤害受害者；如果司法体制存在问题，体制内的职业人士将会改善他们。

虽然纠正冤案的经历是异常曲折的，甚至有时让人感到绝望，但是我们却不应低估正义的力量，不能对那些坚守正义的人们视而不见。本书作者原本为俄亥俄州检察总长，是指控犯罪的国家公职人员，但却选择终结自己的政治生涯，投身到“洗冤工程”之中，为那些被错判的无辜者孜孜不懈。我国新疆维吾尔自治区石河子市检察院的检察官张飚恪尽职守，不顾各种嘲讽和阻力，为纠正张氏叔侄冤案付出了辛勤的努力，直至退出工作岗位。诚然，这个世界上并不存在完美的司法制度，也不存在完美的司法人员。但当现当代的法学理论纷纷认为实体公正无法评价，转而将司法的合法性建立在程序公正的基础之上时，我们看到了多少妻离子散、家破人亡的冤狱在程序的名义之下发生。程序至上不仅导致了冤狱，也阻止了冤案被纠正。不放纵一个坏人，不冤枉一个好人，是刑事司法正义的理想状态。然而要实现这种正义却绝非易事。我们坚信更负责任的司法工作人员、更好的刑事司法政策和更注重实体公正的刑事诉讼程序，完全可以减少正义的流离失所。

2011 年，遍及美国的“无辜者洗冤联盟”发起召开了“刑事冤案国际研讨会”。一个名叫罗伯特·麦克伦登的黑人冤案受害者朗诵了一首诗，其中有这么几句：“你好，真相！你召唤上帝的盔甲，把我守护。我知道，最终你会为我祝福！”这让我想到张高平在接受中央电视台采访时说过的一句话：“我一直拒不认罪、拒绝改造，那是因为我坚信会有还我清白的一天。”面对他们对真相和正义的信仰，我们准备好了吗？

［原载于《方圆》杂志 2013 年 10 月（上）］

法官如何裁判

党的十八大后，司法改革和审判正义再次成为全社会关注的焦点。以习近平为总书记的新一届领导集体在司法问题上作出了一系列新的重要论述，如“宪法的生命和权威在于实施”“让人民群众在每一个司法案件中都感受到公平正义”等等，重新引发了人们对于司法改革方向和路径的讨论。与此同时，随着浙江叔侄“奸杀案”在内的各种“冤案”的不断披露，我国司法的各种积弊再次暴露在公众面前。司法作为社会正义的最后一道防线，为何却屡屡失守？今后如果我们要实施司法改革、捍卫司法正义又该从何处入手？这原本都是一些老生常谈的问题，然而由于众所周知的原因，这些问题都还未能得到根本解决。

其实，不论是制度建构主义者还是文化保守主义者，应该都能同意一个基本的事实，即司法正义的问题最终都可以归约为法官如何裁判的问题。也因此，“法官如何裁判”可以作为我们司法改革的认识前提和中心问题。北京大学出版社出版的《司法判决的生产方式》就是一本以“法官如何裁判”为主要研究内容的著作。该书作者翁子明具有法学硕士学位和管理学博士学位，曾经担任过广州海事法院审判委员会委员、庭长、高级法官，兼具体制内工作者的实践经历和体制外观察者的冷静思考。该书以作者的博士论文为基础修改而成，引用了法院内部的各种统计数据，增强了观点的说服力。

该书认为除了事实和法律，司法裁判的实际生产过程还受制于两方面因素的体系化影响。法院外部因素：（1）政党的因素。司法审判必须符合政策导向，坚持正确的政治方向。如调解被认为是构建和谐社会最适宜的纠纷解决方式，因此便贯穿于司法裁判生产的全过程。又如在某些政治敏感性较强的案件中，党的政策很可能左右个案的处理结果。（2）政府、人大、政协的因素。有的地方政府将法院当作其一个工作部门，甚至直接要求法院进行裁判。近年来，人大代表和政协委员干预具体案件的现象呈上升趋势。（3）上级法院的因素。上下级法院本来应该是监督与被监督的关系，但由于人事任命以及考核评比机制，上级法院已成为下级法院的实际领导机关，对下级法院裁判具有强大的影响力。法院内部因素：法官在生产司法裁判时需要受制于行政化的司法管理模式。这主要体现在裁判意见必须经过审批环节，实际审理案件的法官必须服从上级决定。由于机械地将行政决策中的民主集中制应用于审判，导致司法裁判的生产机制从合议制蜕变为审批制。行政化的司法管理体制和等级化的法官制度对法官产生的最大行为激励是追求晋升而非谋求正义。这反过来又进一步强化了法院的外部干预，因为来自法院外部的各种影响均须通过行政化的管理体制自上而下逐级传递和释放。

除了上述权力架构及管理体制的因素之外，作者认为法官裁判还经常受到一种糅合了法律实证主义和社会主义意识形态的独特司法观念的影响。一方面，在制度上将制定法奉为圭臬，压制司法自由裁量权，否认普通法官的法律解释权，造就了一批墨守成规、只关注“本案”和“本案当事人”的“工匠式法官”。另一方面，由于无法解决法律漏洞带来的实际适用难题，导致部分法官以变通的形式滥用裁量权，为金钱、人情等各种不正当因素侵入司法留下了缺口。

最高人民法院副院长沈德咏最近关于“冤假错案往往是奉命行事、放弃原则或者是工作马虎失职的结果”的发言，从一个侧面证明了我国司法裁判生产过程的复杂性。本书作者从科层制的视角，以法官的制度激励和行为逻辑为切入点去分析该种复杂性是有相当合理性的。种种迹象显示，我国新一轮司法改革的大幕即将开启。本书给我们的启示也许是：改革应尽可能优化司法裁判的生产环境，让复杂的审判过程尽量回归法治精神和司法逻辑。正如马克思所说："法官除了法律，没有别的上司。"只有轻装上阵，法官才能更好地背负正义的重量。

[原载于《清风苑》2013 年第 7 期]

错案与“疑罪从无”

勒内·弗洛里奥是法国20世纪最杰出的律师之一。他不仅办案经验丰富，敢于为争议人物辩护，而且著作等身，推动了法国多项司法制度改革。其代表作《错案》成书于20世纪60年代，内容主要取材于作者亲自办理的案件和法国历史上真实发生的错案。该书文笔朴实、通俗易懂，很多观点振聋发聩，对于我们了解法国乃至我国的错案形成原因都有积极的帮助。

虽然作者在该书中对错案的界定较为宽泛，认为凡是判决不正确的民事、刑事案件都属于错案，并且刑事错案远较民事错案要少，但该书探讨的主要内容、列举的绝大多数案例却都是刑事错案。作者认为导致错案的原因主要有五种类型：证据确凿，推理错误；法庭被被告人欺骗；法庭被文件资料欺骗；法庭被证人欺骗；鉴定方面的错误等。难能可贵的是，作者在分析上述五种原因时几乎没有运用抽象的法学或者证据学理论，而主要是依靠作者信手拈来、如数家珍的各种案例。尤其这些案例的细节被描述得准确而完整，让读者对导致错案的一些关键环节和常见错误一目了然。

冤假错案在不同的时代、不同的司法体系中普遍存在的事实表明，根本杜绝这类错误也许是不现实的。这是因为司法活动所认定的事实是通过事后的证据建构起来的语言的事实，毕竟不等同于客观的历史事实。这种历史时空的错位和人的认识局限性是任何司法体制都无法避免的，也是导致冤假错案的体系化因素。然而，这并不意味着我们对冤假错案的发生没有责任，相反每一起冤错案件的背后都有具体可见的制度缺陷或者人为过失。那么，该如何尽量减少冤错案件的发生呢？本书作者认为唯一的办法是，“只有那些确凿无疑的材料，才能作为判决的根据”。因为，“刑事审判中发生的每一宗错案，都证明了：作出判决的人没有执行好这个神圣的原则——疑罪从无”。

为何疑罪从无原则一旦走入实践就会遭遇普遍的抵触？以我国为例，无罪推定、疑罪从无两个原则早在1996年刑事诉讼法中就已经正式确立，大学课堂及各类法学教材也是反复强调。可以说，每一个一线办案人员，从警察到检察官再到法官对此无不熟知。但是熟知不等于真知，在被理解和认可之前，这种法条上的原则和教科书上的理念一旦和原有的自发观念发生冲突，考验就会接踵而至。疑罪从无原则之所以逐渐在实践中蜕变为疑罪从轻原则，往往是因为在案证据证明犯罪嫌疑人有涉嫌犯罪的可能。正是因为害怕错放，才选择了轻判。然而在错放和轻判之间，究竟是应该毫不犹豫地作出一种价值选择还是应该进行利弊权衡的功利比较？如果是后者，这种比较如何进行才算科学合理？

很多人从反对法律工具主义的视角，主张“宁可错放，不可错判”。本书作者虽然声称，“让一个罪犯获释总比惩罚一个无辜者要强百倍”，但遗憾的是没有对此结论作出具体解释。笔者认为即便从功利计算的角度，错判的危害也比错放更大，理由主要有四点：第一，让无辜的人蒙冤，重者妻离子散、家破人亡，轻者自由受限、声誉受损，这种人为导致的惨剧有悖人道。第二，一个错判对应两个错误，既冤枉一个，又放纵一个。而一个错放，至少没有冤枉谁。第三，错判对应的往往是权力的僭越，而错放体现更多的是权力的谨慎。严格依法释放不符合定罪标准的犯罪嫌疑人，能迫使权力走向文明、克制和理性，最终把权力关进制度的笼子里。即便实施犯罪的真凶被错放了，社会毕竟还有一整套制约、防范机制，靠其一人之力为非作歹终究有个限度。而公权力是一种组织化、体系化的存在，其不受约束的恣意一旦形成，伤害的是整个社会千千万万的人。第四，如张高平在法庭所说，若没有防范机制，每个人都有可能被冤枉，整个社会都会缺乏确定感和安全感。

客观而言，坚持疑罪从无绝不意味着放松打击犯罪和刑事追诉的努力。“宁可错放，不可错判”有其逻辑和语境前提，切不可机械、消极地理解为一放了之。正是在这一点上，本书作者似乎走得过远。比如作者主张“每当案卷里存在一些面对定罪而无法理解的材料时，哪怕这种材料是微量的，那么这时陪审员的责任就很明确：应该宣布被告无罪”。然而，律师只关心单个当事人、忽视社会整体利益的视角也有其局限性。证明犯罪的标准只能是排除合理怀疑，而非排除一切怀疑。比如，当 DNA 鉴定或者指纹鉴定将概率锁定到某个比例时，我们一般都可以直接认定犯罪真凶。

在打击犯罪和保护无辜者不受追究之间或许永远都存在着内在的张力，正因为如此，如何在打击刑事犯罪、捍卫社会正义的同时避免冤及无辜就成为了永恒的司法课题。每一个司法工作者、每一个法院判决都在对这一课题作出自己的回应。

[原载于《方圆》杂志 2013 年 12 月（上）]

触摸刑法的温度

刑法似乎总是一副冰冷严酷的面孔，让人望而生畏。在刑事庭审中，经常可以看到被告人痛哭流涕和深情忏悔，而在旁听席上总是坐着最惴惴不安的人。当法官法槌落下，一纸判决书就将被告人的命运定格。然而，泪水、忏悔和纠结往往并不体现在判决书中。因为判决书最关心的是运用逻辑力量抽象出来的犯罪事实，以及这些事实与刑法法条之间的对应关系。在“犯罪—处罚”的流水操作中，社会背景、生活经历、个人挫折等个体化的犯罪原因要么无法进入诉讼程序，要么不具有法律价值。在现代刑法语境中，规则的普适性要求最大限度地排除个体差异，将不同的个人都符号化为犯罪嫌疑人或者罪犯。然而刑法的适用真的仅止于此吗?

上海市浦东新区人民检察院检察官逄政所著的《主控官笔记——什么是法律问题的正确答案》一书对此问题作出了深刻而令人难忘的回答。该书是一本文集，其中不少文章都曾经在最高人民检察院主办的《方圆》杂志上发表过。这些文章旁征博引、文笔优美、视角独特，具有很强的思想性和可读性。特别是作者从办案实践中的真实案例出发阐发背后的法律和社会问题，读来分外亲切和熟悉，同时又分外地发人深省。

作者在该书中举过一个例子。一个男子因饥肠辘辘，先后在一个小吃店抢了十八个锅贴，在一个摊点抢了三个鸡肉串，又因为曾试图持刀向一个店主索要一根香烟，被公安机关以抢劫罪移送审查起诉。由于是多次抢劫，该男子应当被判处十年以上有期徒刑。正是在可能判处刑期的直觉上，而非从刑法逻辑上作者对此案的定性产生了怀疑。作者认为一个因生活所迫、饥饿驱使抢拿食物的行为不应该与十年有期徒刑画等号。此人后来以寻衅滋事罪被提起公诉，并被法院判处有期徒刑一年，缓刑一年。由此案出发，作者认为，“刑法本身并非无情，刑法的宽容性已经蕴涵在刑法的条文与精神之中，只是缺少解读与发现”，因此，“在考虑对犯罪分子处以刑罚的时候，不能简单地把案卷所反映出的情况提炼成法律术语，而应当把每一个法律术语背后所隐藏的犯罪人都看得鲜活丰厚，或许面目可憎，或许情有可悯，或许不幸又不争，然后再去寻找法律上的帮助。对于每一个司法官员来说，麻木地、简单地处理一个案件并不难，难的是把抽象的事实判断变成丰厚的价值判断，个性化地处理案件”。

这让我想起了几年前，北京大学陈兴良教授在检察系统所做的一次讲座。在互动环节，一位检察官问及一个刚满 14 周岁的男孩因为饥饿抢劫了一包方便面该如何处理。当时陈兴良教授的答案是，不能机械地理解法律条文，在解释法律时应当考虑立法的精神和法律的价值，这个案件不应当作为抢劫犯罪处理。这个场景之所以难忘，是因为刚工作不久的我被这样的机械主义和教条主义震撼了。然而，随着时间推移，办理的案件越来越多，却发现自己也同样变得越来越教条。我们在讯问时越来越习惯性地打断嫌疑人，让其回归正题。犯罪嫌疑人的行为往往被我们简化为犯罪数额、犯罪手段、危害结果等几个固定的模块，被抽象为刑法的几个条文。我们以司法的名义滤去了他们的人生遭遇和喜怒哀乐，使司法无法感知人性的温度。我们追求确定性，寻求明白无误的司法解释，不假思索地遵从司法经验和习惯做法，按照固定的程序和不会出错的做法将案件办结。在规范化和准确率方面我们的确进步了，但我们对司法的理解和感悟能力却大大地降低了，对职业的认同感也变淡了。

我们不禁要问：究竟是什么原因导致了司法官员的工匠化和司

法行为的教条化？这是否是实践形式法治必须要付出的代价？英国法律史学家梅特兰曾经说过，正义必须呈现出生动形象的外表，否则人们就看不见它。而当刑事诉讼沦为一种流程控制，司法裁判变成一张滤去情感、抽空价值的文书，我们如何能够说服民众，使他们相信我们正在实践和伸张正义？

很庆幸我读过这样一本书，它不仅让我见识了一个公诉人的思想和睿智，更让我打开了重新审视公诉工作的一扇窗口。如同该书序言中所说，逄政在办理案件时恢复了刑法的生命和温度，让其可以感受这个世界的冷暖，可以灵活地表达自己的情感。我也深信，刑法绝不是冷若冰霜的木乃伊。刑法同样关照着这个世界，等待着这个世界与之对话。问题是，我们的司法官员何时才能从符号裁判的牢笼中挣脱、醒来？

［原载于《检察日报》2014 年 1 月 9 日“学术”版］

反腐的文学想象

何家弘教授是我国刑事证据法学领域的权威，也是法学理论界的文学大家，其创作的一系列犯罪悬疑和侦探推理小学都赢得了很好的社会反响。与时下流行的法律与文学运动研究文学作品中的法律问题或者以法律的视角审视文学作品不同，何教授身体力行，直接从事文学创作，不仅架起了法学和文学之间的桥梁，而且改写了法学和文学之间的疆界。

何教授曾多次表示，从事文学创作纯属为了圆自己幼时的文学梦。不过，仔细研读何教授的法学著作和文学作品，可以发现其文学创作始终未能脱离他的法学理想，甚至可以说其文学创作某种意义上正是为了更好地表达他的法学理想。法学理想之所以要采用文学的表达方式，一方面是因为法学是一门现实的学科，不能太过脱离实际，而文学则可以在想象的天空中自由翱翔；另一方面是因为法学的逻辑理性承载不了法律现实中的悲欢离合和人生百味。正因为如此，阅读何老师的小说不仅需要文学的视角，更需要法律的视角。

《无罪贪官》就是这样一本以小说形式表达何教授反腐理想的作品。故事内容并不复杂，人物也不算多。但由于作者善于设置悬念、切换镜头，使得情节进展跌宕起伏，十分耐读。故事以达圣公司总工程师佟文阁遭遇的一起离奇强奸案开始。随着何教授一系列小说中的同一位主人公——洪钧律师的不断调查，案件真相逐渐得以还原。原来，佟文阁发现公司主打产品达圣健脑液会大大降低人脑对某些病毒的防御能力，并且会增大患失忆症和老年痴呆症的风险后，向达圣公司创办人和董事长孟济黎作了汇报。唯利是图的孟济黎不愿意将真相公之于众，便设下圈套诬告佟文阁强奸，并偷偷下毒导致佟文阁失去了记忆。孰料佟文阁提前将真相写成一封信并通过缩微技术镶缀在一幅祖传名画上。孟济黎费尽心机想要得到这幅名画，先是以高价利诱佟文阁的妻子，未果后又以美男计诱骗绑架佟文阁的女儿佟琳。危急关头，洪钧进入达圣公司成功解救了佟琳并诱使孟济黎说出了事实真相。律师洪钧的调查过程一波三折、疑窦丛生，遭遇过色诱、恐吓、陷害甚至被收容审查，但是他的正直、睿智和对真相的执着，最终还是帮助佟文阁洗清了冤情。

然而，案件真相的澄清并非故事的结束，甚至也并非故事的高潮。律师洪钧的侦查推理能力和调查案件的波折经历虽然是小说的主线，但却并非作者想要表达的主旨。因为既然书名是“无罪贪官”，那么官员似乎才应是故事的主角。的确，佟文阁案件的发展始终都有权力运作的影子。只是“贪官”在小说中并不显山露水，而是隐没在孟济黎一系列的阴谋背后。唯一高调出场的公安局局长吴风浪，正是收容审查洪钧的主谋。故事结尾，吴风浪被杀灭口，是唯一一个现形，并在书中交代了其结局的贪官。这似乎印证了中国官场几千年来的一个铁律，枪打出头鸟，闷声才能发大财。然而，那些没有被发现或者虽然被发现，但迫于权势未被查处的“无罪贪官”似乎也不是小说的主人公。当洪钧时隔十七年再度来到圣国市时，他发现现今的圣国已然成为名副其实的廉洁模范城市。该市已经实行了真正的官员家庭财产申报公开，所有的干部选任都要公开听证，所有的人事任免及重要会议都电视直播，所有的政府公款花费一律公开。在普遍而彻底的政府信息公开机制下，圣国市每年查处的官员腐败案件都是个位数，而且都是小案件。圣国市之所以率先实现了“天下无贪”，其奥秘竟然在于一场人为制造的“无罪贪官”的重大改革。

“阳光是最好的防腐剂”的道理每个人都懂，但如何让阳光照进权力的黑箱却需要极大的智慧和勇气。小说并未详细描述圣国市是如何摆脱贪腐的困境并走向清廉的，但何教授近年来的一系列主张却让答案不言自明。何教授 2008 年初在《法制日报》上发表《一个怪梦：大赦天下贪官?》，首次提出了以大赦贪官为积存的腐败解套的观点。随后，何教授通过撰文、访谈、演讲甚至电视辩论的方式系统阐述了他的“反腐次佳路径”。归结起来，何教授的观点主要有六个方面的内容：其一，将所有贪官都绳之以法是理想状态，但在当下中国很难实现。腐败现象已经非常普遍，与其让一些掌权者暗赦贪官，不如光明正大地实行特赦。其二，反腐必须要以有序的方式进行，革命的改朝换代的方式或者运动的方式不仅需要付出沉重的社会代价，而且没办法根治腐败，也没办法预防未来的腐败。其三，凡是在规定期限内如实申报全部家庭财产而且不再犯贪腐之罪的官员，其申报财产就被视为合法财产，不被追查。未如实申报或者在申报后再犯新罪者将被严查并依法追究刑事责任。其四，严惩不如严查，严查不如严防。与其把精力放在查处过去的腐败上，不如消化过去的“腐败呆账”，严查今天和未来的腐败。其五，为了平衡大赦贪官损及的社会正义，可以同步特赦偷税漏税，减免个人所得税。其六，对国家分散的反腐力量进行整合，设立由中央直接领导的、集中统一的反腐败机构，对特赦之后新发生的腐败现象严加查处。或许小说中的圣国市正是因为兑现了何教授的上述主张，才成功推行官员财产公示制度，并进而彻底解决贪腐问题的吧。

反腐是我们时代最迫切的问题之一。时任中纪委书记王岐山一番“当前反腐要以治标为主，为治本赢得时间”的讲话原本是出于无奈，但却因为显示了当权者的清醒而受到社会的好评。腐败的严峻形势告诉我们，当前的反腐思路和反腐体制是存在缺陷的。思想教育和党风建设固然是非常重要的，但却并非治本之策。正如何教授在本书“题记”中所说：“你是个贪官，但非十恶不赦之人。”因为“贪官未必比我更坏”，他们在生活中也许都是很好的人。记得列夫·托尔斯泰在《复活》一书中说过一句名言："生活中他们原本都是好人，只是到手的权力驱使他们作恶。"因此，从人性的层面去咒骂贪官是没有意义的。贪官之所以贪大概主要不是因为他们"放松了对世界观的改造"，因为参与改造他们世界观的不仅有党组织和党章，还有人的正常欲念和社会的现实诱惑。与灌输不想贪的思想教育和党风廉政建设相比，构建不能贪和不敢贪的制度环境更符合人性，也更为可靠持久。笔者认为当前的反腐体制缺陷主要体现在三个方面：

其一，制度设计缺乏清晰的人性认知。制度设计者总是相信组织胜过相信个人，然而组织依靠个人才能运转，组织的意志说到底还是个人的意志。举个例子，我们现在的宪法规定法院独立行使审判权而非法官独立行使审判权。其实法院的审判权说到底还是依靠法官来行使，差异仅在于只有院长能够代表法院。一方面不信任单个的法官，另一方面却又相信大权在握的院长。殊不知，在行使权力时院长并不比单个的法官更加可靠。甚者正因为院长大权在握，所以滥用权力的概率更高、腐败更难查处。现在社会上经常说的"一把手监督难题"其实正是这种不信任个人，只信任组织，从而将所有的重要权力都集中在组织的代表者一人身上的产物，究其根源则是在制度设计时缺乏逻辑一致的人性认知。

其二，权力运行封闭导致反腐信息匮乏。权钱交易、权权交易都是在暗地里运作，不易被外界察觉。加之交易参与者往往都是利益共同体，强化了他们对信息的封锁。当权力封闭运行时，社会监督无从入手，腐败现象殊难发现。正因为如此，信息的黑洞极大地助长和保护了腐败行为。腐败问题本质上是信息问题，也即反腐败机构和腐败分子之间的信息不对称甚至信息匮乏问题。可以说，我国目前的反腐困境很大程度上是由于政府信息不公开、资讯流通不自由造成的。

其三，反腐机构叠床架屋难以形成合力。表面看起来，中国的反腐机构渗透到每个单位和每个角落，但实际上发挥的作用却非常有限。以近日刚刚落马的南京市长季建业为例，他的腐败行为能被中纪委查处，却不能被离他最近的南京市纪委查处。原因很简单，南京市纪委书记的职务比市长低，自然没资格查处市长。每个单位都有名义上的派驻纪检组，但纪检组的成员却由单位“一把手”任命，要接受“一把手”的领导，无法发挥应有的作用。此外，国家的反腐力量被人为分割成纪检监察机关的党内反腐和检察机关的法律反腐两个部分，不仅造成诸多重复劳动，而且极大地降低了反腐威力。愈演愈烈的“二奶反腐”甚至表明“二奶”已经成为反腐的生力军，这让国家成建制的反腐机构处境尴尬。寄希望于“内部分裂”的“二奶反腐”将当前反腐体制的软弱无力暴露无遗。

腐败重重，问题重重。要做到何教授的“大赦贪官”却必须要回归“实事求是”的基本路线。正如吴仁宝同志所说“千难万难，实事求是最难”，其实在反腐败的问题上，我们也许缺的就是正视现实、实事求是的勇气。反腐光靠“打老虎”、“捉苍蝇”是远远不够的。历史上依靠严刑峻法反腐的事例很多，但都未能阻止官员们“前腐后继”。当今世界上大凡清廉度较高的国家，都不是靠反腐反出来的，而是靠包括官员财产公开、政府信息公开等机制预防出来的。大赦贪官绝非目的，也并非最理想的选择。在当前腐败已经形成固化利益格局的情况下，推行官员财产公开必将招致激烈反对，条件永难成熟。与其在腐败的怪圈里打转、沉陷，不如以壮士断腕、刮骨疗毒的勇气采取非常手段，通过赦免过去的贪腐换取官员支持财产公开，从而预防未来的腐败。政治是一门妥协的艺术，政治家必须要在现实条件的约束下，站在国家和民族长远发展的战略高度作出理性、务实的选择。

文末，与何教授同问的是：那个清廉的“圣国”究竟离我们有多远？何教授可以在小说中演绎他的梦想，但中国梦却不能只在小说里实现。

[原载于《法学家茶座》2014 年第 1 辑]

最后的礼赞

谈论一个国家的性格或精神，看起来似乎是一件不可能的事情。因为一个国家有很多不同的个人组成，几乎没有性格完全相同的人。然而现实却告诉我们，这些不同性格的个人集合却能体现出一种鲜明的国家性格或精神。比如英国人保守，法国人浪漫，德国人深刻、严谨，等等。如同个人有个性才会有人格魅力，国家有民族性格或民族精神才能赢得其他国家的尊重。

19世纪后期中国人的失败遭遇被普遍解读为一种制度的失败。由于任何一种制度都必须要有养育它的文化根基，因此在一个内生型的制度体系中，制度本身就是民族文化或民族精神的产物。故而清王朝的制度失败又很自然地被导源于孕育这种制度的文化失败。19世纪后期和20世纪早期，中国人就沉浸在这种文化失败的沉重自责之中。就是在这样一种悲观的氛围中，辜鸿铭的《中国人的精神》一书却为中国文化唱出了一曲惊世骇俗的赞歌。

辜鸿铭学贯中西，精通9门语言，获得13个博士学位。他一生都很推崇中国文化，致力于向西方介绍中国文明，《中国人的精神》一书就是这种努力的一个见证。他在本书的“序言”中提到全书的一个总括性观点：评价一个文明的价值，不是去看它创造的物质财富，“甚至也与其创造的制度、艺术和科学无关。为了评价一个文明的价值，我们应该探求的问题是人性类型”。作者循着上述思路总结了中国人的性格和中国文明的三个主要特征：精深、博大、淳朴。作者认为，中国人过着一种灵魂或者情感的生活，他们拥有成人的头脑和孩子般的心灵。他说："宁静祥和的心态让我们看清了万物的生命：这就是充满想象力的理性，这就是中国人的精神。"

辜鸿铭对中国人传统精神的分析不无道理。中国古代几乎没有现代意义上的自然科学教育，有的只是文学教育和伦理教育。换言之，中国古代并没有如何谋生的教育，有的只是如何做人的教育。这样一种情感的生活，使得中国的文学艺术非常繁荣，而科技、商业却长期停滞，裹足不前。在19世纪下半叶，当一种情感的人和一种理性的人发生对抗时，谁输谁赢一想便知。如果像辜鸿铭那样单单追求文学的审美和仪态的优雅，中国古代社会可能比西方社会更符合他的期待。这也是辜鸿铭对中国人的精神进行礼赞的出发点。然而，如果我们更倾向于接受一种以个人尊严和人际平等为核心价值的现代文明，却不能从中国人的传统精神中发现太多的"本土资源"。

辜鸿铭以性格类型来评价文明的视角虽然独特，但却无法自圆其说。一种文明的外在价值就是这种文明对于外部世界的积极影响，这种影响必然要透过某种物质载体来传递。事实上，每一种文明都有其外在的物质表现形式。比如，制度是一个民族管理方式和结合方式的物化，艺术是一个民族的精神和性格的表达和提炼，科学更是一个民族生存智慧的果实。我们要评价一种文明，必然要通过人们创造的物质财富、制度、艺术和科学来进行。因为这些物质形式是文明的载体和结晶，从而也是人性类型的投射和凝结。事实上，作者在后文中也是通过宗教、文学、艺术等形式来把握中国人的精神的。辜鸿铭试图巧妙地回避中国当时在军事、科技和经济等领域的落后现状，继而从人性类型出发主张中国文明优于西方文明的论断着实是令人费解的。至于作者以道德服从为名，讴歌"三从四德"、赞美君主独裁、排斥个人自由等观点，都让现代人觉得匪夷所思。

其实，制度虽有优劣，但文化却无高下。中华文明虽然与西方文明存在诸多差异，但都是人类文明宝库的伟大组成部分。生活在全球化的时代，我们既要继承文化传统，避免文化失根，又要懂得开放和包容，尊重文化的多样性和文明的差异。如英国哲学家罗素所说“幸福源于参差多态”，中国人的精神只有与时俱进、兼容并蓄，才能创造更加灿烂的文明。

[原载于《江苏法制报》2014 年 2 月 14 日“博览”版]

学做精明的公民

时事评论历来是公共知识分子介入现实、影响现实的重要手段。时评具有短平快、易传播、受众广、影响大等特点，在启迪大众、监督政府、传播理念、推动社会进步等方面发挥着独特的作用。然而要写好评论却并不容易。就事论事、人云亦云、牢骚满腹、批评有余却建设不足等等，都不是好的评论。好的评论既要让普通读者看得懂、喜欢看，又要能给人以思维和智识上的启迪，帮助揭示并解决问题。一篇好的评论不仅需要娴熟的语言技巧，而且需要扎实的学术功底和洞察世事的人生智慧。徐贲就是少数能将评论写得炉火纯青并产生广泛社会影响的公共知识分子之一。徐贲的那些短小精悍的评论文章，借助朴素平实的语言阐述深刻的政治、哲学命题，堪称时事评论的典范之作。

徐贲的《政治是每个人的副业》一书选取的并非重特大的政治事件，而是普通老百姓念兹在兹、茶余饭后谈论的热点小话题。针对这些小事情，徐贲常常能以小见大、挖掘出被人忽视的大道理。该书评论的话题虽然以中国为中心，但取材并不局限于中国。作者还选取了一些发生在美国、对中国有参考价值的事件，通过不停往返于两个国家的不同思维和不同做法，在相互激撞和对比分析中让道理变得简单明了。同样以撰写评论著称的国内知识分子傅国涌曾称赞，“这位长居太平洋彼岸的华人知识分子，对中国大陆的现实比许多大陆知识分子看得还要透彻，表达得还要准确”。这当然得益于徐贲深厚的学术功底和宽阔的政治眼界，特别是他具有中美两个国家的学术和生活背景，能够对历史上的各种文献信手拈来，并对中美两国的差异做法给出令人信服的解读。而其在美国观察、评论中国的文字，也因此显得鞭辟入里、别有新意。

该书共由87篇评论组成，看起来各不相干，但贯穿其中的却是同一个主题，即“学做精明的公民”。已经逝去的美国著名政治学者塞缪尔·亨廷顿曾忧心地指出，很多发展中国家缺少的不是政治参与，而是过分活跃的政治参与超出了制度的承载能力，导致政府权威的坍塌和社会秩序的沦陷。在一些发展中国家，建立起有效的统治权威仍然是政治现代化的首要挑战。特别是近期的泰国及乌克兰局势，让人看到无序的政治参与可能带来巨大的破坏性，也让人看到民主的健康运行离不开高素质的公民。用徐贲的话说：“民主的根本条件不是哲学家们想象的以政治为最好职业的少数政治精英，而是千百万以政治为副业，并对民主政治相当精明的普通公民。”那么何为“精明的公民”呢？徐贲认为：“精明的公民是那些坚持自我治理和能力自我优化，并努力具备与之一致的知识与素质的公民。”

很显然，徐贲不是消极地鼓励政治参与，而是积极追求有效的、理性的、精明的政治参与。历史上，不乏非理性的、暴力盲从的群众运动，但这种缺乏知情权和自主权的政治参与系被专制权力蛊惑和裹挟，与公民政治相去甚远。理想的政治参与必须建立在充分知情的基础上，在自由竞争的意见市场中由公民自主作出价值和行为选择。当今世界虽然很多国家都建立了民主的形式和框架，但民主运行的质量却相差悬殊，这与该国公民的政治参与是否“精明”有极大关系。学做精明的公民是我们必须终身面对的共同课题，而阅读那些优秀的政治著作则不失为一种可行的学习方式。

《政治是每个人的副业》一书充溢着学者的睿智和公民的精明，是很好的政治启蒙读物。该书的很多观点甚至可以作为名言警句，如：“精明的公民在意和看重的应当是价值本身，而不是他们是否具有所谓的本土性。如果像自由、平等、尊严和公正这样的价值不适合某国国情的话，那么要改变的是国情，而不是这些价值”。“有权利做一件事，是做它的必要理由，但不是充分理由。权利只告诉我们可以做什么，但不告诉我们应该做什么”。“公民的平等并不是因为人生来就是平等的。平等是一种人为的社会价值，而且是有条件的。只有当人们进入公众领域，成为有权利的公民，他们才能获得平等”。“人并不需要做圣人才有意义，当圣人往往并不是因为特别关爱普通人，而是因为根本就看不起普通人。圣人不是普通人的朋友，而是他们的对头。”类似的话具有很强的思想穿透力，散见在事件评论中，使这本时评集在时过境迁之后仍然有很强的阅读价值。

推动我国社会治理体系的现代化、民主化转型，客观上要求公众学做精明的公民，学会有效地参与公共事务。这一过程没有捷径，徐贲的著作也没有现成的答案。正如政治学者康马杰所说，民主的必要条件是公民对出现的问题自己思考。因此，徐贲著作的意义是引导、帮助我们学做精明的公民。但除了我们自己，谁也无法替代我们成为精明的公民。

[原载于《方圆》杂志 2014 年 4 月（上）]

给正义一点时间

西方有两句法谚流传很广：一句是“迟来的正义不是正义”，另一句是“正义从来不会缺席，只会迟到”。看似相互矛盾的两句话，其实正说明了正义与时间之间的复杂纠葛和对应关系。

当我们谈论正义时，更多的不仅仅是在谈论一个结果，而且还包括获得这个结果的过程。也就是说，正义不仅对应一个时点，而且对应一个时段，正义是时间的果实。然而对某些人而言，恰恰由于时间的稀缺性，正义一旦迟到将变得没有意义甚至产生极其致命的负面影响。比如，一个视声誉为生命的人在其有生之年背负骂名，死后才被恢复名誉对其本人就毫无意义。又如，一个因为刑讯逼供而被错误判处死刑的人，即便死后发现真相、被宣告无罪，也改变不了冤死的事实。对于上述种种，时间过了，正义却没实现，那么这个迟来的正义对于当事人已经不具有正义的现实效果。

虽然如此，从整个社会的角度来看，纠正错误、匡扶正义即便迟到了还是有价值的。这不仅是因为有总比没有好的现实考量，而且是因为人类自身从价值层面的自我救赎。法律，毫无疑问是为了在此岸实现具体的正义。宗教则多是在此岸无法实现正义的情况下，寄望于彼岸的弥补。所谓基督教的末日审判和佛教的轮回报应，就是用延伸的抽象正义来抚平当下的非正义感受。在此意义上，“正义从来不会缺席，只会迟到”更多的是一种超验的自然法信仰，是一种抽象的终极的正义。这种正义与其说关乎某个当事人，还不如说关乎全人类。

刘桂明先生的《正义不会缺席》一书显然指的是后一种正义，即作为信仰的抽象的、终极的正义。然而，支撑刘先生这一信仰或者论断的却并非高深莫测的哲学理论或者超验宗教，而是发生于、发展于脚下这片热土的真实事件，或大或小，或热或冷。刘先生用他敏锐的眼光、独特的视角和朴实的语言细心地观察着这一切，然后用法律人的严谨娓娓道来，让人摆脱人云亦云的成见，去洞悉事情的真正本质。

《正义不会缺席》由一百多篇短小精悍的文章结集而成。全书按照内容共分为七个部分，每个部分的标题都恰如其分地描述了正义的一个侧影。不妨列举一下："正义是一种表态：法律的追问""正义是一种表白：律师的思索""正义是一种表述：法律的困境""正义是一种表现：律师的境界""正义是一种表情：青春的救赎""正义是一种表达：错案的防范""正义是一种表象：封面的解读"。

与一般的时评集不同的是，这本书选取的基本上都是法律事件或者是对事件的法律解读；与一般法律杂文集不同的是，这本书除了关注"制度""文化"这些大问题外，还关注律师执业、错案防范这些中观层面的问题，而且作者的文章标题大多是提问的形式。这当然并非作者不知道问题的答案，纵览全文，即可知道作者自有定见。而这些提问无疑是在启发人们的思维、给人们设定思考问题的角度。正如作者在《提问是媒体人的天职》一文中所说："我们的问既是问题，也是问询，更是问责。通过我们的问，民主的规则与程序更趋合理，民生的保障与救济更趋完善，权利的行使与表达更趋到位，法治的精神与信仰更趋深入人心。"

作为评论性文章，作者的理性和睿智是显而易见的。激情四溢的评论固然能够扣人心弦，但逻辑清晰、说理透彻的文章才能给人以教益。比如在《邓玉娇案件的逻辑推理》一文中，作者从情理、道理和法理三个方面，层层递进地论证了邓玉娇的行为属于典型的正当防卫。在《律师为什么要为"坏人"说话?》一文中提出："法律是因为‘坏人’而制定的，律师是因为‘坏人’而需要的。律师为‘坏人’说话，不是为他的‘坏’说话，而是为他这个‘人’而辩护。”又比如在《我们应当如何理解“疑罪从无”原则》一文中提出，“疑罪从无”司法原则，不仅仅是一种为了解决刑事疑案的技术性手段和原则，而且还是一种折射我们在关注保护社会之外，能否接受事关每一位公民人权保障尤其是彰显现代刑事司法文明与进步的“有利被告”的思想生命力。文中还有不少类似的句子，诙谐幽默，发人深省。比如，“一个‘限’字让我想到了宪法之‘宪’。其实，这个‘宪’字何尝不是‘限’字之升华呢”。

对律师这个群体的关注，是该书的一个重要特点。这不仅是因为作者曾经担任过《中国律师》杂志总编和中国律师论坛秘书长，更是因为他深刻地认知到，律师是法治社会的重要力量。律师备受打击、执业艰难，绝非法治之幸、民众之福。正因为如此，他对律师行业的发展始终给以密切的关注，积极地为律师行业的发展鼓与呼。在《律师业的冬天来了吗?》一文中，他在剖析律师发展面临的困境的同时，鼓励大家做好准备、应对挑战；在大家都在呼吁律协要为律师说话的时候，本书作者却在思考“律师协会要如何帮律师说话”；作者还呼吁国家设立“律师节”，积极推动律师文化的构建。面对有人对作者“偏爱”律师的不满，作者辩解道：“君不见法庭之上法官、检察官皆为官身，独律师为布衣之身？一个以公权力为依托气势如虹，一个以大道理、小道理为依托战战兢兢，强弱之比，何其昭然！为了扶弱抑强，让律师占一点便宜又何妨?”刘先生的这些话可谓直截了当、势大力沉！

言及正义这样的话题，既可以是罗尔斯《正义论》那样的鸿篇巨制，也可以是《正义不会缺席》这样的细小入微。实际上，没有具体的正义，哪来抽象的正义？没有个案的正义，哪有司法的正义？在这片土地上，既然追逐一个看得见的个案正义尚且常常需要迂回周折，那么对于终极的社会正义或者制度正义，我们不妨遵奉正义不会缺席的信条，给正义一点时间，让它在时间的隧道里多飞一会儿。聊以自慰有时不单单是一种借口，而更是一种负重前行的智慧。正如作者所言，“正义既有可能远在天边，也有可能近在眼前”。守望正义，有时候需要的不过是一点耐心和等候。

［原载于《方圆》杂志 2014 年 11 月（上）］

从《“五月花号”公约》看“人的条件”

美国前总统小布什曾经在一次演讲中说道：“人类千万年的历史，最为珍贵的不是令人炫目的科技，不是浩瀚的大师们的经典著作，不是政客们天花乱坠的演讲，而是实现了对统治者的驯服，实现了把他们关在笼子里的梦想。因为只有驯服了他们，把他们关起来，才不会害人。我现在就是站在笼子里向你们讲话。”美国人民驯服统治权力的过程，的确非常值得品味和研究。

公元1620年，101个来自欧洲的男女乘坐一艘曾被用来运酒的三桅帆船，名叫“五月花号”，一路向西航行，驶过浩瀚而险恶的北大西洋，来到无人知晓的新英格兰。在马萨诸塞的科德角，这些人休整了8天，登陆之前，他们当中的41个男人，集合在船舱里开会，形成了以下的文件：

“以上帝的名义，阿门，吾等签约人，信仰之捍卫者，蒙上帝恩佑的大不列颠、法兰西及爱尔兰国王詹姆斯陛下的忠顺臣民——为了上帝的荣耀，为了吾王与基督信仰和荣誉的增进，吾等越海扬帆，以在弗吉尼亚北部开拓最初之殖民地，因此在上帝面前共同庄严立誓签约，自愿结为一民众自治团体。为使上述目的得以顺利进行、维持并发展，亦为将来能随时制定和实施有益于本殖民地总体利益的一应公正法律、法规、条令、宪章与公职，吾等全体保证遵守与服从。

“据此于耶稣公元1620年10月11日，吾王英格兰、法兰西、爱尔兰第十八世暨苏格兰第五十四世君主陛下在位之年，在科德角签署姓名如下，以资证明。”

这就是历史上赫赫有名的《“五月花号”公约》。

最初从欧洲登陆北美大陆的这群人就是这样用协商、契约的方式，开始他们的政治社会的。然而，在人类历史的长河里很多政治社会的形成却依赖于暴力和征服。霍布斯认为人类在进入政治社会以前仿佛是生活在一个弱肉强食的丛林中，人和人就像狼和狼，始终处于战争状态。因为每个人都自私、贪婪、好斗，每个人权利的界限由他的能力大小而决定。我不能同意霍布斯的是，他竟然认为在自然状态中的人会订立一个契约，从而结束自然状态走向政治社会。我同意马克思的观点，认为最初国家的产生完全是阶级矛盾不可调和的产物，国家不过是一部分人统治另一部分人的工具。用鲁迅的话说，中国历史上只有两种时代，即人民做稳了奴隶的时代和想做奴隶却不可得的时代。然而，奴隶却不是人，奴隶主只把奴隶当作会说话的工具。德国19世纪的法学家耶林曾说过，人的权利是人的精神生存条件，没有权利，人就不称其为人。

雅斯贝尔斯的轴心时代理论，将人类历史分为两个轴心时代，即哲学时代和技术时代。在20世纪之前，人类的发展进步主要依赖于哲学的突破，而在20世纪之后，人类要发展进步则要依靠技术的突破。正是文艺复兴运动复活了人文精神和人文主义，在这个基础之上，启蒙运动逐渐开启了民智，理性之光照亮了普通的民众。在新的游戏规则下，法律成了公意的体现，政府则成了公民雇用来保护其个人自由的守夜人。

裴多菲曾有一首诗：“生命诚可贵，爱情价更高。若为自由故，两者皆可抛。”马克思认为人类要获得自由，就应该从自然力的奴役中，从人际关系的压迫中，从人自身的束缚中解放出来。政治自由，就是要求人们能从人际关系的压迫中解放出来。怎么样才能实现政治自由呢？托克维尔在《论美国的民主》一书中写道：“随着我研究美国社会的逐步深入，我益发认为身份平等是一件根本大事，而所有的个别事物则好像是由它产生的，所以我总把它作为我的整个考察的集中点。”可见，自由是由平等产生的。如果每个人都是平等的，那么谁也不能强制别人，个人也就从这种力量均衡中获得了自由。由此可见，只要大家地位平等，自由迟早就会产生。在自由总量保持均衡的情况下，一个人自由的丧失一定是源于别人的剥夺。

从马克思的观点来看，政治自由只是人类实现全面自由最小也是最容易的一步。摆脱自然力的奴役恐怕没有尽头，从人自身的束缚中解放出来恐怕也要等到人的价值的全面实现，而从人际关系的压迫中解放出来则是我们相对可欲的目标。然而，即使是这个目标，其实现过程也是一部充满着辛酸和血泪的悲壮历史。无数仁人志士为了唤醒国民，前赴后继，流血牺牲。

在没有特定历史积淀和文化传承的社会里，在权利层面实现自我需要漫长的时间，然而我们也不必灰心失望。正如托克维尔所说：“从脑力劳动成为力量和财富的源泉之后，每一科学发现，每一新的知识，每一新的思想，都应该被视为人民行将掌握的权利的萌芽。”很多悲剧发生了，但与以往不同的是，它开始被关注了。关注，意味着反思，反思意味着可能的改进。只要在改进着，我们的目光就会朝着前方，怀着希望，也怀着热爱。

[原载于正义网 2005 年 12 月 11 日“法律博客”版]

无为而治和有限政府不是一回事

无为而治是我国古代思想家老子和庄子最主要的政治思想，有限政府则是现代社会普遍信奉的政治理念。这分别代表东方和西方、古代和现代的两种政治理论是一回事吗？如果不是，那么两者有何区别？

无为是《老子》和《庄子》中的关键词，在老子和庄子的学说中具有关键地位。无为是老子和庄子所推崇的一种人生观、处世观，体现在政治领域，则表现为要求统治者“无为而治”，从而促进天下太平。人们常常误以为老庄的无为是指无所作为，老庄的无为而治是通过消极的不作为来治理天下，其实这种看法是非常片面的。固然，老庄的整体哲学中，确实有要求“使民无知无欲”，做到“小国寡民。使有什伯之器而不用；使民重死而不远徙；虽有舟舆，无所乘之；虽有甲兵，无所陈之。使人复结绳而用之”的观点，但这样无为是为了达到“甘其食，美其服，安其居，乐其俗”。在老子看来，“反者道之动”，“道”常常向相反的方向变化，“道常无为而无不为”，因此人们做人、处世、治理天下，都要顺从“道”的旨意，通过无为来实现与“道”的合一。老子认为，“大道废，有仁义”，意思就是由于“道”的荒废，所以人们才设计出仁义来。如果人们能够做到与“道”合一，则根本就不需要仁义了。“道”废了，人们处心积虑设想出来的仁义果真能起到“道”的作用吗？现实情况却是“法令滋彰，盗贼多有”，法令制定得越详明，盗贼也越多，可见人法不能取代天道。因此，老子主张“绝圣弃智，民利百倍；绝仁弃义，民复孝慈；绝巧弃利，盗贼无有”，通过放弃圣、智、仁、义、巧、利等人为的东西，重新做到与道合一，而合一的结果则是“民利百倍”“民复孝慈”“盗贼无有”。在老庄的学说中，统治者作为社会的一员，也应该是无为的。加之统治者对整个社会具有极大的导向作用，因此更加要顺从民意、合乎自然，不可妄为、强为、滥为。老子认为“治大国若烹小鲜”，关键在于统治者自己的作为。“民之难治，以其上之有为”，民众难以管理，恰恰是因为统治者为得太多，为得不当，因为“我无为而民自化，我好静而民自正，我无事而民自富，我无欲而民自朴”，只要统治者“无为”“好静”“无事”“无欲”，则“民”自然也会无为，行事为人也就会合乎天道。由此可见，老庄的无为是指顺服“道”的旨意去为，虽然无知无欲，却要天人合一，包含着积极的人生境界追求，绝非简单的无所作为；老庄的无为而治，是指统治者要顺从民意，合乎自然，躬身垂范，模范地去顺道而为。无为而治固然强调为的数量，但更重要的是为的质量，即是否顺道而为。积极的顺道而为，正是“道”所赋予统治者的使命，是统治者应该做的，只有逆道的作为才应该限制、禁止。鉴于秦灭亡的原因，道家思想为汉初统治者所推崇。当时的统治者，轻徭薄赋，节约开支，减免刑罚，促进生产，然而这离老庄的理想状态还相去甚远。待汉武帝“罢黜百家，独尊儒术”后，道家思想开始被统治者排斥。从此以后在两千多年的王朝历史中，儒家思想取得统治性地位，道家思想只是在各王朝刚刚建立初期被部分采纳，而老庄的无为而治从未在真正意义上实现过。

有限政府是现代民主代议制政府所追求的政治理念，其核心是政府的权力是有限度的，应该受到制约和限制。有限政府理论有很长的历史渊源。早在古希腊时期，亚里士多德就认为“法治应当优于一人之治”，因而制定得良好的法律应该得到普遍的服从，统治者的权力也应该受到法律的限制。17 世纪欧洲启蒙运动兴起，个人主义盛行，权利意识觉醒，洛克在他的名著《政府论》一书中大力驳斥君主专权，指出政府的存在应该基于民众的同意。君主非但没有至高无上的权力，相反却有保护公民的生命、自由、财产和安全的义务。至高无上的立法权应该由民众行使，君主和政府不得违背民众制定的法律。18 世纪的卢梭和亚当·斯密的理论分别从政治哲学和经济学的角度论证了有限政府的理念。卢梭提出主权在民的主张，认为法律是公意的体现，政府是主权者的一个委托代理机关，从属于主权者，因而政府的权力受到主权者的限制。亚当·斯密则从经济学的角度出发，指出市场这只看不见的手，能够有效地配置资源，促进社会进步，政府不应干预私人经济活动。19 世纪自由主义大师约翰·密尔指出，个人自由是社会发展的最终动力，政府应该限制自身的权力，保护公民的广泛的自由。20 世纪以后，西方各国政府不再满足于做一个守夜人的角色，对社会生活的干预日益深入和广泛。尽管政府的职能得到了加强和扩大，但现在有限政府仍是各国最重要的社会共识之一，也是不少广大发展中国家政治改革的目标。

虽然同样是要求限制政府的作为，然而老庄的无为而治和有限政府理念却有很大的差异：

一是哲学基础不同。无为而治是基于老庄的道家哲学。道家哲学要求人们在俗事生活中清静无为，通过抑制人们的贪欲、野心，达到与自然、宇宙的和谐。该种哲学要求人们过一种近乎自然的原始的朴素生活，放弃人们的智慧，放弃道德礼仪，甚至放弃人际交往。有限政府的哲学基础在于人在社会中的自然权利和自由。自由主义的政治哲学认为人生而自由，有着天赋的人权，因此应该是平等的，不应该受到别人的统治，除非这种统治是基于自身的利益和需要，政府因而是民众实现自身权利和利益的手段。有限政府理论一方面阐明了政府权力的来源，另一方面又赋予了政府权力的义务。

二是经济基础不同。无为而治统治的是自给自足的小农经济。

每个家庭自力更生，丰衣足食，没有对外部世界的依赖。统治者只需模范地效法天道，将之昭示天下，则一个个孤立的家庭就会纷纷仿效，每个家庭都把其余家庭视为自然的一部分，从而直接实现与自然融为一体的和谐。有限政府统治的则是结成广泛联系、相互依赖的市场经济。有限政府同时还必须是个有为政府、有效政府，因为这正是政府存身的合法性基础。因此，有限政府必须保护公民的人身和财产自由，维护市场的正常运作。

三是统治权力受限的依据不同。无为而治，统治者主要不能违背“道”的约束。因此统治者的权力来自对天道的顺从。统治者体恤民众，主要是以民为本的“道”的要求，是一种民本主义。有限政府，统治者的权力受到宪政体制的约束。在一个宪政体制的架构中，首先存在一部宪法，具有最高的效力。在宪法之下，又存在其他的法律，宪法和所有其他法律政府都必须服从。政府不同机关之间存在着权力制约和平衡，除此之外，政府权力还受到舆论等社会力量的制约。统治者的权力受到严格的限制，必须为民众服务，是民主主义的体现。

人类社会并没有朝着老庄所设想的路径发展，而是走向了另一个相反的方向。在人类实际经历的社会中，智慧被崇拜，技术被发明，法律被颁布，竞争被强化，人类没有走进小国寡民的社会，反而走入了一个彼此依赖的“地球村”。人类的物质生活水平得到了空前的提高，人改造自然的能力大大加强，但在这样一种发展路径中，人类背离了自然，将自然视为改造的对象，人与自然严重对立；在这样一种发展路径中，人和人的关系大大复杂化，人际合作深化的同时也使得人际冲突加深 。

虽然经过不懈的努力，人们实现了对统治权力的部分驯服，建立了有限政府，然而随之而来的却是新的危机。自由的前提是对事物的理解和认识，而获得这些知识则需要大量的成本和代价，人的认识局限性更加深了自由的吊诡。自由还意味着责任，然而人们在恣意行使自己的自由时，却忘记了要对自己的行为负责。自由还意味着人类在选择时常常面临着深深的迷茫和无措，自由同时也造成了现代人空前的精神危机。与此同时，哲学意义的自由还远未实现，甚至还没有见到实现的曙光。在经历了理智的自负以后，才去解构罗格斯中心主义，殊不知人类既然已经偷吃了禁果，就永远背上了原罪。建立有限政府是在“大道”废了之后，在狂想曲取代了田园诗之后，人类自我拯救的一步，相对于人类终极的自我拯救，这只是万里长征的一小步。

［原载于正义网 2006 年 1 月 3 日“法律博客”版］

乡土中国和官僚政治的嬗变

乡土中国和官僚政治是中国目前急剧转型社会的两个最重要的社会基础性元素，两者之间的互动和张力，关乎中国社会的转型进程和方向。从某种意义上说，中国的现代化过程就是乡土中国和官僚政治的理性化嬗变过程。然而，这样一个众多变量积聚的复杂动态系统，能否有一种大致可寻的、相对成本较小的演变路径呢？带着这个问题，笔者对最近阅读的三本著作进行一下梳理和分析，希望能够抛砖引玉。

一、费孝通和他的《乡土中国》

费孝通先生是我国少有的杰出的社会学家之一，其代表作《乡土中国》是作者 1946 年在西南联大和云南大学任教时发表在《世纪评论》上的 14 篇文章的结集。

作者在此书一开篇就宣称“从基层上看去，中国社会是乡土性的”。乡土社会中村民对土地有极大的依附性，往往世代定居，流动性小，因而乡土社会也就同时是一个熟人组成的社会。此书后面的内容几乎都围绕着熟人社会这一核心概念而展开，分析了中国基层社会的格局。此处，笔者只拣选其中的两点略微铺展：

第一，熟人社会不能产生发达的商品经济关系。在作者看来，熟人社会是个人情社会，人情而不是市场承载着互通有无的功能。虽然人情和市场承载的功能相似，其运作过程却大相径庭。前者并没有一个理性化的计算，而仅仅是在礼和舆论的规约下，熟人之间一种默契的馈赠和回馈；后者则建立在精确的计算基础上，是以盈利为目的的契约。很显然，前者的存在只需温情脉脉的礼就能维系，而后者则必须依靠冷冰冰的法律。在中国的乡土熟人社会中，市场很难有生存的土壤，其功能只能由人情来承担。没有市场，就不会有分工，自给自足的小农经济就会保存下去，发达的商品经济关系就不会自发演变出来。因此，商品交换要出现必须要有某种变动因素来打破这一封闭的系统。交通工具的发达，通信技术的进步，人口的增长都可能导致人口流动，从而促使熟人社会的解体和陌生人社会的形成，并因而促成商品经济的发展。

第二，中国乡土社会的基层结构是一种“差序格局”。作者认为西方社会结构是一种“团体格局”。在这种格局下，群己界限非常清楚，个人和团体的关系得到清晰的界定，人际关系讲究的是权利和义务。主张个人权利和自由的个人主义就是在预设团体的情况下，在“团体格局”中才得以产生的。与之相对照，中国的社会结构则属于“差序格局”。在这种格局下，群己权界不明，人际交往讲的是交情和关系。“差序格局”产生的不是个人主义而是以自我为中心的自我主义。任何价值都需要找到一个“自我”并以之为中心，从而确定其标准，因此并不存在一个普适的一以贯之的价值标准。任何价值性判断都要看对象是谁，判断者是谁，两者之间的关系如何，并随着这三个参数的不同而变动。这种格局，天生就是现代司法的对立面，阻碍中国法治的现代化。现在人情商品关系大量侵入司法过程，造成司法腐败，使得原本就因转型而突出的社会矛盾得不到化解，严重危及社会的健康秩序。作者早在60年前就已指出：“现行的司法制度……破坏了原有的礼治秩序，但并不能有效地建立起法治秩序。法治秩序的建立不能单靠制定若干法律条文和设立若干法庭，重要的还得看人民怎样去应用这些设备。更进一步，在社会结构和思想观念上还得先有一番改革。”因此，在中国实现法治理想，立法只是一小部分工作，厚植法律生存的土壤才是真正的关键。

二、孔飞力和他的《叫魂》

孔飞力是美国著名的汉学家，1977 年接替费正清任哈佛大学历史系和东亚语言文化系讲座教授至今。《叫魂》是他的代表作，为他赢得了广泛的名誉和学术声誉。此书以生动细腻的笔触描述了发生在 1768 年乾隆年间的一起荒诞不经却震动朝野的叫魂妖术案件，并透过这一事件，分析了中国大众的社会心理、官僚的运作体系、清朝专制君主的权力控制以及三者之间的互动。

1768 年，在江浙一带的民间广泛流传着一种叫魂的妖术。其内容是有人会偷偷割掉别人的辫子或衣襟，并通过一种咒语而将被割人的精气吸附到自己身上，使自己的力量增加并使被割人致病或死亡。在这种流言波及的地方，民众极端恐慌，对于陌生人充满恐惧，屡有经过的外地行人被怀疑的民众活活打死的情况发生。几处地方官府相继接到了被控偷割发辫的案件，但最后查实并无偷割发辫的情况。然而，在这一妖术恐慌被当时的皇帝乾隆知晓后，事件出现了重大转折。乾隆认为有人在故意“造作讹言”“煽惑民听”，并责怪地方官吏没有及时向他汇报妖术恐慌的情报。这时一处地方官吏上奏乾隆，说真的有人在施行妖术。此后各地不断有偷割发辫的案件报告，并得出了存在一个有组织的“妖党”的结论。至此，乾隆认定偷割发辫的“妖党”有着明显的政治目的，因而加大了清缴的力度。然而数月过去了，地方官府抓获的仍仅仅是有限的几个“割辫犯”，背后的主使者，“妖党”头目却依然不知踪影。这时，乾隆要求地方官府将抓获的“割辫犯”押往京城，由他和军机处亲自审理。审理的结果是令人失望的，这些“割辫犯”一一推翻了之前的口供，并说之前的口供是刑讯逼供所致，他们都是被人栽赃陷害的。乾隆和中央的大臣这时意识到，近半年来的妖术恐慌不过是无知百姓的流言和迷信罢了，并无“妖党”存在。

那么，为什么民间会子虚乌有地流行起妖术恐慌呢？乾隆皇帝为什么一开始就认定有人故意散布妖术流言并进而认定有“妖党”借妖术恐慌进行谋反呢？地方官吏在这个“事件”中又是怎样迎合帝王、巩固自己权力的呢？作者认为，18 世纪的中国社会，“人们普遍认为周围尽都是邪恶，他们的生命则受到隐蔽势力威胁”，因而“社会上到处表现出以冤冤相报为形式的敌意”。叫魂恐慌为普通民众提供了一个绝佳的报仇雪恨的机会——这种机会对于专制帝国中的普通百姓而言并不多见。作者深刻地指出，“施行妖术和提出妖术指控所折射反映出来的是人们的无权无势状态”，而“妖术既是一种权力的幻觉，又是对每个人的一种潜在的权力补偿”。

时空轮转，后续的很多事情在逻辑一贯性上并未完全隔断。作者在注释中提到了他在 20 世纪 80 年代和一个老红卫兵的谈话，那个红卫兵坦承“文化大革命”给了他突然到手的权力机会，从而实现了依常规途径无法实现的个人野心。作者警告我们：“即使在今天，让普通民众享有权力依然是还未实现的许诺。毫不奇怪，冤冤相报仍然是中国社会生活的一个显著特点。”那么，如何化解中国民间依然隐藏着的这种力量呢？公正的利益分配机制，廉洁透明的政府，稳健高速的经济增长，及时权威的纠纷解决渠道等等这些因素恐怕是必不可少的。

现在来回答后两个问题。孔飞力认为乾隆的反应显示出了专制君主对权力控制的警觉。这种权力控制一方面是针对普通大众的，另一方面则是针对属下的官僚的。对大众的控制表现为君主对民众谋反的恐惧和维持秩序稳定的决心；对官僚的控制则体现为君主利用突发事件造成的机会，超越常规程序，将专制权力介入官僚体系之中。作者分析了官僚君主制中的常规权力和专制权力。一方面，君主需要制定规则来约束官僚，降低控制成本，增强控制能力；另一方面，规则本身也限制了君主的权力，相应地削弱了君主对官僚的控制。因此，君主必须一方面制定规则，另一方面又要对规则进行突破，亦即君主必须同时运用常规权力和专制权力来控制官僚。“事件”的发生为君主行使专制权力提供了理由，同时也为官僚体系中希望重新分配权力和利益的官僚提供了机会。正如作者所说：“官僚君主制……要以社会中的事件为原料来推动制度内部各种关系的运作。官僚君主制的内在机制则对所有这些事件进行加工，使它们转换为权力和地位。”这些论述出自一个外国汉学家之口，不得不令人钦佩。现在看来，这种理论对很多的历史及社会事件都有很强的解释能力。

三、耶林和他的《为权利而斗争》

《为权利而斗争》是德国19世纪目的法学派法学家耶林的一本名著。这本小册子发表以后被迅速译成数国文字，在各国广泛流传，为耶林获得了很高的学术声誉。

作者在开篇就写道，“法律的目标是和平，而实现和平的手段则是斗争”，因为“世界上的一切法都是经过斗争得来的”。用斗争的观点来解释法律的产生，作者显然受到了马克思的强烈影响。的确，法律作为一种强力的利益分配机制，其产生的历史就是一部人类社会的斗争和妥协史。在专制社会中，法律常常是统治集团用强力掠夺被统治者利益的工具，在这种情况下法律自然意味着斗争；在现代法治社会中，由于并不存在绝对一致的利益，因而法律常常表现为一定的强势群体的利益，在这种情况下法律还是少不了斗争。不过，在现代法治社会中，法律所造成的利益对抗程度更小。

然而，事物往往在对立面中成就自身，就像作者所说，“某一国民拥护并主张自国法的激情强度取决于为获得法所付出的劳苦和努力的量”，是斗争将法和国民连接了起来，“斗争是法的生命”。经过斗争产生的法，对于每个人的意义就在于界认了自己的利益并将之上升为法律权利。在作者看来，为权力而斗争不仅是对自己的义务，而且是对社会的义务。对于个体而言，“权利是人格精神上的生存条件”，因此主张权利是一个人主张自己的精神生存，而“完全放弃权利是精神上的自杀”。作者认为每一项权利背后都关乎人格，因而反对仅仅从利益权衡的角度去看待诉讼。作者认为，诉讼问题已经“从单纯的利益问题变化为主张人格抑或放弃人格问题”。这样的一种诉讼观是与现代诉讼的物质成本利益追求相悖的，因而在绝大多数法治国家已经面临着深深的危机。

每个个体为了自己的权利而诉诸法律的行为，在作者看来都具有远远超越这一行为本身的价值，因为“主张权利的人就是在自己的权利这一狭小的范围内，维护法本身”。和庞德一样，作者也认为“法律的生命在于实施”，法律只有被具体实施，从条文变为权利，其价值和功能才会实现。因此，作为一个个体“主张权利是对社会的义务”。作者认为只有一个有着健全的“法感情”的民族才会强大，假使一个人连自己的权利都不去保护，又怎么能期望他去保护国家利益呢？正因为如此，作者指出“不是公法而是私法才是各民族政治教育的真正学校”。

这本书的语言非常激昂、流畅，让人读起来有一气呵成之感。在严肃的法学学术著作中，这样的情况确实少见。在耶林的时代，这样的呼喊和战斗精神是非常值得欣赏的。在提倡和谐、和平转型的当下，如何评价耶林的“斗争”哲学，恐要引入新的考察维度。不过有一点可以肯定，提高国民的权利意识和法律意识对于国家的健康、长远发展都是非常有利的。权利引领的进步，法治推动的变革，无疑是成本最低、最为理想的社会转型模式。

[原载于正义网 2006 年 3 月 5 日“法律博客”版]

重温《新教伦理与资本主义精神》

韦伯的《新教伦理与资本主义精神》是社会学的经典之作。此书所关注的核心问题是：为什么现代的资本主义最早出现在而且仅出现在西方尤其是欧洲？这个问题不仅具有普遍的学术意义，而且对于正在进行现代化建设的中国有很强的实践意义。与马克思的单向历史决定论相比，韦伯认为是很多复杂的因素相互作用最终决定了西方资本主义的兴起；与马克思的物质决定论相反，韦伯认为“在任何一项事业背后，必然存在着一种无形的精神力量”，在这些导致资本主义兴起的复杂繁多的可能因素中，有一种独特的“资本主义精神”起了最大的推动作用。

人的贪欲各个民族皆有，商业在各个古老的文明中也都存在，然而资本主义只在欧洲获得了对社会的支配地位，作者认为这得益于“西方文化特有的和独具的合理主义”。作者也承认虽然各种文明都有自己的合理主义，然而西方“神秘的和宗教的力量，以及以此为基础的伦理上的责任观念”导致了西方独特的合理主义，而“资本主义精神”不过是这种合理主义的产物。那么，什么是“资本主义精神”呢？作者在此书中并未给出明确的定义。笔者认为韦伯的“资本主义精神”是指一种包含有伦理色彩的“职业责任”。这种“职业责任”包括：劳动者勤勉高效地完成自己的劳动，企业家合法地最大化企业的利润，各自都将自己的职业视为“天职”，对职业目的和内容有很强的义务感和献身精神。作者深刻地指出，现代资本主义扩张的首要原因不是资本而是“资本主义精神”的发展。那么，“资本主义精神”又是如何产生并发展的呢？

作者从社会实证的数据中发现：“现代企业的经营领导者和资本所有者中，高级技术工人中，尤其是在技术和经营方面受过较高训练的人中，新教徒都占了相当大比重。”作者认为，资本主义精神与新教的伦理尤其是新教的经济伦理有着相当大的联系。在深入分析新教各教派的教义，尤其是新教禁欲派别的实用伦理后，作者发现新教世俗禁欲主义是“资本主义精神”形成和发展的“可以想象的最有力的杠杆”。所谓新教世俗禁欲主义，是指新教某些派别（以加尔文教为典型）发展出来的，强调要通过异于自然生活方式的某种特殊的禁欲的生活方式来作为辨别自身是否蒙恩和得救的证明。由于对得救的极大渴望和对不得救的极大恐惧，人们在行动中一直保持着很强的自我克制和自我反省。又由于禁欲已经走出了修道院，进入了世俗生活，因而新教禁欲伦理产生了行为合理化和忠实于自己职业的“天职”观念。在这种“天职”观念中，“一个人的职业生活是禁欲美德的演练，是通过他的良心活动来证明他的恩典状态，这体现在他的完成职业时所具有的认真态度和所采用的方法上。上帝所要求的不是劳动本身，而是在一项职业中的合理劳动”。这样，“你可以为上帝劳动而致富”，合法的赢利第一次具有了职业的道德性。与此同时，禁欲主义又反对为“为肉体的罪孽而致富”，因此，挣来的财富并没有被挥霍掉，而是被再次用在符合职业目的的用途——营利上面。一方面，世俗禁欲主义者认为合法地获得财富是上帝的恩赐，因此有责任使这些财富不断增值；另一方面，“从事一项世俗职业是获得禁欲精神的最高手段”，是蒙恩得救的标志。正是在这种世俗禁欲主义的新教伦理的作用下，产生了“资本主义精神”。当然，作者绝不会认为现在的资本主义依然依靠这种宗教的禁欲精神。相反，以清教徒为代表的世俗禁欲主义自身存在着悖论：一方面，清教徒的禁欲精神使得他们勤奋、节俭，促成了财富的快速积累；另一方面，财富的积累同时也增强了清教徒的世俗精神，削弱了他们的宗教精神。正如作者所言：“今天，宗教禁欲主义精神已经逃出了牢笼，但是胜利的资本主义已经不再需要它的支持。”

在此书的结尾，作者强调此书对于西方资本主义兴起所作的解释，不过是“作为一项研究的准备工作”，而不是作为“结论”。正如作者之前所清楚表明的，这个问题的解释可能还有很多种。如果某人宣称用一种理论就能阐明这个问题，在作者看来不过是“天真”和“肤浅”的表现罢了。

[原载于正义网 2006 年 5 月 16 日“法律博客”版]

从君主到联邦党人

马基雅维利的《君主论》成书于16世纪初叶，当时欧洲已经进入了文艺复兴时期，而作者的祖国意大利却依然四分五裂，军事实力弱小，成为欧洲大陆其他国家争相欺凌的对象。马基雅维利渴望一个极权强硬的中央政府，使意大利统一、独立、强大起来。与此同时，马基雅维利也亲自投身政界，在外交舞台上为意大利效力，并积极筹划创建意大利自己的强大军队。后来，马基雅维利在复杂多变的意大利政治斗争中遭到奚落，迁到佛罗伦萨附近的一个小山村专心钻研历史和君主统治之术。作者写作《君主论》的初衷是为了将此书作为礼物献给当时的统治者，以图重新获得信任，重返政界，施展自己的治国大略。奈何，这本书却石沉大海，并未获得统治者的重视，马基雅维利也未能重返政坛。只是在作者死后，《君主论》才得以公开出版，并被学界誉为政治学的开山之作。

综观全书，技术性很强，内容主体都围绕着君主如何实行有效的统治展开。从现行价值判断的角度来看，作者的“立场”是很有问题的。然而从纯粹知识的角度看，全书字里行间却将作者的天才和远见展露无遗。这些天才和远见包括：对人性深刻的洞悉，对权力操作的精致入微的理解，对政治事务务实的态度和开阔的视野，对历史发展也表现出一定的远见。

作者很多技术性的方法都超越了“阶级局限”，对历史及现实始终有很强的解释力。比如作者强调：“一个人纵使在武力上十分强大，可是在进入一个地方的时候，总是需要获得那个地方的人民的好感的。”又如作者指出：“世界上最弱和最不牢固的东西，莫过于不以自己的力量为基础的权力的声誉了。”这种实力政治和实力外交，如果不作价值观的评判，在很长时间里确实也是不容否认的客观现实。过往许多统治者试图篡改历史，给自己的脸上贴金，但历史的真相最后还是会大白于天下。因为历史是由人民书写的，需要时间的沉淀和检验，而“人民的眼睛是雪亮的”，任何人都熬不过时间。

虽然作者在历史上以强硬的现实主义者而著称，《君主论》也是专为君主的专制统治而写，然而全书竟然也不时地体现出了一定的爱民情怀。如作者就曾写道：“人民的目的比贵族的目的来得公正，前者只是希望不受压迫而已，后者却希望进行压迫。”可见，作者本人的形象并不像有些人所形容的那样“可憎”，相反，在当时意大利的政治背景下，作者不过是直接、无遮掩地揭露了政治现实“可憎”的一面。

相对于《君主论》的现实主义，《联邦党人文集》闪烁出更多的理想主义。《联邦党人文集》成书于1787—1788年之间，此时西方世界已经进入了启蒙时代。本书主要是当时美国联邦党人麦迪逊、杰伊、汉密尔顿为人类历史上第一部成文宪法作辩护，而发表在报纸上的一系列文章的结集。1787年美国宪法是人类历史上最重要的文件之一，它奠定了美国政治和社会秩序的基石。然而，正如本书所展现的一样，这部宪法在当时的美国人民当中引发了很大的争议和分歧。

从本书所透露的情况来看，美国人民最大的分歧集中在两个方面：是否建立一个统一的联邦合众国和联邦合众国的权力是否过大以至于威胁美国人民的自由。与我原本以为本书主要讲述如何分权、如何制约权力不同的是，本书作者的主要笔墨都是在为建立一个强大的联邦政府的必要性作辩护。作者一再声称一个坚强有力的联邦政府不但不会威胁美国人民的自由，反而恰恰是保护合众国人民幸福和自由所必需的。这种主张并不代表作者看不到过大的权力的危害，正如作者所声称的“政府本身就是对人性的最大耻辱”，作者充分预见了人性的“恶”和不完美。

本书作者竭力为权力作辩护恰恰是因为美国人民对权力的过于不信任，以至于担心难以组成一个真正有效的政府而陷入无政府主义的混乱中。作者指出，“因为人类有某种程度的劣根性，需要有某种程度的慎重和不信任，所以人类本性中还有其他品质，证明某种尊重和信任是正确的。共和政体要比任何其他政体更加以这些品质的存在为先决条件”，因此，“在适于托付这些国民利益的地方，同时也应给予相应的权力”。作者在反驳美国部分民众过于担心权力滥用对自由的危害时说：“滥用自由与滥用权力一样，都可能危及自由；前者案例之多并不亚于后者。”这些观点初看起来，对于一个美国建国初期的政治家而言显得相当保守，却从反面印证了美国人民对自由价值的倚重和对权力不信任的程度。正是在这样的背景下，联邦党人的保守才恰恰成就了一个彻底民主的共和联邦政府。全部问题归结起来，用作者的话说就是：“在组织一个人统治人的政府时，最大困难在于必须首先使政府能管理被统治者，然后再使政府管理自身。”

20世纪的政治学者亨廷顿在考察世界各国的政治发展后，提出很多国家无法建立起一个有效的管理政府，导致这些国家的政治无法进入现代化。这也算是跨越世纪的一个遥相呼应。而更多的现实情况是，政府权力太过强大，导致其已经不能有效管理自身。如同美国前总统里根所言，政府本身已经是问题的根源。

《联邦党人文集》主要是对美国宪法的辩护，也具有很强的技术性。此书对于理解制定宪法时美国人民关于政府的观念，对于理解美国的宪法本身都颇有裨益，比如美国为什么会建立“一个半院体制”，为什么美国没有坚持彻底的“三权分立”而是在三权之间有一定程度的混合，如何保障三权各自的独立免遭其他两个权力的侵犯，等等。当然，作者的有些观点虽然是为1787年的美国宪法文本作辩护，但却为后来的宪法修正案所否定。比如，作者不主张在宪法文本中写入权利法案的内容，认为“人权法案……列入拟议中的宪法，不仅无此必要，甚至可以造成危害”。其理由是人民原本就未曾授权政府限制公民的自由和权利，却要在宪法文本上对政府的权力作出限制是不可思议的。作者这里显然对权力的扩张本性估计不足，也对权利法案对保护公民权利和限制政府权力的重要性估计不足。两年后，美国联邦众议院就通过了十条权利法案，显示了美国人民的睿智。当然，作者也坦陈1787年美国宪法并不完美，因为“一切经过集体讨论过的方案均为各种意见的混合体，必然混杂每个个人的良知和智慧、错误和偏见。将十三个不同的州以友好、联合的纽带联结一起的契约，必然是许多不同利益与倾向互相让步的结果。此种原料安能制定出完美无缺的成品?”的确，人世间没有绝对完美的宪法，但人类一刻也不能放弃追求一个更加完美的世界秩序。

《君主论》《联邦党人文集》都强调建立一个强有力的中央政府，都具有很强的技术性。但是二者分别成书于文艺复兴和启蒙运动时期，时代的进步使得后书的作者处于更高的文明阶段。前者致力于建立一个强有力的君主政府，后者则致力于建立一个强有力的共和政府；前者宣告政治学摆脱神学束缚，成为一个世俗的独立学科，后者则关注政治科学经过启蒙理性以后，如何建构起新的世俗权威。

[原载于正义网2006年8月22日“法律博客”版]

保守主义有时是一副清醒剂

曹锦清教授的《黄河边的中国》非常值得一看。这本书是作者为了思考中国的现代化之路而深入河南进行实地社会调查的成果。作者首先对思考中国现代化的两种进路即向内和向外进行了比较。所谓向内，就是考察中国的现状和实际；所谓向外就是学习，引进西方国家的模式。因而前者又是向下的，后者又是向上的。作者声称当前学术界过分注重向外的形而上的理论和制度分析，而忽视了制度生存的文化背景，缺乏对中国的现状考察。制度形式的现代化不等于实际的现代化，应然的东西讲得太多，而如何可能或者怎样才比较好却讲得太少。

作者花了大量篇幅考察了河南农民的生活条件以及村民与地方基层政权的关系。作者不仅对农村水利建设等微观问题进行了思考，也对源于村落小农文化的人情关系日益侵入政治司法过程从而引起政治司法腐败这样的宏观问题进行了有见地的分析。当然，这本书在闪烁着很多务实深刻的思想的同时，也有一些缺陷和不足。比如，作者的很多观点的得出颇为突然，往往看到一个村民、一件事情就得出一个普遍的结论。这明显违反了作者在文章开头所强调的一般的社会调查方法和自己所设想的“悬置”模式（即将调查者本人的原有知识暂时悬置起来，以无知的状态进入调查现场），而将自己头脑中已经储存的各种观念直接对应在这些个别的人和事之中并将之普遍化。

另外，作者虽然全书以实证为主，但是在得出结论时还是缺乏足够的理论分析和论证，显得有些单薄。还有些地方则缺乏必要的提炼，显得欠缺理论深度。当然作者也注意到了这些，并说这样做的目的是让读者自己去思考。但本人以为，作为一本探讨中国现代化之路的书，承载了厚重的责任，作者理应为读者作出有见地的分析，免得使该书过于散文化和游记化。

另一本在法学界流传甚广的保守主义著作是北大法学院的朱苏力先生在20世纪90年代中后期出版的一本文集——《法治及其本土资源》。该书表现了苏力一贯的保守特色，强调法治要注重利用本土资源，对大量引进西方法律表示出谨慎态度。该书认为任何民族在任何时代都是理性的，因而任何一种秩序的存在也都是在各种社会约束条件下理性选择的产物。作者非常看重生活中的法即民间法，分析了国家法对民间法的渗透所可能带来的种种不利后果，主张国家法应该给予民间法生存的空间。作者认为民众的法律规避是一种理性选择的产物，不一定都弊大于利。更有甚者，作者认为即便是法官也经常存在法律规避的情况。法官总是在利用法律的弹性和模糊空间，引用法律条文来实现自己的主张和裁判。律师、当事人更是尤其注重利用法律来为自己的利益服务，作者认为这些都是一种法律规避。

作者的分析论证表面上看起来颇有道理，但细推起来却也矛盾重重，问题多多。比如，作者一方面反对对西方的法律学说和制度进行大规模的引进，另一方面却在和季卫东先生的论争中强调引进后现代法学的必要性。又如，作者虽一再声称要注重本土资源的开发和利用，然而作者在这方面又作出了哪些实际的贡献？再直接一点，哪些本土资源可供法律人开发？包括作者本人在内，开发和利用本土资源的成果有哪些？如果没有实实在在的进展和成果，仅仅是提出一种理论研究的方向或制度创新的路径，恐怕还是欠缺说服力的。

苏力所指出的问题的确都是客观存在的，某种程度上也是非常有启发意义的。不过，面对现代化既要放眼看世界，又要低头走自己的路。国情论既不能被置之不理、弃之不顾，也不能成为自我设限、自我封闭的借口。同属儒家文化并成功实现法律现代化的韩国、日本乃至我国香港、台湾地区都是在学习借鉴他人的同时，较好地挖掘和契合了自身的文化与社会背景。作者一再声称法律的秩序价值和保守特性，却也忽略了法律对社会巨大的改造作用和引导功能。当然，法律和背景文化，也就是作者所说的国家法和民间法是一种复杂的互动关系，这也预示了法律现代化的长期性、曲折性，但是积极的法律建构代表着一种前进的方向，也是中国从人治走向法治的必经之途。

历史反复证明，保守主义在各个历史阶段都有其独特的价值。尤其在高歌猛进的年代，保守主义有时更是一副清醒剂，有助于治疗“致命的自负”。苏力曾明确告诉读者不要过于注重他的结论，因为“结论不过是退出研究的托词”，而且他还援引别的学者的观点，认为所谓结论不过是懒得再继续研究下去的地方。倘若这样，结论也就罢了，毕竟曹锦清和苏力两位作者提出的问题和分析问题的方法都是非常具有建设性的，也是非常值得我们认真思考和严肃对待的。

[原载于正义网 2006 年 9 月 17 日“法律博客”版]

洛克的启蒙意义远未过时

洛克被称为近现代最主要的启蒙思想者之一。他的代表作《政府论》开启了政治思想学术史的一个新时代，成为政治学领域最经典的作品之一。

《政府论》的上册主要是驳斥罗伯特·菲尔麦爵士所鼓吹的“君权神授”和王位世袭的观点。由于当时的时代所限，《圣经》还拥有对这个世界的不容置疑的解释力，在人们的学术和生活中还具有绝对的权威。因此，罗伯特·菲尔麦爵士和洛克都是以《圣经》为依据建立各自的学说的。在现在这个已被充分“祛魅”的时代，世界已充分世俗化、理性化了。罗伯特·菲尔麦爵士和洛克的“以《圣经》为依据”的论证已经不再有方法论上的科学性和合理性，因而也不再值得我们循他们的进路来重新检视他们的论证。因此，笔者此处想讨论的主要是《政府论》的下册。

相对于上册的重在批判，下册则重在建构。下册是《政府论》的精华所在，商务印书馆最开始只是翻译了《政府论》的下册，一直到了20世纪80年代才将上册补译出来，以得到现在这样一个完整的版本。洛克在《政府论》下册中明确提出，统治权不是基于上帝的授权，而是基于民众的同意。洛克指出：“一切人自然都是自由的，除他自己同意以外，无论什么事情都不能使他受制于任何世俗的权力。”这一论述被认为是近现代政治自由主义的基石。为了论证这一观点，洛克引入了社会契约理论。

洛克将人类历史中政府出现以前的状态称为自然状态，将政府出现以后的状态称为社会状态。洛克认为在自然状态下，每个人可以按照自然法（作者认为自然法即理性）的法则，依自己认为合适的办法，决定自己的行动并处理其财产和人身，而无须得到任何人的许可或听命于任何人的意志。但是，当处在自然状态中的一个人“对另一个人的人身用强力或表示企图使用强力，而又不存在人世间可以向其诉请救助的共同尊长”时，那么这两个人便进入了战争状态。随着社会的发展，战争状态越发频繁地出现。为了解决战争状态中出现的各种问题，人们决定缔结契约、组建政府。当政府出现后，人们便从自然状态进入了社会状态。

作者认为人在自然状态中的自由和在社会状态中的自由，其性质是不同的。作者认为，“人的自然自由，就是不受人间任何上级权力的约束，不处在人们的意志或立法权之下，只以自然法作为他的准绳”，而“处在社会中的人的自由，就是除经人们同意在国家内所建立的立法权以外，不受其他任何立法权的支配；除了立法机关根据对它的委托所制定的法律以外，不受任何意志的统辖或任何法律的约束”。后来的卢梭明确宣称人之所以既遵循法律，又还是自由的，是因为法律是基于人们的同意，遵循法律就是遵循自己的意志。那么，如何解释我既要遵守一部我自己不同意的法律，却又还是自由的呢？卢梭认为，法律是公意的体现，人们在表决对一部法律的态度时，是在作出一个事实判断：这部法律是不是真的代表公意。换句话说，人们投票表决的不是对法律本身是否赞同的价值判断，而是该部法律是否代表公意这样一个事实判断。如果多数表决认同这部法律代表公意，那么这部法律就是代表公意的。而遵守一部代表公意的法律，在卢梭看来并没有限制自己的自由。

卢梭认为公意来自每一个人的意志的集合，代表公意的法律要求每一个人对自己的权利作出平等的让渡。通过遵守法律，自己让渡出去的那部分权利，会由于别人同样的让渡又重新回到自己的手中。洛克的解释则与此不同。洛克认为，人们进入社会状态的契约中就包含了少数必须服从多数这一原则，这一原则是人们得以进入社会状态的前提。因为社会作为一个整体，要具有行动力，就必须依据少数服从多数这一组织形式。在某些情况下，少部分人可能不同意其余大部分人，但少部分人却要同意“服从大多数”这个组成社会的前提性契约。既然这个前提性契约是自愿订立的，那么遵守一部由多数表决通过的法律就仍然是自由的。比较起来，洛克的解释相对于卢梭具有更强的说服力。

需要指出的是，洛克的无条件地遵守“少数服从多数”的观点埋下了多数暴政的种子。托克维尔曾在《论美国的民主》一书中发问道：如果一个人拥有无限权力就会滥用，那么当“多数”拥有无限权力时不也一样吗？的确，少数服从多数不一定就代表自由。现代的政治学理论一般认为，多数的统治是确保自由的一种手段，但不受限制的多数权威也可能危害个人自由。因此，现代的政治学理论大都严格区分公共领域和私人领域，认为少数服从多数仅适用于公共领域。而且，即便在公共领域实行少数服从多数，也要对这种服从设定一个底线，即多数人也应该尊重少数。

作者对私人财产权产生原因所作的解释，充满了天才的睿智。正如作者在《政府论》的上册中所说的，上帝把这个世界赐给了全人类，财产应该归全人类所有，那么私人财产权又是怎样产生的呢？作者解释道：“土地和一切低等动物为一切人所共有，但是，他的身体所从事的劳动和他的双手所进行的工作是正当地属于他的……所以只要他使任何东西脱离自然所提供的和那个东西所处的状态，他就已经掺进他的劳动，在这上面参加他自己所有的某些东西，因而使它成为他的财产……并排斥了其他人的共同权利。因为，劳动是劳动者的无可争议的所有物。”对于这一解释，从现在民法的角度来看显然是不成立的。一个人在某一自然物上附加自己的劳动，并不必然带来所有权的产生。但是，如果我们要穷尽原因地去为私人财产权的合法性寻找理由，那么劳动无疑是最富有说服力的答案。

正如作者所说的那样，人们为了生存，必须实际地占有财产，实际地对财产进行支配。上帝概括地把财产授予全人类并未否定私有产权。上帝的馈赠既有人类全体的广度，又有历史的无尽长度。即便某个时代的人们不承认私人财产权，将财产全部共用（这在任何历史时代都无实际可操作性），可是相对于历史长河中的人类全体，"他们"不还是"把财产挪作私用"了吗？因为他们耗用了资源，他们的子孙就相应地失去了享用的机会。所以，既然真正意义上的人类共有财产不能存在，那么私有财产权的出现就不可避免。

私有财产权出现，马上就产生了另外一个问题，即私人如何正当地获得财产？作者天才般地回答了这个问题，认为私人付诸的劳动将使其获得对劳动对象的正当财产权。作者接下来费了不少心力来证明，"劳动的改进作用造成（财产）价值的绝大部分"。作者的论述中隐含着这样一种观点：在早期，土地等自然物远超过人们的生活需求，因而这些自然物是没有价值的。这倒并不违反现代西方经济学的观点，即只有当某种资源具有稀缺性的时候，才可能会有价值，价值就是用来度量资源稀缺性程度的。如果那些自然物是没有价值的，而劳动是有价值的，那么劳动者就会自然而然地成为劳动对象的所有者。洛克将劳动作为私人财产的合法性基础的理论，为马克思的劳动价值论提供了理论基础。

关于货币，作者的解释也非常富有启发意义。作者认为，在早期对人类有用的东西都是易于腐坏的生活必需品。随着生产力的发展，人们需要把剩余的产品保存起来。在这个基础上，基于人们的同意，货币就产生了。作者积极评价了货币产生的巨大作用，认为"只要一个人在他邻人中间发现可以用作货币和具有货币价值的某种东西，你将看到这同一个人立即开始扩大他的地产"。人们对于不具有实际作用的货币的认同，表明他们已经同意了不平均和不相等的占有。因为，货币就是那些占有了超出自己当时生活所需的人们储藏自己财产而发明的工具。到这里我们可以发现，洛克关于货币的解释与马克思等政治经济学派的解释有诸多不谋而合之处，即都认为货币的本质是一种关于财产分配的社会关系。

在近现代历史上，洛克是第一个明确提出“三权分立”的人。洛克者将政府权力区分为立法权、执行权和对外权。他首先给立法权下了一个定义：享有权利来指导如何运用国家的力量以保障这个社会及其成员的权力。由于当时时代的局限，他认为立法机关无须经常存在，只需要在制定法律的时候聚合起来，在制定完法律后应该重新分散。立法过程虽然是短期的，但短期制定的法律却具有持久的效力，需要被经常执行。因此，执行权就需要和立法权分开。作者接着又区分了执行权和对外权，认为前者主要执行社会的国内法，后者主要处理涉及公共利益的对外关系。作者对这三种权力的统属关系作了详细的分析。立法权在一国政府中处于最高地位，执行权应受立法权的统属并对立法机关负责。对外权的情况也是这样，它和执行权同是辅助和隶属于立法权的。

在洛克写作他的《政府论》上册的那一年，孟德斯鸠刚好出生。孟氏在其名著《论法的精神》上册中首先提出了立法权、司法权和行政权的三权分立。他说：“当立法权和行政权集中在同一个人或同一个机关之手，自由便不存在了；因为人们害怕这个国王或议会制定暴虐的法律并暴虐地执行这些法律。如果司法权不同立法权和行政权分立，自由也就不存在了。如果司法权同立法权合而为一，则将对公民的生命和自由实行专断的权力，因为法官就是立法者。如果司法权同行政权合而为一，法官将握有压迫者的力量。”需要指出的是，洛克和孟德斯鸠虽然都提出了“三权分立”的学说，但二人的着眼点却是不同的。孟德斯鸠的着眼点在于权力的制衡，而洛克似乎更多地是出于实际操作技术层面的考量。然而遗憾的是，更多的时候，洛克对操作层面的考量又显得有点蜻蜓点水。比如，洛克虽然强调了政府存在的目的是被治者的福利，然而在如何确保政府不偏离这一目的方面，却少有笔墨。与此相对的是，孟德斯鸠充分考虑了这一至关重要的问题，明确提出了“以权力制约权力”的思想，迫使政府不能偏离被治者的福利太远，从而奠定了现代政府的基本骨架。

洛克的《政府论》上下册分别于1689年和1690年写成并出版。他对英国刚刚结束的光荣革命作了理论总结和辩护，他的思想也深深影响了美国的政治。洛克作为一代启蒙大师，提出了许多划时代的观点。洛克的启蒙意义就在于告知我们，每个人都应该是自由平等的，不把我们现在所处的状态视作理所当然，而是试图以人道主义的视角，探寻人们应该拥有的更美好的社会和政府。政府是为了我们，我们不是为了政府。统治不应该建立在强力的基础上，而应该建立在一个合目的的契约之上。然而，我们必须现实地承认，在某个历史阶段，一个国家采取什么制度是其社会成员现实博弈的结果。

现实中，每个人既然很难做到真正的绝对平等，那么洛克所设想的“真正的和唯一的政治社会”便很难真正实现。不过也正是启蒙价值与现实博弈之间的鸿沟，在不断促使着人们继续前进。虽然不能做到现实的绝对平等，但却获得了平等的观念并且把平等视为理所当然的权利。人们既然知道还可以更好，就不会满足于现状，所以张力必会始终存在。“真正的和唯一的政治社会”也许只有通过民众和政府之间长期的累积式互动和博弈才能无限接近。而在这一过程中，洛克的很多思想并未过时，仍然可以为我们提供启蒙和光照。

［原载于正义网2006年11月28日“法律博客”版］

第三篇　前沿法事

甘肃白银连环杀人案宣判，科技让犯罪分子无处可逃

没有任何意外，高承勇犯故意杀人罪、强奸罪、抢劫罪、侮辱尸体罪被白银市中级人民法院判处死刑！虽然这只是一审判决，还需最高人民法院核准，但此案的结局已经明朗。

这次判决距离高承勇被抓捕归案，已经过去了一年半；距离高承勇第一次强奸杀人，已经过去了整整 30 年。1988 年至 2002 年，甘肃白银市和内蒙古包头市接连发生 11 起强奸残害女性系列杀人案，导致 11 名女性被害，受害人中还包括一名 8 岁的女孩。该案于 2001 年 8 月被列为公安部部督案件。所谓“法网恢恢，疏而不漏”，高承勇最终没能逃脱法律的制裁。而这份迟来的判决，也终可告慰那些死去的无辜亡魂和生活在阴影之中的破碎家庭。

“白银案”被认为是中华人民共和国成立以来影响最为重大的命案之一。尽管如此，司法机关依然较好地保障了高承勇的合法诉讼权利。媒体报道，白银市人民检察院关于此案的审结报告长达 6 万余字，发问提纲 4 万余字，举证质证提纲 6 万余字。通过当庭采用多媒体示证系统进行示证，借助谷歌地图、实景照片使整个案发过程得以直观还原。在扎实、充分的证据面前，高承勇承认了自己的所有犯罪事实。

近年来，媒体报道较多的是因“命案必破”所导致的冤假错案。与此同时，诸多“世纪命案”长期没有侦破并未引起足够重

视。“命案必破”固然违背认识规律，但如果矫枉过正，认为“命案可以不破”则走向了另一个错误的极端。犯罪分子行凶杀人，长期逍遥法外不仅严重危及公共安全，而且对于死去的被害人及其家属也是严重不公的。因此，对未破的命案绝对不能轻言放弃，必须在坚持程序正义和证据标准的前提下，穷尽一切可能去缉捕真凶。

从侦查的角度而言，侦破杀人案件确实有一定的难度。原因在于，被害人已经死去，无法张口说话。如果凶手具备反侦查能力，没有在现场留下指纹、足印、血迹或者私人物品，那么在没有目击证人或者现场监控的情况下，除非凶手自己亲口承认，否则很难形成完整的证据链。过去许多杀人冤案就是因为侦查机关收集不到足够证据，才通过刑讯逼供等方式去获取口供。为了避免过去冤假错案的重演，同时更为了依法保障犯罪嫌疑人人权，如今侦破命案越来越多地依靠科技手段和客观证据，让客观证据代替犯罪嫌疑人口供说明案情事实。

甘肃白银连环杀人案就是利用科技手段侦破案件的成功典范。尽管当年在案发现场曾提取到高承勇的指纹和 DNA，但囿于当时落后的技术，案件迟迟未有进展。后来，白银警方开始建立 Y-STR 数据库，其原理是同一父系的所有男性个体都具有同源的 Y 染色体。高承勇一位堂叔的 DNA 因行贿被录入数据库，警方将它与当年命案现场留下的痕迹相比对，发现白银市城河村高氏家族有作案嫌疑，遂挨个录入指纹。经比对，警方发现高承勇的指纹和命案现场指纹高度吻合，从而很快锁定真凶。正是因为侦破技术的进步，才让残害 11 条人命的杀人狂魔最终伏法。

当下，借助科技手段侦查和打击犯罪已是世界趋势。在我国，新一代的居民身份证普遍实行指纹录入，将有助于建立起全国范围的指纹库系统。日益普及的 DNA 及微生物鉴定、移动终端定位系统，特别是越来越强大的人脸识别系统配合越来越密集的监控探头，都会让犯罪分子更难逃脱法网。高承勇的落网看似偶然，其实背后蕴藏着深刻的必然。

据媒体报道，公安机关为侦破此案付出了极大的努力。白银市公安局曾先后对比至少10万枚指纹，公安部多次组织专家进行论证。此案的宣判，不仅告慰了被害人及其家属，而且也让公众对社会治安、公平法治多了一份信心。

[原载于《新京报》2018年3月30日“评论”版]

又见法官遇刺：伤的是人，更是法治

2月17日下午，江苏省沭阳县人民法院周龙法官步行上班至法院大门附近时，一名男子开车将其撞倒，随后下车持刀对其连续刺戳，致其当场失血性休克。初步查明，行凶男子胡某曾因对法院关于其债务纠纷的判决及执行心存不满，长期上访并被当地公安机关两次行政拘留。目前，周龙法官已脱离生命危险，正在接受治疗。犯罪嫌疑人胡某已被当地公安当场抓获，此案正在依法侦查中。

这是近年来此起彼伏的法官遇刺案中的最新一例。中国法官协会权益保障委员会和江苏省法官权益保障委员会均发表声明，谴责暴力，呼吁保护法官的尊严和安全。这份呼吁并非多余：在广西退休法官傅明生遇害给社会带来的锥心之痛尚未平复时，这起恶性事件又在伤口上撒了把盐。作案者手段之凶残、心智之猖獗，无异于对法治底线的直接践踏。而要慰藉正义，必须对其依法从严惩治。

法官特别是基层业务部门的法官处于社会矛盾冲突的一线，面临的职业风险和人身危险远比一般公职人员要高。新旧秩序观念的摩擦碰撞、不同利益诉求的缠斗博弈，往往都一股脑儿地涌向法院，依靠法院的一纸裁判去定分止争。而几乎每份裁判中都存在不被支持的一方，如果这一方对裁判结果无法认同、对裁判权威无法信服，那么可能会埋下怨恨和危险的种子。任由这样的种子四处播撒，整个社会都将被未知的暴力阴影所笼罩，法官的人身风险也将变成可怕的防无可防。

每次承受暴力伤害的都只是某一位法官，但这绝对不止是某一个人的不幸。周法官的鲜血某种程度上是在为整个国家的法官群体和整个社会的法治理想献祭。如果法官行使职权还要掂量可能的人身风险，如果裁判和执行不能免于暴力的威胁，那么个人安全将取代公平正义成为法官履职的首要考虑，社会最后一道防线也面临被“暴力即公理”法则攻陷的危险。

近年来，国家在制度法规层面给予法官的保护也在强化。不论是中共中央办公厅、国务院办公厅2016年7月印发的《保护司法人员依法履行法定职责的规定》，还是最高人民法院出台的《人民法院落实〈保护司法人员依法履行法定职责规定〉的实施办法》等，都在强调保护司法人员依法履职的权利。但这些文件主要侧重于对工作时间、工作区域的安全保护，而下班之后才是法官安全风险最大的时段。近期多名法官遇袭，也都发生在下班之后或者上下班的途中。由于危险在绝大多数时候处于潜伏和不确定状态，派人对法官进行全天候贴身保护显然不现实。

治本难，治标相对容易。当前必须要重拳治标、遏制暴力伤害法官的势头蔓延。目前对下班时间侮辱、诽谤、威胁、跟踪、骚扰法官的行为，只能进行行政处罚，力度显然不够。可以考虑设置罪名，惩处一切因为履职而报复法官的行为，发现一起惩处一起。司法行为体现的是国家意志，不该让法官个体作为风险的末梢承受者。

保护法官的人身安全从根本上看，需要国家法治文明的进步和司法公正的提升。如果悲剧发生后只有呼吁，其他一切照旧，那么呼吁就会变成例行公事。正如不能仅靠呼吁去建设法治，也不能仅用呼吁去对抗暴力。另外，事后严惩虽有遏制作用，但长期看并非治本之策，且有进一步升级社会紧张的风险。每次暴力行凶都被重判，但每次之后又总有下一次，以暴制暴并非走向良法善治的正途。包括周法官在内的悲剧其实一直都在提醒我们一个简单的事实：如果再不出台强力的改革措施，实施铁腕的司法改革，法官安全恐将成为压垮国家法治未来的最后一根稻草。

[原载于《新京报》2017年2月19日“观察家”]

宁波老虎咬死人，我们最该做的绝非嘲讽

宁波东钱湖旅游度假区管委会于1月29日深夜通过微博发布消息：在当天下午发生的雅戈尔动物园老虎伤人事件中，涉事男子张某经抢救无效死亡。管委会证实，张某当天下午在没有购买门票的情况下，先后翻越两堵3米高的围墙，钻过铁丝网，进入老虎散放区，最终发生不幸的意外。死者家属则称，就算人是从后面翻进去的，也是动物园管理不当。

张某被老虎袭击的经过被游客拍成视频，瞬间传遍网络，再次在网络上掀起了“咬死活该”“老虎可怜”的舆论风暴。不得不说，在公共论域中，理性的声音很容易被偏激的口水淹没。尽管这些“偏激言论”数量庞大且把持着“批评不守规则”的道德据点，但遗憾的是并未展现出任何服膺人心的力量。那些“逃票该死”之类的说法，是完全错误的。同情人还是同情老虎，也是伪命题：纵然老虎死得“冤”、值得同情，也不影响掉进“虎穴”的遇难者亦值得同情。

在农历大年初二这样的节日当口，面对这样的人伦惨剧，哪怕内心有再多的“怒其不对”，也不该在公共场合恶语相向。要知道，尊重逝者，哪怕只是出于一种“仪式化的哀悯”，也是一条基本的公共行为规范。设身处地想一下，亲属刚刚经历丧亲之痛，还要被人奚落嘲讽该是何等感受？一个不能约束自己的言论边际、不能设身处地为他人着想的人，即便挥舞着规则的大棒鞭挞别人，又如何让人相信他自己会是规则的模范遵守者？

此时此刻，讨论分析动物园的事前防范、事后救助是否存在过失疏漏，进而应当承担何等的法律责任，当然仍涵括在待解的问题集合之内，但或许已非最有价值的命题。毫无疑问，张某存在逃票、擅闯的行为，应为其后果承担最大责任，张某的不幸主要源于其对规则的漠视和侥幸心理。纵然任何文明社会的安全常识普及、安全设施配备都有其成本和理性边界，但在为突破常规的极端个例进行安全兜底方面，仍应以临渊履冰的心态戮力而为。即便客观上不可能做到面面俱到、万无一失，也不可将人为设定的“安全标准”等同于事实上的绝对安全和园方绝对的责任豁免。相信动物园管理方和张某亲属会在“公平原则”的民法框架内妥善解决好善后事宜。

不过作为一起公共事件，我们不应满足于民事争议的解决，更不应止于“隔岸观虎”、指责张某“咎由自取”，因为漠视规则、不守底线绝非张某一人独有，而是我们这个社会的惯常现象，深刻地影响着我们每个人的行为选择，深刻地雕塑着我们这个社会的秩序形态，没有人能够置身事外。如何面对这一社会痼疾，才是张某不幸身亡真正值得我们思考的问题。

人类制定规则的历史非常久远，但规则成为普遍的行为规范和社会治理的基本架构则始于现代文明。中国的传统文化中也有规则，但这是基于儒家纲常伦理、农耕熟人社会和封建宗法秩序，而如今这一切都已不复存在。现代文明语境中的规则乃是一套完全不同于传统社会的崭新体系，对其制定和执行程序都有严格要求，必须具备内植于普罗大众生活日常的平等、开放、包容等品格，必须具有起码的公平和道德内涵。

规则的落实既依靠外在的强制和干预，更依靠内在的信服和自觉。如果没有内心的敬畏，凡是外在干预和强制达不到的地方，规则都将沦为空文。如果规则的执行变成身份的博弈，规则的效力会随着场景的差异而不同，那么这样的规则注定无法担负起勘定行为边界、守护公序良俗、保障生命伦理的重责大任。因为规则失效会像病毒一样具有强大的传染能力，哪怕细微处的规则失守，也会导致整个规则体系的溃败。不幸的是，张某不守规则遭遇了大自然无情的惩罚，而更多的规则挑战者却成了事实上的得利者。在某种意义上，张某的不守规则何尝不是整个社会规则不彰的缩影？

从网络上激荡的言论可以看出，我们社会中的多数对遵守规则有很高的期待，对不守规则有很深的厌恶。但如何突破对待规则的利己主义，让规则成为全社会自觉的行为边界，才真正决定着以后类似张某的悲剧是否还会发生。

[原载于《新京报》2017 年 1 月 31 日“社论”]

江歌案续：“感恩立法”会让法学教授下课吗

针对日前网络刷屏的江歌案，我昨天写了一篇文章《江歌悲剧：能否找条法律来矫正人性?》。在这篇文章中，我提出了一个立法设想：参照《民法总则》和《侵权责任法》关于名誉权被侵犯可以请求公开赔礼道歉的内容，规定对于冲击道德底线的忘恩负义行为，当事人有权请求对方感谢、感恩。经法院判决确认后，行为人拒绝主动感恩的，法院也可以代为撰写并公开感恩声明，费用由行为人支付。

这篇文章发布后引起了一定范围的讨论。有人以法律与人性无关为由，认为我的文章标题是伪命题；有人以法律归法律、道德归道德为由，认为信仰、心理等领域不需要法律介入；有人以公共场所禁烟立法作类比，担心这样会导致泛道德化倾向。更让我意外的是，一位知名的民法学教授托人转话给我：“你这样发文章搞得教民法的都没法混了。”我的一篇小文章及其所设想的“感恩立法”真的会让鼎鼎大名的法学教授“没法混”、下课吗?

本来不想就我昨天的文章再作任何解释了，但是看了部分人士的发言和反馈，发现很多人并没有认真看我的文章，仅仅是根据标题或者文章中的几句话，就直抒胸臆。其实，我的文章写得很清楚，所谓的感恩立法是在民法层面上，赋予当事人请求对方感谢的权利。这个属于意思自治、权利处分的范畴。必须有人起诉，法院才被动审查。这跟请求对方道歉是类似概念。以江歌案为例，江歌母亲希望刘鑫能出来对话，希望刘鑫能给予精神上的抚慰，但江歌母亲不能强迫刘鑫这么做。无奈之下，江歌母亲只能选择向网络求助，引发人肉搜索以至于有人担心网络暴力。如果有这样的法律规定，江歌母亲可以直接起诉，要求法院判决，不是更好吗？

至于担心这个立法设想会导致泛道德化，其实大可不必。法律不能泛道德化，法律是最低限度的道德，法律不能设定过高的道德标准，法律不强迫百姓做圣人。这些大道理毫无疑问都是正确的，也是我一直信奉和坚守的。但仅有大道理，不去做细化思考，无助于解决复杂社会中的现实问题。法律和道德从来都不是截然分立的。法律不仅通过制裁突破底线的失序行为惩恶，还通过各种激励、诱导手段扬善。大部分社会的法律体系都具有鲜明的道德指向和明确的道德内容。比如我国《民法总则》中的好人法条款、无因管理可以请求适当补偿的规定以及关于见义勇为的行政立法都是在扬善，而刑法和许多行政法都是在惩恶。

真正需要认真思考的问题是，如何界分法律和道德之间的合理边界，防止法律过分地侵入道德领域，造成道德强制和道德奴役。我文章所述的感恩立法，说到底是赋予当事人一种精神救济的权利和渠道，且设置了“严重冲击社会道德底线”这个前置条件，总体上不会导致大规模的泛道德化。如同判决赔礼道歉，主要是基于证据和事实，判决感谢同样要经由严格的司法程序，且不一定会涉及非常多的、不可知的道德判断。尤其重要的是，我说的感恩立法不是行政立法，不是让政府机关去审查老百姓的言行、主动干预民众的生活、强迫民众感恩。这跟公开场合禁烟的行政立法本质不同。

至于有人担心口头上感恩，心理上不感恩，不具有实际意义，这并非立法的关键阻碍。法院判决赔礼道歉，当事人很有可能也不是真心、自愿道歉，但只要受害者认为这样可以找到他要的是非曲直，只要受害者认为这可以给他带来精神抚慰，而司法机关也在勘定是非对错，这就足够了。精神损害赔偿金真的可以弥补精神损失吗？未必。但这是没办法的办法。请求判决感谢，对方有可能不是真心、自愿感谢，但这并非重点，因为当事人要的很可能就是事情的是非曲直，要的就是那个人道天理。

胡适说，大胆设想，小心求证。我至今仍然认为关于感恩立法的这个设想并非完全是在胡诌，并非完全不可操作。当然，立法技术上的难度是肯定有的。这也是我认为应当小心求证，应当继续细化思考的部分。至于这样的一个立法设想，在某位大教授眼中会让他“没法混了”，确是我始料未及的。我相信这对于我而言纯属不可预料的意外事件，我应该是不需要承担任何法律责任的。

[原载于正义网 2017 年 11 月 14 日“法律博客”版]

杭州纵火保姆为何偏要选择官方指派律师

杭州保姆纵火案辩护权之争再掀波澜。杭州市中级人民法院今日发布通报称，当事保姆莫焕晶愿意接受杭州市法律援助中心指派的两名法律援助律师继续担任其辩护人，放弃其父为其委托的北京市中闻律师事务所律师何兵担任其辩护人。杭州中院原本要为这场争议画上句号，孰料通报却引发了关于律师辩护权的更大讨论。

形式上看，莫焕晶有权决定委托何人为自己辩护。既然莫焕晶自己拒绝了由何兵担任辩护人，那么杭州中院必须要尊重莫焕晶本人的意志和选择。也即，拒绝何兵辩护的并非杭州中院，而是莫焕晶自己。不过，宁愿选择政府指派的法律援助律师，也要拒绝全国知名的律师免费为自己提供辩护，并不符合多数人的经验常识。

选择，只有在充分知情和意志自由的前提之下才有意义。如果莫焕晶对政府指定的两名律师以及父亲为她委托的何兵律师都缺乏基本的了解，那么对于莫焕晶而言，呈现在她面前的仅是几个陌生的名字。此时的选择，不过徒具形式，并无实质意义。杭州中院在此前的通报中曾公开承诺，会依法充分保障莫焕晶获得辩护的权利。但这种保障，不应当仅仅是确保莫焕晶有律师辩护，而是应当确保莫焕晶可以在充分比较的基础上作出选择。

很显然，杭州中院并未做到这一点。2017 年 12 月 21 日，莫焕晶辩护人党琳山在法庭审理时未经许可自行退庭，被杭州中院视为拒绝继续为莫焕晶辩护。2017 年 12 月 27 日，莫焕晶甫一提出不再另行委托辩护人，杭州中院立即就启动了指定辩护程序。仅仅两天之后，两名指派律师就前往杭州市看守所会见了莫焕晶，并且取得了莫焕晶的同意。扣除与杭州市法律援助中心的对接时间和杭州市法律援助中心选任律师的时间，杭州中院处理指定辩护的时间不到两天，效率不可谓不高。此后，当何兵拿着莫焕晶父亲的委托材料去看守所会见时不出意外地被“依法拒绝”。也就是说，莫焕晶是在没有见到何兵律师，是在对何兵律师关于本案的案情分析和辩护思路毫无知悉的情况下就拒绝其担任自己的辩护人的。

国家设立法律援助制度是有初衷的。我国《刑事诉讼法》第34条第1款规定：“犯罪嫌疑人、被告人因经济困难或者其他原因没有委托辩护人的，本人及其近亲属可以向法律援助机构提出申请。对符合法律援助条件的，法律援助机构应当指派律师为其提供辩护。”可见，国家设立法律援助制度是为了弥补当事人自行委托辩护人的空白，更好地保障被告人的权利。只有在莫焕晶及其近亲属没有委托辩护人的情况下，法院才能指定辩护。现在莫焕晶父亲重新委托了辩护律师，但辩护权却被官方指定的律师挤占，这未免本末倒置。如果说莫焕晶父亲委托的律师最终仍需莫焕晶本人确认和同意，那么杭州中院和杭州市法律援助中心就更应当为何兵会见莫焕晶创造必要的条件。比如，可以暂时撤回对其中一名法律援助律师的指派，空出一个辩护名额。

杭州中院既然从程序上限制何兵会见，那么其只能自行去看守所征询莫焕晶的意见。涉案法官在会见莫焕晶时如何介绍何兵律师？如何介绍两名援助律师？是否会对莫焕晶施加某种影响？这些问题，外界都无从得知。不过可以肯定的是，法院不应以任何形式介入当事人对辩护律师的选择。

律师是一个技术含量非常高的职业。不同的律师，在专业水准和敬业精神方面相差悬殊。同样的案件，不同的律师辩护，效果可能不同。不可否认，法律援助律师当中也有很多敬业、负责的好律师；但同样不可否认的是，法律援助律师受制于官方指派，在依法维护当事人合法权利的时候容易受到公权机关的掣肘和影响。加之，选任和指派法律援助律师过程不透明，当事人只能被动接受，因此从辩护效果的角度讲，法律援助律师往往不如当事人自行委托的律师。

当前，国家正在推行刑事辩护全覆盖。这样做并非是为了让每个刑事案件庭审时都有律师在场，而是为了让每一名被告人的权利在每一次刑事庭审中都能真正得到保护。杭州保姆纵火案的庭审将会提供怎么样的示范？相信各界都会继续关注。

[原载于正义网 2018 年 1 月 12 日“法律博客”版]

保姆纵火案宣判，这次舆情何以如此平稳

2018 年 2 月 9 日上午，杭州市中级人民法院对被告人莫焕晶放火、盗窃一案进行公开宣判。判决认定：莫焕晶故意放火，造成被害人朱某及其三名未成年子女被困火场吸入一氧化碳中毒死亡，并造成房屋损失共计 257 万余元。莫焕晶为筹集赌资，多次窃取朱某家中物品进行典当、抵押，得款 18 万余元，至案发时尚有价值 19.8 万余元的物品未被赎回。法院以放火罪判处莫焕晶死刑，以盗窃罪判处其有期徒刑五年，两罪并罚，决定执行死刑。

根据我国《刑法》规定，放火罪属于危害公共安全类犯罪，社会危害性极大。莫焕晶于凌晨时分故意在高层住宅内放火，导致四人死亡和重大财产损失，更造成难以弥补的人伦惨剧和社会伤痛。因此，杭州中院的这一判决结果并不令人意外。不过从程序上讲，这只是一审判决。莫焕晶有权利上诉，并且死刑立即执行的案件需要最高人民法院核准才能最终定谳。社会各界仍需秉持耐心，尊重后续的司法程序。

单纯从法律角度讲，这并不是一起特别复杂的案件。但这起案件在诉讼过程中特别是在杭州中院的审理过程中却屡屡引发各种争议。从原先的律师退庭到后来的辩护权之争，从保障被告人的合法权利到衡平被害人家属的正义诉求，从惩治犯罪凶手到查明整个火灾真相，各种舆论都在这起案件中找到了自己的入口。在舆论的大规模关注中，杭州中院共发出七份《情况通报》，试图平息社会疑虑。大众民意与司法理性之间或许存在着永恒的张力，而司法透明

和程序正义则是缓和这种张力的不二选择。

拿本案的辩护争议来说。党琳山律师当初申请证人出庭和调取相关证据，法院为何一律拒绝？党琳山律师自行退庭后，莫焕晶为何要选择法律援助中心指派的律师？在这些程序性事项中，杭州中院是否善意、充分地保障了辩护律师的合法执业权利以及莫焕晶自由选择辩护律师的权利？在这些问题引发争议的时候，杭州中院的回应并不明晰、具体。我们注意到，在法援律师参与辩护后，杭州中院不仅同意了律师关于现场勘验民警出庭作证及调取相关书证的申请，而且还依职权主动通知两位公安部灭火专家出庭作证。庭审时，杭州中院第一时间发布《情况通报》，对控辩双方的质证意见和争议焦点进行公平披露。很显然，这一系列作为显著增强了公众对于法庭中立性和庭审实质化的信心。

法治最本质的特征之一就在于程序正义。如果杭州中院一开始就能恪守庭审中心主义的立场，或许这起案件的很多争议就不会发生。如今有了前文所述的程序保障，有了法院充分的释法说理，案件的判决结果也必然更能令人信服。一审判决结果公布后，舆情比之以前平稳了不少，这就是最好的证明。

莫焕晶放火案虽然是一起偶发的极端事件，但暴露出来的问题却是令人警醒的。对于案件中已经查明的，小区物业消防设施和消防管理中存在的严重问题，后续追责同样不可缺少。更重要的是，全国范围的有关单位都当引以为戒、举一反三，对可能的消防隐患进行全面的排查和整改，并建立持续的长效机制。

保姆纵火案一审宣判是一个小小的句点。悲剧已经发生，我们希望能用正义弥合伤创，也希望相关各方都能痛定思痛，在疼痛中继续前行。

［原载于《新京报》2018 年 2 月 9 日“快评”］

国家监察委：无限责任背景下的利维坦

全国人大外事委员会主任委员傅莹女士在两会期间接受媒体采访时透露，国家监察体制改革试点工作已经全面推开。把《行政监察法》修改为《国家监察法》的工作已经开始，今年应该可以提交给人大常委会审议。随着立法工作的实质性启动，中国即将进入监察委员会的新时代。

2016年11月7日，中共中央办公厅印发了《关于在北京市、山西省、浙江省开展国家监察体制改革试点方案》，正式向外界公布了将行政监察改革为国家监察的基本目标和思路。2016年12月25日，全国人大常委会通过了《关于在北京市、山西省、浙江省开展国家监察体制改革试点工作的决定》，将试点地区政府的监察厅（局）、预防腐败局及检察院查处贪污贿赂、失职渎职以及预防职务犯罪等部门的相关职能整合至监察委员会。至此，国家监察体制改革的基本框架已经成型。

将行政监察改革为国家监察，看似只有两个字的区别，但背后的内涵却有很大的不同。

其一，监察的对象范围不同。行政监察只能针对国家行政机关工作人员，而国家监察却能涵盖所有行使公权力的公职人员。根据《行政监察法》，监察机关依法对国家行政机关及其公务员和国家行政机关任命的其他人员实施监察。而我国除了国家行政机关，在中共各级机关、权力机关、政协机关、司法机关等单位同样有大量的公务人员。此外，国有企业、事业单位中也有大量从事公务的人员。

目前这部分人游离在行政监察的范围之外，客观上留下了巨大的监察漏洞。国家监察委员会成立后有望填补此一监督空白。

其二，监察的机构位阶不同。行政监察机构是政府的一个内设机构，而国家监察机构与政府并列，对同级人大及其常委会负责。目前体制下，行政监察机构只是政府众多内设机构中的一个，受同级政府领导，对同级政府负责。此种情况下，行政监察面临着对下级监督不肯用力，对同级监督不愿用力，对上级监督不敢用力的尴尬局面。国家监察机构改由同级人大及其常委会产生并对其负责，与政府、司法机关并列，提升了监察机构的权力位阶，增强了监察机构的独立性和超脱性。随之而来的，必然会提升监察监督的威力和效果。

其三，监察的职能手段不同。根据全国人大常委会的决定，试点地区的监察委员会履行监督、调查、处置职责。为履行上述职责，监察委员会可以采取谈话、讯问、询问、查询、冻结、调取、查封、扣押、搜查、勘验检查、鉴定、留置等十二项措施。无论是职能范围，还是监察手段，都得到了极大的丰富和扩展。特别是监察委员会整合了检察机关的反贪污贿赂、反渎职侵权职能，将履行上述职务犯罪的刑事侦查职能。国家监察集行政违法调查和刑事犯罪侦查于一身，这是目前的行政监察所不具备的。

如同改革试点方案所强调的那样，国家监察体制改革是事关全局的重大政治改革，是国家监察制度的顶层设计。国家监察制度的改革客观上需要修改《行政监察法》乃至《宪法》《刑事诉讼法》《人民检察院组织法》等一系列法律。虽然《国家监察法》的内容细节尤其与《刑事诉讼法》如何对接尚不明朗，但监察委员会将注定会是一个超越现有公安、检察和法院权威的新的利维坦。对于刑事诉讼活动而言，公安“一家独大”的格局将被打破，以往公安侦查活动不受监督的局面可望获得制衡。检察机关的职权削弱，控辩平等有望在普通的刑事案件中得到进一步的落实。“双规”“双指”

被法定的“留置”措施替代后，监察委员会的强势地位更难挑战，职务犯罪中的侦查中心主义恐更难打破，检察、法院的司法审查职能有进一步虚化的危险。

随着立法时间表的进一步明晰化，一个深度整合了反腐败资源力量的机构很快就会横空出世。这对于改变当下的权力和政治生态，改变公职人员的行为模式都将产生广泛而深远的影响。至于这将在何种方向、何种程度上影响普通百姓特别是诉讼律师的未来生活，现在下结论可能还为时尚早。尽管如此，面临注定会来的改变，你准备好了吗？

[原载于《新京报》2017 年 3 月 5 日“评论”版]

击毙追砸运钞车男子，会被追究刑责吗

10 月 27 日中午，东莞市长安镇乌沙环南路发生一起突发案件，一名男子死于一辆运钞车旁。根据沿街众多商铺店主及目击者的说法，事发前，该男子曾从乌沙蔡屋工业区牌坊处，拿着砖头一路追赶运钞车并连续砸车。在追了数百米快要追到运钞车后，男子被负责运钞的安保人员开枪打死。目前，警方已封锁了现场，正在现场走访勘查，具体原因还在调查当中。

安保人员荷枪实弹替银行等金融机构押运现钞，想必民众都不会陌生。然而在光天化日之下，有人拿石头追砸运钞车并且被安保人员直接用枪击毙的事情，大多数人可能还只是在电影里看到过。负责运钞的保安人员是什么身份？他们为何有权配枪？他们在何种情况下可以开枪？用枪击毙砸车男子的做法是否合理，又是否要承担刑事法律责任？一时间，这些问题成了很多人心中共同的疑问。

我国《枪支管理法》第五条第二款规定：“国家重要的军工、金融、仓储、科研等单位的专职守护、押运人员在执行守护、押运任务时确有必要使用枪支的，可以配备公务用枪。”根据国务院制定的《保安服务管理条例》，符合一定条件且经省级公安机关核准许可的保安服务公司可以从事武装守护押运服务，保安员执行武装守护押运任务时可以依法配备、使用枪支。可见，运钞车保安乃是普通的企业从业人员，不具备国家公职身份，不具备任何意义上的执法权。这决定了其配备、使用枪支的行为，必须严守自我防卫的目的和界限。

为了保障专职守护、押运人员正确使用枪支，防止不测安全事件的发生，国务院在2002年制定了《专职守护押运人员枪支使用管理条例》。该条例第五条规定："能够以其他手段保护守护目标、押运物品安全的，不得使用枪支；确有必要使用枪支的，应当以保护守护目标、押运物品不被侵害为目的，并尽量避免或者减少人员伤亡、财产损失。"第六条进一步细化规定，只有当"守护目标押运物品受到暴力袭击或者有受到暴力袭击的紧迫危险"抑或"专职守护押运人员受到暴力袭击危及生命安全或者所携带的枪支弹药受到抢夺、抢劫"，不使用枪支不足以制止暴力犯罪行为的，才可以使用枪支。然而，发生在东莞的事件很可能并不符合上述法定的开枪情形。

虽然还不清楚该男子的行为动机是什么，也不清楚该男子的精神状况是否正常，但该男子在繁华的城市街道上用脚步追赶运钞车并用石头追砸运钞车的行为，其导致的社会危险依常理应达不到"不使用枪支不足以制止"的程度。因为运钞车完全可以加速驶离，摆脱该男子的追砸。而在摆脱追砸的过程中，保安人员应当优先选择报警，请求公安机关依法制止该男子的暴行。退一万步说，即便被该男子跑步追上，押运保安人员需要进行紧急防卫，那么根据《中国人民银行、公安部〈关于银行守库、押运人员在执行任务中使用武器的规定〉》，对不法侵害人开枪射击也只限于使其失去侵害能力；并且除特别紧迫的情况外，应先口头或鸣枪警告。一枪毙命，很可能违反了上述程序，超越了制止该男子继续行凶的合理限度。

目前没有证据证明开枪的保安有任何不法的个人目的，开枪击毙砸车男子很有可能只是慌乱中的处置不当。开枪保安是否需要承担刑事责任，需要司法机关根据《刑法》的相关规定依法予以认定。不论最终处理结果如何，发生在东莞的枪声都警示我们，《专职守护押运人员枪支使用管理条例》对于枪支使用的操作流程还需要进一步细化，对相关人员临场突发应变能力的教育培训还需要进一步加强。

[原载于《新京报》2016年10月28日"第三只眼"]

儿童性侵索赔，“秋后算账”更要“帮助算账”

日前，提请十二届全国人大常委会第二十四次会议二审的《民法总则（草案）》，增加了一条规定：未成年人遭受性侵害的损害赔偿请求权的诉讼时效期间，自受害人年满十八周岁之日起计算。这一新规被民间形象地称为“秋后算账”条款。

诉讼时效是一项基本的民事诉讼制度。它意味着，当权利行使超过法定的诉讼时效期间，法院将不再支持和保护。根据现行《民法通则》的规定，向法院请求保护民事权利的普通诉讼时效期间为二年，而身体受到伤害要求赔偿的期间仅为一年，该诉讼期间从知道或者应当知道权利被侵害时起计算。也就是说，若儿童遭受性侵害未在一年内起诉至法院请求损害赔偿，那么自此以后将无法再寻求法律赔偿救济。

虽然有法谚云，法律不保护躺在权利上睡觉的人。但对于遭受性侵害的儿童而言，一年的诉讼时效期间未免太短。这是因为，儿童作为一个特殊的群体，本身不具备完全的民事行为能力，需要依靠其监护人代为进行维权。受社会传统观念、心智不成熟等因素的影响，不少儿童遭受性侵害后宁愿选择默默忍受，却不愿或者不敢告知其监护人。而监护人知情后，也有相当比例由于各种各样的原因放弃法律维权。更有甚者，近年来披露的一些案例显示，儿童遭受性侵害恰恰发生在家庭内部。前述种种都表明，现行诉讼时效制度不利于遭受性侵害的儿童进行依法维权。

《民法总则（草案）》新规不是以性侵害的时间为标准，而是从成年之日起开始计算时效，有助于儿童成年后自行寻求法律维权救济。加之《民法总则（草案）》将民事诉讼时效由两年延长至三年，这意味着一旦草案审议通过，遭受性侵害的儿童可以在其成年后三年内向法院请求损害赔偿。相较于现有的规定，《民法总则（草案）》新规在保护儿童权益方面的进步意义十分明显。

尽管如此，新规仍然有其制度盲区需要填补和解决。因为法律维权，除了意愿和能力，还必须要有足够的证据。而现实中，证据不足是性侵维权之路上的一大关卡。以广西百色性侵案为例，“助学达人”王杰利用“百色助学网”性侵多名女童。然而该案开庭审理时，几乎没有人提出刑事附带民事赔偿诉讼，原因就是受害人普遍缺乏病历、照片等强有力的证据。试想，如果不能及时地收集并保存好相关证据，那么等到成年后拿什么去法院维权呢？由此可见，允许“秋后算账”固然是进步，但如果无法解决“即时固证”的问题，那么“秋后算账”的威力恐将大打折扣。

其实，不论国内还是国外，都有进一步解决这一问题的制度资源。以法国为例，检察官在儿童权益保护方面发挥着积极作用，经常代为提起民事诉讼或者以“从当事人”的身份参与诉讼。我国《民事诉讼法》第十五条也规定：“机关、社会团体、企业事业单位对损害国家、集体或者个人民事权益的行为，可以支持受损害的单位或者个人向人民法院起诉。”儿童遭受性侵维权，不能单靠监护人，也不能单靠儿童自己成年。社会公益组织、学校、社区、政府部门和司法机关应该联起手来，共同建设全方位的安全网络，在监护人怠于履责时直接支持遭受性侵儿童向法院起诉维权或者帮助收集、固定和保全相关证据，等其成年后自行维权。对于儿童性侵维权而言，允许“秋后算账”固然重要，而如何集全社会之力“帮助算账”更为重要。

[原载于《新京报》2016 年 11 月 2 日“第三只眼”]

男子追小偷致其身亡被诉？司法勿违背常理

据《厦门日报》报道，福建省漳浦县一名黄姓男子因发现小偷后穷追不舍，导致小偷摔倒在地死亡，被漳浦县人民检察院以过失致人死亡罪起诉至法院。此案引起网络热议后，网友几乎“一边倒”地认为黄某的行为不构成犯罪。

报道显示，一天凌晨，黄某在家中睡觉时发现外面有人偷家禽，便起身追出门外。小偷发现失主追赶，便往马路上逃跑。黄某追上了小偷并抓住了小偷的衣袖，小偷用力甩手挣脱后由于身体失去平衡摔倒在地，并因为颅脑损伤，抢救无效死亡。检察机关认为，当天小雨路滑，黄某应当预见到追赶并拉扯小偷可能造成摔倒受伤的结果，其行为已构成过失致人死亡罪。

乍一看，办案单位的说法也不是全无道理。雨天路滑人尽皆知，追赶并拉扯他人有可能致其摔倒受伤也是常人都能预见。加之小偷确实倒地身亡，存在客观上的危害结果，于是乎套用传统的犯罪四要件构成理论，黄某构成过失致人死亡罪似乎已经板上钉钉。然而在司法领域，一句颠扑不破的真理是：法律的生命在于经验而非逻辑。司法一旦脱离多数人的生活常识，背离一般人的经验预期，非但不能对社会进行良好的价值引领，反而会造成普遍性的恐慌和混乱。

本案中，如果黄某最终被以过失致人死亡罪判刑，那么一个直接的后果是：以后遇到小偷行窃将没有人再会追赶，除了报警求助之外，只能眼睁睁地看着小偷溜掉，然后再等着警察费尽九牛二虎之力将其抓捕归案。因为任何追赶、拉扯行为，都可能造成小偷摔倒受伤甚至死亡。但问题在于，禁止私力救济后，公权力机关在此种情形下一定能保障公民的人身或财产安全吗？小偷一定会被抓捕归案吗？经济损失一定会被挽回吗？答案显然是否定的。

事实上，任何社会都不可能完全禁止公民在合理限度内的私力救济。这不仅是因为公力救济并非随时随地都触手可及，而且是因为私力救济本身是对犯罪行为的一种威慑，是整个社会安定有序的自然基础。我国《刑事诉讼法》第八十二条明文规定，正在实行犯罪或者在犯罪后即时被发觉的，任何公民都可以立即扭送公安机关、人民检察院或者人民法院处理。而“扭送”几乎必然涵盖了“追赶”和“拉扯”。在实体法层面，我国《刑法》也设置了“紧急避险”“正当防卫”等制度，只要是合理限度内的私力救济行为，对其所导致的损害结果都免于追究刑责。

就报道看，本案中黄某的行为并未超出私力救济的必要限度。雨天路滑对黄某自己同样适用，而小偷倒地身亡并非黄某“撂倒”、“拽倒”或者“打倒”，而是自己为“挣脱”而“失去平衡”，原因力主要在小偷自己。对于黄某而言，这一结果属于不能预见、不能控制、不能避免的意外事件。黄某对小偷的死亡不应承担任何刑事责任。

检方最新对《人民日报》作出回应，表示此案尚未提起公诉，尚在审查起诉过程中。公安机关将黄某移送检察机关审查起诉，不等于黄某罪刑确定。期待在后续司法程序中，要么由检察机关主动对黄某作出不起诉处理，要么由法院依法宣告黄某无罪。

[原载于《新京报》2016 年 11 月 14 日“第三只眼”]

北京野生动物园老虎伤人事件，法院会怎么判

日前，备受瞩目的北京市八达岭野生动物园老虎伤人事件又有了新进展。2016 年 7 月，32 岁的游客赵女士中途在猛兽区下车被老虎拖走，其母周某下车救女遭老虎撕咬最终死亡，赵女士本人也严重受伤。赵女士目前已向延庆法院提起民事诉讼，向八达岭野生动物园索赔 155 万余元，并已获法院立案受理。后来，周某家属向延庆法院递交申请，希望延庆法院回避，由北京高院指定管辖此案。

在起诉书中，赵女士指出，园方提供的猛兽区“自驾游”项目系违法经营，项目设计本身的缺陷很大，是造成其遇袭并重伤的根本原因，也是导致其母周某死亡的主要原因。在八达岭野生动物园未有效救助的情况下，没有法定救助义务的母亲下车施救，其性质应属于“见义勇为”，八达岭野生动物园应承担母亲的全部死亡赔偿。对此，八达岭野生动物园方面回应称，“法律是解决问题的最好办法”，“我们有自己的律师，随时都能出庭应诉”。

看到报道，很多人都在疑惑：母亲救女属于“见义勇为”吗？在一般人看来，“见义勇为”主要发生在陌生人之间，是一种正面的道德评价。很多人相信，促使周某“勇为”相救的主要原因，恐怕还源自其发自内心的亲情和母爱，而非完全与己无关的“见义”。而在法律层面，目前还没有“见义勇为”的严格定义。唯一最权威的表述出现在民政部、教育部、公安部、财政部、人力资源和社会保障部、住房城乡建设部、卫生部等七部委于 2012 年联合制定的《关于加强见义勇为人员权益保护的意见》中。该意见第一句是这

样表述的："国家对公民在法定职责、法定义务之外，为保护国家利益、社会公共利益和他人的人身、财产安全挺身而出的见义勇为行为，依法予以保护，对见义勇为人员的合法权益，依法予以保障，对见义勇为人员及其家庭的生活困难给予必要帮扶。"从立法技术角度而言，这并非严谨的法律概念。而且从法律位阶看，这也只是一份政府规范性文件，主要是从行政管理角度设定相关政府部门的职责和义务。因此，这份意见对于本案民事责任的厘清并无太大助益，也无法成为法院判决的主要根据。

跳脱赵女士诉状中的特定用语，回到法律关系的实质，我们不难发现赵女士关于其母周某对其没有法定救助义务的主张是完全正确的。父母对子女有抚养的义务，但子女一旦成年，那么不顾生命危险地去营救子女便不再是法律上的义务。因此，本案的焦点问题转化为：周某在没有法定救助义务的情况下协助八达岭野生动物园营救赵女士，园方是否应该对周某的死承担赔偿责任？

也许很多人，甚至园方都可能会援引延庆区人民政府"7·23东北虎致游客伤亡事故调查组"发布的《事故调查报告》，认为既然政府已经认定该次事故不属于安全责任事故，那么园方应该不必承担赔偿责任。但必须要说明的是，这样的简单援引在法律上很可能是不被支持的。一方面，赵女士并不认可该调查报告的结论，正在提起行政复议；另一方面，同时也更为重要的是，《事故调查报告》指向的是相关政府部门的行政管理责任和园方在行政法上的责任，这与园方的民事责任虽有联系却不完全相同。园方是否应当对赵女士等人承担赔偿责任，需要司法机关依法审判，政府部门并没有权力对此作出终局认定。即便政府认定老虎伤人不属于安全责任事故，也不意味着园方就无须承担民事赔偿责任。相反，我国法律有一系列条文都在支持赵女士的索赔主张。

在法律关系上，赵女士既可以援引《侵权责任法》，也可以援引《合同法》来支持其诉讼请求。此外，我国《民法通则》中的许多条款也对赵女士有利。比如《民法通则》第一百零九条规定："因防止、制止国家的、集体的财产或者他人的财产、人身遭受侵害而使自己受到损害的，由侵害人承担赔偿责任，受益人也可以给予适当的补偿。"第一百三十二条规定："当事人对造成损害都没有过错的，可以根据实际情况，由当事人分担民事责任。"等等。虽然有证据显示园方已经进行了反复的警示和提醒，也进行了及时的救助，但并不能因此认为园方在安全管理和危险营救方面已经尽到了全部的责任。因为生命是至高无上的，安全防范和营救生命的责任也是没有止境和上限的，将园方认定为周某协助营救赵女士的"受益人"并不为过。

道德评价具有自发性、多元性和不确定性，而法律评价则相对明确、具体和一元。如今随着司法程序的启动，"不守秩序、咬死活该"之类的情绪表达必须让位于中立的司法审判。动物园是否要承担赔偿责任，要承担多少的赔偿责任，与其继续吐口水，不如搬个小板凳，理性围观，静看法院如何判决。

[原载于《新京报》新媒体微信公众号"沸腾"]

女法官抱病女办案：别灌鸡汤，请给她们减减负吧

从11月23日下午开始，河南省鲁山县人民法院民二庭法官王清青“怀抱生病女儿办案”的照片在微信群和朋友圈广泛转发。一边是怀抱里熟睡的女儿，一边是伏案办公的27岁女法官，这样的构图在主流的媒体报道里并不多见。然而，这张源于同事随手抓拍的照片却因其展现了一线基层法官艰辛的工作状态，收获了无数网友的称赞。

的确，这样的场景足以令人动容。无论是“司法正义”的主旋律语境，还是“司法腐败”的负面舆情，都无法阻挡这张照片所传递出的“真能量”。真实让人感动，但在感动之余，我们更应当追问：一线基层法官如此不易，谁来为他们减负？

一线基层法官的艰辛，可以从其工作负荷得以管窥。先来看一组权威的数据吧。根据《人民法院报》的报道，浙江省高级人民法院院长齐奇在浙江省十二届人民代表大会第三次会议上所作的工作报告透露：2014年，浙江省三级法院一线办案法官年人均结案187件。而根据《法制日报》的报道，今年前九个月，广东省深圳市宝安区人民法院新收案件5.8万余件，结案3.5万余件，一线法官人均收案466件，人均结案292件。今年前九个月，仅上海市浦东新区人民法院新收案件就达到了创纪录的10.1万件。

沿海发达地区如此，内陆地区又如何呢？以王清青法官及其

所在的鲁山县法院为例，王清青自2014年11月担任法官以来办理的案件将近300件，2014年全院每位法官平均办案约100件。而今年前十个月，鲁山县法院受理的案件就已经比2014年翻了一番。不出意外，王清青今年的办案量也将会比去年翻一番。

人均每年办案200件意味着什么呢？就算周末、节假日无休，也要每一天半办理一起案件。而每办理一起案件，都要联系当事人、安排开庭、核对证据、撰写并送达裁判文书。别忘了，法官的工作可不仅止于办案。各种各样的会议，各种名目的学习检查，一样也不能缺。客观上说，每年新颁布的法律、新制定的司法解释，都需要花时间去学习、去消化。这样计算下来，每个法官用在每个案件上面的时间还能剩下多少呢？时间和精力得不到保证，又如何保证办案质量呢？

随着经济、社会的持续发展，特别是随着立案登记制的逐步落实，各类诉讼案件的数量还会继续高速增长。而法官的数量，如果继续受限于目前的编制约束，短期内并不会大幅增长。可以预见，一线法官的工作压力会越来越大。任何人都有工作的极限，超出这个极限就会出问题。案多人少现在已经极大地影响到了我国的司法效率和司法品质，恶化下去将进一步损害我国的司法公信力。

其实案多人少，法官负荷过重、待遇过低既是司法领域的问题源，也是司法改革应当抓住的“牛鼻子”。司法有其独立性和特殊性，法院编制和法官收入不能简单地比照行政机关。根据社会现实，动态调增法院编制、增加法官员额、提高法官薪酬不仅可以解决大量法学专业毕业生无法就业的问题，而且更重要的是能有效化解积案、提升法官的办案质量。这是在不触动现行司法体制的前提下，解决司法问题最简单易行，也可能是最为有效的手段。

人们常说，司法是正义的最后一道防线。人们也常说，再穷不能穷教育。其实，一个国家在司法领域、在正义防线上也不应当吝惜投入。抛开“为了正义，哪怕天崩地裂”的格言不谈，没有底线可守、没有正义可期的社会将注定无法前进。如果我们的社会对“王清青”们在一声叹息之外别无作为，受损的终将是我们自己。

[原载于《新京报》2016年11月26日“观察家”]

正常上班却被判刑？　这灾祸来得太过无厘头

正常上班、好好工作却接到了被判刑的电话，这是最新型的电信诈骗吗？在深圳工作的董王勇日前就接到了这样的电话。不过几经核实，董王勇发现这非但不是骗局，而且是比骗局还要令人无法相信和接受的事实：自己从未跟人打过架，却居然被深圳市宝安区人民法院以故意伤害罪为由判处了一年有期徒刑，缓期两年执行。

董王勇很快找到了当地派出所办案民警，发现是真正的罪犯冒用了董王勇的身份信息。也就是说，真正的罪犯在法院判决后已经溜之大吉，留下董王勇被老家山西当地的司法局要求进行社区矫正。当地公安及法院均表示愿意查清此事，如果董王勇确系被人冒用身份，法院将通过审判监督程序撤销原来的判决，将真正的罪犯绳之以法并还董王勇以清白。

事情至此，结果应该没啥大的悬念了。对于真正的罪犯而言，由于其不讲真实姓名，不符合判决缓刑的条件。加之还另外涉嫌“伪造身份证件罪”，因此等待他的将是法律的严惩。对于董王勇而言，除了虚惊一场，也不会造成什么实质性伤害。不过，历经公安、检察、法院三个办案单位，历经侦查、起诉、审判等三个完整的办案环节，竟然会出现这种低级错误，还是不免让吃瓜群众生出诸多的担心和忧虑。

这样的事情原本不该发生。如同董王勇所说，真正的罪犯显然使用了虚假的身份证。只需简单对照身份证上面的照片与真人的形象，大多数人应该能发现这两者之间存在的明显差异。对于每天都要和身份证打交道且肩负查处伪造、使用虚假居民身份证的派出所民警来说，这种问题没有发现很不应该。更重要的是，这起案件是三个人共同犯罪。除了罪犯自己，他的两个同案犯在供述事实的时候也必然要涉及该罪犯的身份信息。对照罪犯提供的身份证，只要稍微追问一下他的家庭组成、教育背景、工作和生活经历，除非罪犯跟董王勇非常熟悉，否则想不露馅都很难。需要指出的是，对嫌疑人上述身份信息进行审问原本应该是公安机关标准的程序性发问。

出错的责任主要在公安机关，但检察院、法院也同样难辞其咎。检察院起诉案件、法院开庭审理案件，同样需要查清被告人的真实身份。而根据有关规定，法院在宣告缓刑以前就应当征询当地司法行政部门的意见。大概是因为这起案件适用的是简易程序，所以侦查终结以后的诉讼环节都没有重视这个问题。

查清"事情是谁做的""嫌疑人是谁"乃是刑事诉讼活动的重中之重，因为这直接决定了案件的处理是否正确。历史上的很大一部分冤假错案，都错在抓错了"嫌疑人"和"罪犯"。从危害后果看，董王勇事件也许只是一件小事，但当地司法部门不应掉以轻心，切莫"轻飘飘翻过"，因为这有可能会导致以后的工作再次"因小失大"。也许，那时的后果就没有这么容易控制和纠正了。

［原载于《新京报》2016 年 11 月 30 日"观察家"］

“慈善第一人”李春平财产争夺战，司法早该上位了

据媒体报道，曾被誉为“百年慈善第一人”和中国第一辆劳斯莱斯拥有者的李春平，如今成为了一名阿尔茨海默症患者。随着记忆力和判断力的逐渐丧失，围绕他名下庞大资产的争夺战却日渐升温并呈现出白热化趋势。作战的双方，一边是李春平的近亲属，另一边则是追随他多年的身边工作人员。日前，李春平的近亲属正式向北京市朝阳区法院提交申请，请求宣告李春平为无民事行为能力人。法院如何裁判，将在很大程度上决定这场争夺战的走向。

李春平究竟拥有多少财产？这个问题现在他本人已经没有能力回答了。但各方有心人士却为此殚精竭虑、奔波于路。在财产争夺战激烈时，李春平在半年之内被两度送进疗养院，又两度被“抢”出来。《新京报》的报道显示，2015 年 6 月，李春平作为甲方，签订了一份资产管理协议书，乙方是中科联合企业管理有限公司（以下简称中科公司）。根据协议，李春平在中国大陆拥有所有权的不动产和物业，均交由中科公司管理，托管期为 20 年。而根据相关文件，中科公司已经抵押了李春平的部分资产，向另一家公司贷款 2.5 亿元。李春平的近亲属代表韩琳则持有李春平签字的另一份委托书，该委托书显示：“特委托韩琳打理我的所有财产，做我的唯一监护人。”

两份委托书，不同的受托人，走向互相掐架几乎是不可避免的

结局。其实，不论双方持有何种协议或者委托书，李春平的生命尚在，他仍然是其名下资产唯一合法的主人。只有当李春平去世之时，他的财产才能转化为法律上的遗产，经由遗嘱确定的方式或者按照法律规定的方式进行继承。在此之前，双方只能争夺财产的控制权或者影响李春平的遗嘱内容。尽管如此，由于李春平已经失去了意思能力和行为能力，因此谁控制了现在、取得了财产的“控制权”，谁就能赢得“未来”，就在最终取得财产“所有权”方面占据有利先机。可以说，双方提前开撕，正是在为“后李春平”时代布局。

从法律角度看，形势对李春平的近亲属更为有利。虽然李春平具有美国国籍，但目前媒体报道的案情在适用中国法律方面并无争议。如果李春平如媒体所报道的那样，在签订资产管理协议书时智商远低于常人，没有判断能力和自我保护能力，不知其行为后果，那么他就属于《民法通则》所规定的“无民事行为能力人”。由于无民事行为能力人所实施的民事行为自始无效，因此李春平和中科公司所签订的资产托管协议就不具备法律效力，不受法律保护。也即，如果李春平亲属提出的请求获得法院支持，那么中科公司的托管计划将化为泡影，需要及时移交财产控制权。与此同时，无民事行为能力人的监护人是其法定代理人，也是财产控制权的当然接受方。不过，法律对监护人的职责范围也作出了明文规定：被监护人的近亲属除为保护被监护人的利益外，不得处理被监护人的财产。

李春平的妹妹等近亲属属于法律规定的监护人，也是法定的“利害关系人”，有权请求法院宣告李春平为无民事行为能力人。不过，李春平的妹妹等近亲属需要提交证据证明李春平在签署资产托管协议时就不具备民事行为能力。如果做不到这一点，那么李春平事后的“无民事行为能力”并不能直接否认其事前签署的协议的效力。另外一个更加复杂的问题是，李春平的近亲属代表韩琳持有的委托书，是否意味着李春平解除了此前与中科公司签署的协议？因为就合同性质而言，李春平此前与中科公司签署的资产托管协议即便具有法律效力，也只是属于委托合同。而根据《合同法》的规定，委托人或者受托人可以随时解除合同。所以就两份委托协议的效力而言，双方争夺的焦点似乎主要在于：李春平究竟何时真正失去行为辨认能力？

如果李春平与中科公司签订的协议效力不能从民事行为能力的角度予以推翻，那么可供李春平近亲属攻防的关键点仍有很多。比如：协议内容是否显失公平，是否存在欺诈、胁迫或者乘人之危的情形，以及中科公司是否忠实履行了资产托管义务等。因为有媒体爆料，李春平被人强制灌服安眠药。另一个需要重点弄清的问题是，中科公司以部分托管资产作抵押贷款2.5亿元的行为是否事先经过了李春平的同意以及该2.5亿元的去向。依常理，李春平如今已经没有足够的行为能力去支配2.5亿元的巨款，也没有使用2.5亿元巨款的急迫需求。如果存在中科公司利用李春平的身体状况谋取私利的情形，那么往轻里说是严重的违约行为，往重里说不排除可能会涉嫌侵占或者诈骗犯罪。而这样的行为非但不受法律保护，甚至应当受到法律的惩罚或制裁。

李春平拥有多少财产是他的个人隐私，只要这些财产来源合法，都应当受到法律保护。任何对李春平财产的控制或争夺都不能脱离法律的轨道，否则利益受损方都有权拿起法律的武器进行维权救济。

［原载于《新京报》新媒体微信公众号“沸腾”］

应当严管枪支，但也不必闻枪色变

日前，天津大妈赵春华因在街头摆气球射击摊，而被法院以非法持有枪支罪判处三年半有期徒刑。无独有偶，《北京青年报》记者查询发现，全国各地因摆气球射击摊被追究刑事责任的案件共有23起之多。继去年网购仿真枪者被判处无期徒刑以后，天津赵大妈案再次掀起了社会各界对于枪支认定标准的讨论。

枪支，在很多人看来都与暴力犯罪相关，以至于闻枪色变。但在现实生活中，枪支的种类和功能早已多样化，并非所有的枪支都具有可怕的杀伤力。事实上，有些具有娱乐或生产生活功能的枪支已经广泛地嵌入了人们的生活。因此，法律一方面应当严格管理枪支，使之不至于挑战社会治安、危害社会安全；另一方面也应当制定合理的枪支标准，根据其功能差异施以区别化的管理。

我国《枪支管理法》第四十六条对枪支给出了最权威的定义，即以火药或者压缩气体等为动力，利用管状器具发射金属弹丸或者其他物质，足以致人伤亡或者丧失知觉的各种枪支。归纳起来，法律意义上的枪支必须满足三个要件：其一，动力要件，必须以火药或者压缩气体为动力；其二，形式或结构要件，必须具有管状器具且必须发射物质；其三，功能要件，必须足以致人伤亡或丧失知觉。这意味着不论仿真枪还是玩具枪，只要满足了前述三个要件，都属于法律意义上的枪支。就司法实践来看，法律上认定枪支的关键或争议焦点在功能要件上。

法律之所以将枪支作为一种特定的物品进行严格管理，本质上是因为它的击发性能和杀伤能力。因此，功能要件是枪支的核心和本质要件。为了从功能要件方面去界定枪支，公安部于 2001 年 8 月 17 日发布了《公安机关涉案枪支弹药性能鉴定工作规定》。对于不能发射制式子弹的非制式枪支，采取通常所说的“射击干燥松木板法”去进行鉴定。即，将枪口置于距厚度为 25.4 毫米的干燥松木板 1 米处射击，当弹头穿透该松木板时，即可认为足以致人死亡；弹头或弹片卡在松木板上的，即可认为足以致人伤害。具有以上两种情形之一的，即可认定为枪支。不过，公安部在 2007 年 10 月 29 日发布的《枪支致伤力的法庭科学鉴定判据》（以下简称《判据》）中对这一标准进行了修改。《判据》首次确立了未造成人员伤亡的非制式枪支致伤力判据为枪口比动能≥1.8 焦耳/平方厘米的鉴定标准。细究起来，《判据》虽由公安部发布，但却是由全国刑事技术标准化技术委员会提出并归口，且性质上仅属于“公共安全行业标准”，在法律适用性上仍存在诸多的效力问题。

事情的真正转折发生在 2010 年。公安部在这一年对 2001 年的《公安机关涉案枪支弹药性能鉴定工作规定》进行了修订，正式引入了《枪支致伤力的法庭科学鉴定判据》的鉴定标准，明确“当所发射弹丸的枪口比动能大于等于 1.8 焦耳/平方厘米时，一律认定为枪支”。就国际惯例来看，绝大多数国家都采用“测定枪口比动能法”去认定枪支，差别在于具体的认定标准。国外轻武器研究部门的试验和统计数据认为，78 焦耳/平方厘米是造成伤亡而丧失战斗力的下限。美国、德国在内的大多数国家采用的正是 78 焦耳/平方厘米的标准。我国刑事科学技术专业人员根据“射击干燥松木板法”进行实验，得出的数据是：当枪口比动能在 10 焦耳/平方厘米以下时，较难嵌入干燥松木板，只能在木板上形成一定深度的弹坑。枪口比动能 16 焦耳/平方厘米是弹头嵌入松木板的能量界限。这意味着，即便与我国 2001 年的标准相比，现行标准也下降了大约十分之九。

目前尚不清楚“1.8焦耳/平方厘米”的标准是如何形成的。但可以确定的是，这发生在社会维稳的大背景之下。据南京市公安局法庭科学鉴定部门的研究结果和有关文献，1.8焦耳/平方厘米仅能对人体裸露的眼睛造成损伤，除此之外尚不能击穿人体皮肤。一般认为，对人体的致伤力的比动能标准应该是对人体的任何部位都能够造成轻伤以上的伤害。国际认可穿透皮肤的比动能临界值为10焦耳—15焦耳/平方厘米。由此可见，将1.8焦耳/平方厘米作为枪支鉴定标准确实过低，而这才是导致许多玩具枪、仿真枪被认定为枪支的关键所在。

在我国，绝大多数民意都支持严管枪支。但严格一律的枪支认定标准不仅没有必要，而且会造成全社会的无所适从和恐慌。我们完全可以根据社会危险程度，在行政法和刑法上分别适用不同的枪支认定标准。在治安处罚和枪支行政管理领域，我们不妨继续适用1.8焦耳/平方厘米的标准；但在适用刑法、追究刑责时必须要考虑到实际的社会危害性程度，即便不与国际标准接轨，至少也应当维持2001年的比动能标准。

[原载于《新京报》2017年1月5日“专栏”版]

嫖娼“曝光榜”是在搞精神凌迟

近日，贵州省凯里市警方制作了一组“曝光榜”，对因卖淫嫖娼或赌博而被抓获的违法人员进行了公开曝光。从媒体拍摄的照片来看，这些“曝光榜”由大标题、被曝光人员违法情况和警方提示等几部分组成。凯里警方表示，在打击违法行为、对涉案人员进行惩戒的同时，曝光他们的“事迹”是为了警示教育更多的人。

嫖娼在我国是违反《治安管理处罚法》的行为，警方有权依法给予必要的行政处罚。就执法效果而言，每一次行政处罚除了惩戒违法行为人自身以外，也都会对社会起到直接或间接的教育、警示作用。在某种程度上，执法更重要的价值正是在于预防新的违法。在此意义上，对于凯里警方“警示教育更多的人”的初衷似乎不宜进行否定。

但问题在于，凯里警方这样在城市街头公示嫖娼人员违法信息真的妥当吗？虽然“榜单”没有完整披露违法人员的姓名，并且对头像做了遮眼处理，但只要是熟悉的人走过“榜单”，并不难辨认出嫖娼人。嫖娼在传统的社会观念里是极不光彩的事情，很容易遭人非议或耻笑。任何人因为嫖娼被行政处罚都将会是其一生抹不去的污点，没有人希望这种事情被他人知道，更别说在街头巷尾被人指点和议论了。然而或许正因为如此，凯里警方才偏偏要大张旗鼓地进行公示，目的无非是让大家都掂量一下嫖娼的后果，从而对“更多的人”进行强烈的心理威慑。

与行政拘留相比，这种街头公示的“警示”效果很可能更为明显。但这并不意味着，怎么样办效果好，警方就可以怎么样办。因为法律具有谦抑性，警方执法必须要遵守法律程序的约束，坚持适度和比例原则，不能随意侵犯行为人的隐私。如果警方执法可以随意突破公序良俗的底线，可以肆意地和违法行为“斗狠、比横”，那么“抓嫖执法”除了会进一步放大人性之中的阴影面积，让人普遍感受到权力的骄横之外，与提升社会的文明水平并无多少实质性关联。

其实说到底，嫖娼也好，赌博也罢，都不过是轻微的违法行为。该怎么处理，法律已经有了明文规定。凯里警方作出的行政拘留、罚款、警告等处罚已经足以对行为人进行制裁，也足以让行为人自省和悔过。而在此之外，再进行一次这样的公示无异于一次精神凌迟。这种做法与“文革”时代的游街示众、批倒批臭并无二致，与现代的法律文明反而格格不入。

康德有一句名言，人应该是目的而非工具。这句话对于评价公权执法行为殊为得当。即便是警方要通过这些违法行为对社会进行警示教育，那也必须建立在充分尊重违法人员的人格、充分尊重其自身意愿的基础之上。警方根本没有权力把这些违法人员当作工具或者教材去进行“深度开发”和“循环使用”。任何社会公众也没有权利或资格见猎心喜，从他人的人生错误中寻找快感和刺激。

如果这些今日手拿行政处罚决定书被迫向大众进行展示的违法人员，明天拿起法律武器、依法提起行政诉讼，追究警方的侵权责任，大家千万不要意外。因为，根据法律规定，他们完全有权这么做。

[原载于 2017 年 1 月 5 日“凤凰评论”]

雷洋案为何至今听不到检察院的声音

雷洋非正常死亡案已经过去五天了，虽然北京市昌平公安分局在5月9日发布的情况通报中表明“昌平公安分局已将此情况通报检察机关。昌平区人民检察院已介入并开展侦查监督工作”，但截至目前我们仍未听到来自检察机关的任何情况通报。作为《宪法》规定的法律监督机关和雷洋非正常死亡案法定的调查机关，检察机关此时的沉默显得十分不应该。

在“抓嫖”执法中，昌平公安分局是以执法单位的身份出现的。暂且不论雷洋“嫖娼”的事实真相究竟为何，仅以雷洋在执法过程中意外死亡、涉嫌违法的主体已经不复存在而言，昌平公安分局的行政执法程序也应当就此终止。此时，唯一需要调查的事实变成雷洋的确切死因以及公安机关的执法行为有无过错。而根据我国《刑事诉讼法》的规定，对后者的调查应当是检察机关的职责范围。

对于法定的调查事由，法定的调查机关迟迟不通报任何情况，而作为雷洋非正常死亡一案一方当事人的昌平公安分局，却通过发布，情况通报、接受媒体记者采访的形式将案件焦点设置为雷洋“嫖娼”，试图以此引导舆论。然而事态的发展表明，昌平公安分局的这种“硬拗”非但没有成功，反而引发了更大面积的质疑声浪。可以说，检察机关的不当沉默和公安机关的越界发声从两个面向共同铺垫了雷洋案当前的舆论基调。

一个可能的原因是，检察机关的沉默源于其作为不够。虽然昌平公安分局通报称“检察机关已介入并开展侦查监督工作”，但检察机关究竟开展了哪些侦查监督工作仍不得而知。从昌平公安分局的情况通报以及涉事民警接受媒体记者采访的情况来看，至少雷洋的尸体、相关的执法视频等关键证据仍在公安机关的控制之中，而执法民警也显然未被检察机关列为犯罪嫌疑人。如果没有调取或者控制关键的证据，没有传唤和询问涉事的民警，也未收集相关目击证人的证言，那么检察机关靠什么去“开展侦查监督工作”?

有说法认为，在雷洋的死因被法定鉴定机构确定以前，不能想当然地认为雷洋是死于暴力执法，检察机关也不能随意进行刑事立案。这种说法不无道理。当公安民警成为被调查对象时，他也是普通的公民，享有公民的一切权利。对公安民警进行立案调查甚至后续处罚同样需要遵守严格的证据规则和法律程序。但这绝不意味着在雷洋的尸检报告出台以前，检察机关就无事可做、无所作为。

我国《刑事诉讼法》规定“公安机关或者人民检察院发现犯罪事实或者犯罪嫌疑人，应当按照管辖范围，立案侦查”。这里的“发现”，不要求必须是确定无疑的事实。因为刑事立案是启动刑事侦查的前提和根据，如果要求立案时就已经“事实清楚”，那么立案的意义何在？侦查的必要性何在？退一万步说，根据《人民检察院刑事诉讼规则（试行)》的规定，检察机关在正式立案侦查之前，也还可以先行受案初查。而在初查的过程中，检察机关同样可以依法向公安机关调取相关证据材料，对执法民警在内的当事人制作询问笔录。

当然也有另外一种可能，那就是检察机关只做不说。不过在舆论沸腾之下，类似只做不说的“鸵鸟政策”并不可取。调查、侦查过程中的信息保密规定，目的是保障后续调查和侦查不受干扰，保障相关当事人的个人隐私。但从价值位阶上看，这些法益的重要性都远小于生命健康权和公众的知情权。因此就雷洋案而言，检察机关及时向社会通报调查进展非常之必要。更何况通报调查进展，也不必然会导致泄露侦查秘密，也不必然会导致对后续侦查的干扰。

因为信息可以切割，可以只发布程序性事项。而开放的民间讨论，也可能会为检察机关提供侦查上的启发和帮助。

在任何一个国家，公民在警方调查过程中死亡都是一件非常严肃的事情，也都会引发舆论的聚焦和关注。对昌平公安分局而言，为自己辩护的最好方式就是积极配合检察机关的调查，包括积极主动地将相关证据移交检察机关保管，由检察机关来主导尸体检验过程和后续信息发布。而对于检察机关而言，独立、客观、公正地对案件进行调查则是不容推卸的法定职责。

要求检察机关介入调查和及时发声，并非是为了平息喧嚣的舆论场，而是为了案件真相本身。任何人都不能做自己案件的法官。这个支柱性的程序正义原则如今已获得广泛的社会知晓和认同。但还有另一个程序原则同样重要，那就是“法官不得拒绝裁判”。检察机关当然不是审判机关，检察机关的调查也不同于裁判行为，但此处相通的原理在于，检察机关不能因为案件棘手而奉行“鸵鸟政策”、推卸自己的法定职责。如果检察机关消极履职、怠于调查，那么其行为在法律性质上与越界执法并无二致。

其实说到底，雷洋非正常死亡案仍然是一个孤立的个案。即便事后的调查表明，执法民警存在不当行为，那也是个别民警的法律责任。有关部门应当放弃心理包袱、打消各种疑虑，因为只有首先做到不自我绑架，才不会被公众舆论绑架。如果检察机关默不作声，给人一种“官官相护”“铁板一块”的印象，那么到时候要修复雷洋案的负面影响将会付出不知道多少倍的代价。

[原载于财新网 2016 年 5 月 12 日“聚焦”栏目]

检方对雷洋案涉事民警立案侦查意味着啥

据北京市人民检察院官方微博“北京检察”权威发布：2016年6月1日，北京市人民检察院第四分院依法决定对北京市公安局昌平区分局东小口派出所办理雷洋案的民警邢某某等五人进行立案侦查。至此，备受关注的雷洋非正常死亡一案在朝着还原事实真相、依法追责溯责的方向上迈出了非常关键的一步。

我国《刑事诉讼法》关于立案的规定，主要有两条。其中第一百零七条规定：“公安机关或者人民检察院发现犯罪事实或者犯罪嫌疑人，应当按照管辖范围，立案侦查。”这一条就是通常所说的侦查机关依职权进行主动立案，具体又包括“以事立案”和“以人立案”两种。其中第一百一十条规定：“人民法院、人民检察院或者公安机关对于报案、控告、举报和自首的材料，应当按照管辖范围，迅速进行审查，认为有犯罪事实需要追究刑事责任的时候，应当立案……”这一条就是通常所说的当事人报案，侦查机关审查后被动立案。雷洋案中，家属向检察机关进行了正式报案，检察机关也依职权进行了主动初查，因此属于这两种方式的混合。不过不论是哪种方式，“发现犯罪事实或者犯罪嫌疑人”都是刑事立案的前提条件。

那么，何为“发现犯罪事实或者犯罪嫌疑人”呢？以“发现犯罪事实”为例，比如办公室门锁被撬且巨款被盗，发现被害人尸体且排除正常死亡等，都可以算作“发现犯罪事实”。需要指出的是，这里的“发现犯罪事实”不需要是证据确凿的事实，更不需要对事实的细节和经过有完整的掌握。一般而言，刑事立案所要求的“犯罪事实”是指存在较大犯罪可能性的待证事实。理由很简单，立案是启动刑事侦查的前提条件，是刑事侦查的程序起点，如果要求立案时就已经“事实清楚、证据确实充分”，那么侦查就没必要了。正是因为事实不清、证据不足，所以才需要侦查取证，也所以才需要进行刑事立案。很多人认为，雷洋的尸检报告出来以前，检方不具备立案条件。其实，这是一个误解。

立案，在刑事诉讼程序中具有至关重要的作用。在正式立案之前，侦查机关虽然可以进行初查，但调查手段受到极大的限制。比如根据《人民检察院刑事诉讼规则（试行）》，在初查过程中不得对初查对象采取强制措施，不得限制初查对象的人身自由，不得查封、扣押、冻结初查对象的财产。对于一些可能涉案的关键证据，也不得强制调取。只有正式刑事立案以后，涉案嫌疑当事人才成为刑事诉讼法意义上的犯罪嫌疑人，侦查机关才可以对犯罪嫌疑人采取拘留、逮捕、监视居住等限制人身自由的强制措施，才可以采取搜查和扣押等强制措施来调取证据。因此，对于包括雷洋案在内的所有案件来说，刑事立案对于查清事实是非常必要的。

当然，刑事立案不能代替刑事审判，立案不意味着罪刑确定。立案意味着侦查机关有权采用法律范围内最强有力的手段去收集证据，至于最后收集的证据能否达到定罪量刑的标准仍然需要后置诉讼程序的审查和法院的最后审判。一般而言，立案之后判决之前，犯罪嫌疑人是否能够被批准逮捕，是否会被提起公诉都是非常重要的节点，都具有非常重要的指标意义。

根据官方通报，此次北京检方的立案决定是在北京市昌平区人民检察院进行初查，认为符合立案侦查条件的情况下，由北京市人民检察院直接作出的。北京市人民检察院立案后，将该案交由北京市人民检察院第四分院进行立案侦查，而北京市人民检察院第四分院是在全国率先设立的跨行政区划人民检察院。因此，无论从立案层级，还是从侦查主体来看，都体现了北京检方对此案的重视和排除干扰、依法独立侦查的决心。

我们相信，北京检方的立案决定绝对不会是一个草率的决定。虽然目前检方尚未公布是以什么罪名立案的，但我们有理由相信，北京检方在后续侦查中会依法履职，客观还原雷洋案的真相。

[原载于正义网2016年6月1日“法律博客”版]

赵大妈持枪案被判缓，司法伤口能否自行愈合

据中国法院网讯，天津市第一中级人民法院于1月26日上午公开审理了赵春华非法持有枪支案，当庭以非法持有枪支罪判处赵春华三年有期徒刑，缓期三年执行。至此，这起备受瞩目的案件终于落下了帷幕，赵春华本人也得以在农历鸡年春节前夕重获自由。对大多数人而言，这一判决虽不尽完美，但却体现了司法对民意的善意回应，得到了普遍的肯定。

自从该案被媒体聚焦后，各式的批评声音纷至沓来。压倒性的观点认为，赵春华应当无罪，一审判决“有违常理”“不公平”。甚至有人将该案判决结果与各种事件进行关联，质疑判决背后另有动机。其实，了解中国司法实务的人都知道，赵春华案不仅算不上“错案”，而且是一起再正常不过的“对案”。因为只需要对照适用《刑法》、《最高人民法院关于审理非法制造、买卖、运输枪支、弹药、爆炸物等刑事案件具体应用法律若干问题的解释》和《公安机关涉案枪支弹药性能鉴定工作规定》的相应条文，一审判决的得出乃是顺理成章、毫不意外的事。真正让法官感到意外的是社会舆论对一审法院经由严格法律适用程序所作出的判决结果并不认同。

对于社会大众而言，判决是司法向社会提供的公共产品，理当不能背离社会常情常理太过遥远。而且，社会大众评价一份判决所能依据的也只有常情常理、公平正义等诸如此类的朴素情感和已有经验。对于司法而言，其存在的法理基础和价值使命同样是为了回应社会需求、解决社会问题。如果判决本身成为了问题的根源，那

么首先应当反思和检省的自然应当是司法本身。凭借一己观念批评一份判决不公很容易，机械地对照法律条文进行判决也很容易。困难的是，如何在法治精神的烛照之下，带着对立法意旨的理解、带着对公平正义的敬畏去适用法律。同样困难的是，如何在坚守法律原则、遵守法律规定的前提之下，善用法律人的技巧和思维去追求判决结果的良善，去弥合司法形式逻辑和大众生活经验之间的裂痕。

罪与非罪，说到底就是在确认一个共同体在文明和秩序层面所能容忍和接受的底线。这个底线的设定，单靠成文不变、抽象概括的法条和少数几个具有固定职业思维惯性的法官，有时候还真的未必能够完全实现。这就是为何在英美法系国家，重大刑事案件的罪与非罪需要交给不具法律背景知识的普通公众去裁决的原因之所在。赵春华案让我们隐约窥见了现行司法体系中存在已久的某种近乎流水线式的稳定结构和内在惯性。这种结构和惯性很大程度上确保了法律的统一，但也暴露出了过于机械、缺少变通的缺陷。反复出现的涉枪判决正是这种缺陷的投射和反映。

令人欣慰的是，法律理论界及实务界的许多有识之士并未满足于情绪宣泄，而是纷纷从法律技术角度帮助赵春华思考脱罪之策。比如，公安部的枪支鉴定标准虽然来不及修改，但法院完全有权不予适用。又比如，法院可以直接适用《刑法》第十三条，认定赵春华“情节显著轻微危害不大”，“不认为是犯罪”。也就是说，如果能够对《刑法》和《刑事诉讼法》进行体系解释，而非机械地对单一条文进行解释，判决赵春华无罪同样有法可依、有据可凭。但二审判决并未触及枪支鉴定标准问题，并且是在确认赵春华真诚悔罪的前提下恢复了赵春华的部分自由。站在此一角度，我们可以发现天津市第一中级人民法院的二审判决原本可以走得更远。

赵春华已经可以回家过年了，而更多因“仿真枪”“玩具枪”

被判服刑的人还在企盼团圆。当务之急是公安部应立即启动对枪支鉴定标准的讨论和修改，最高人民法院也应该着手启动对涉枪类司法解释的修订和完善。否则，赵春华的个案解决并不能从制度上、整体上解决问题，而且势必造成新的司法混乱。对于那些已经生效的类似涉枪判决，司法留下的伤口也不会自行愈合。

[原载于《新京报》2017 年 1 月 27 日“观察家”]

精神残疾的胡某只有杀人了，法律才能介入吗

日前，因口角爆发冲突，继而在湖北省武汉市武昌火车站行凶杀人的犯罪嫌疑人胡某，被曝可能系精神病患者。胡某家属出具的由四川省宣汉县残疾人联合会颁发的残疾证，显示胡某为“精神二级残疾”。家属还证实，胡某去年 12 月份曾被家人送到宣汉县的精神病医院进行过住院治疗，感觉好转后出院外出打工。

根据我国《刑法》的规定，精神病人在不能辨认或者不能控制自己行为的时候造成危害结果，经法定程序鉴定确认的，不负刑事责任。间歇性的精神病人在精神正常的时候犯罪，应当负刑事责任。尚未完全丧失辨认或者控制自己行为能力的精神病人犯罪的，应当负刑事责任，但是可以从轻或者减轻处罚。因此，胡某在行凶作案时能否“辨认或控制自己的行为”将直接决定其刑事责任的有无和大小。

根据《世界卫生组织残疾评定量表Ⅱ》（WHO－DASⅡ），精神二级残疾又称为精神中度残疾，表现为：存在适应行为重度障碍；生活大部分不能自理，需要环境提供广泛的支持；能理解照顾者的简单指令，有一定学习能力。结合胡某家属反映其“脑子不好使”“性格暴躁”“连父母都敢打”“动不动就跟别人吵闹打架、搞破坏”以及事发当日凶残疯狂的表现，胡某患有精神障碍的可能性是存在的。

但“精神二级残疾”并不能简单地直接与“无刑事责任能力”画等号，宣汉县残疾人联合会颁发的残疾证以及家属的证言也不能

直接作为判断胡某精神状况的最终根据。根据相关规定，公安机关应当委托有法定资质的鉴定机构对胡某的刑事责任能力进行司法鉴定，并据此决定是否要追究胡某的刑事责任。

不具刑事责任能力的精神病患者实施暴力犯罪不需要承担刑事责任，是世界各国的通行规定。但这并不意味着对这些精神病患者一放了之，任由其暴力伤人、危害社会。我国《刑事诉讼法》在 2012 年修改时就专门增设了精神病人强制医疗程序，规定："实施暴力行为，危害公共安全或者严重危害公民人身安全，经法定程序鉴定依法不负刑事责任的精神病人，有继续危害社会可能的，可以予以强制医疗。"本案中，如果胡某被鉴定为不负刑事责任的精神病人，那么就可以对其启动强制医疗程序，确保没有人身危险性后才能使其回归社会。

一般认为，启动精神病人的强制医疗这一特别刑事诉讼程序需要以精神病患者实施的暴力行为达到刑事立案追诉标准为前提。也即，必须有了受害者，经过刑事立案侦查后才能启动。这在客观上必然会导致对精神病患者暴力行凶的放纵，而且只能在悲剧发生后再行补救。为弥补此一法律漏洞，其后实施的《精神卫生法》规定，诊断为严重精神障碍患者并有"已经发生危害他人安全的行为，或者危害他人安全的危险的"，应当对其实施住院治疗。不过，《精神卫生法》并未对住院治疗的费用问题、监护人不配合办理住院治疗手续等问题提供进一步的解决方案。本案中，胡某家属就是以"经济困难，无力监护"为由未予认真治疗，病情稍微好转就匆匆出院。民政部门及医院方面虽明知胡某为"二级精神残疾"，同样对其出院外出打工的行为没有采取约束和管控措施。

鉴于精神病患者及其家属一旦放弃治疗，将会对社会产生极大隐患，建议在如下三个方面进一步完善《精神卫生法》的规定：一是建立精神病患者的统一档案，完善社区、医院、民政和公安等相关部门的信息互通和共享，编织立体的监控防护网；二是对有暴力倾向的精神病患者实施国家免费治疗，解决家属经济方面的后顾之忧；三是强化监护人、医院的法律义务，凡是诊断为精神病且有暴力伤害他人倾向的，监护人和医院方面在治愈以前不得办理出院手续，否则将承担明确、严厉的法律责任。只有将精神病患者的强制住院治疗真正落到实处，才能尽可能地减少和避免“武疯子”暴力伤人惨剧的发生。

[原载于《新京报》2017 年 2 月 21 日“观察家”]

公益诉讼能保住检察院的男厕所吗

据《中国青年报》报道，吉林省检察院就伊通河全流域治理问题向吉林省政府发出了一份检察建议书，一同发出的还有关于伊通河上游污染情况的调查报告。吉林省检察院这份检察建议是全国人大常委会授权检察机关开展公益诉讼试点工作以来，首例由省检察院向省政府发出的检察建议。据了解，吉林省主要领导对此都作出了批示，伊通河全流域治理工作已经被纳入吉林省"十三五"规划纲要。

近年来，公益诉讼制度的引入和落地成为我国司法改革的一项重要成果。但由于司法解释在原告主体资格、可提起诉讼的领域范围、诉讼费减免等方面限制较多，公益诉讼的闸门并未完全打开。今年年初，由民间环保组织提起的"常州毒地"公益诉讼案，不但败诉，还被判决要承担189.18万元的诉讼费。而在腾格里沙漠污染等公益诉讼中，民间环保组织的原告主体资格一度成为法院立案的绊脚石。本来公益诉讼就是一个"吃力不讨好"的活儿，加之面临重重阻力，民间公益诉讼这条道路显得格外的逼仄和艰辛。

在此背景下，由检察机关提起公益诉讼成为一种新的制度选择。全国人大常委会2015年7月通过了《关于授权最高人民检察院在部分地区开展公益诉讼试点工作的决定》，随后最高人民检察院制定了《检察机关提起公益诉讼试点方案》，最高人民法院制定了《人民法院审理人民检察院提起公益诉讼案件试点工作实施办法》。

根据上述规定，检察机关在履行职责中发现污染环境、食品药品安全问题、国有资产流失等损害社会公共利益的行为，可以分别向法院提起民事公益诉讼和行政公益诉讼。但在提起公益诉讼之前，检察机关应当先通过制发检察建议等方式督促有关主体积极履职或纠正违法行为。

一般认为，与其他主体相比，由检察机关提起公益诉讼有其独特的优势。检察机关拥有法定调查职权，有利于解决举证困难问题；检察机关具有专业法律队伍，拥有丰富的诉讼经验；检察机关能够审慎行使公益诉权，避免产生部分人担心的制度意外。更重要的是，虽然我国《宪法》将检察机关定位为法律监督机关，但长期以来由于监督权能不清、监督手段匮乏，检察监督的作用发挥并不令人满意。甚至有学界认为检察机关在宪法层面至今仍是一个“未完成的机构”。随着眼下国家监察委员会的成立如箭在弦，检察机关反贪、反渎两大职能部门即将全部转隶，检察机关面临着如何重新自我定位、如何落实宪法职能的深度思索。

在此紧要关口，公益诉讼对于帮助检察机关重塑自己的职能定位具有“柳暗花明又一村”的重要意义。现行检察机关主要行使国家刑事公诉职能，未来如能在民事公诉、行政公诉等领域全面履职，无疑可以更好地保障国家和社会公共利益。诉讼，未来可能是检察机关履行法律监督职能的最好手段，是检察机关赖以安身立命的不二选择，也是检察监督区别于纪检监督、人大监督、政协监督和社会监督的重要特点。站在此一高度，建立和完善检察机关提起公益诉讼制度对于理顺整个国家的司法权力配置亦有积极作用。

吉林省作为检察机关开展公益诉讼的试点地区，其积累的司法实践对于完善相关制度具有重要的标本意义。根据相关人员介绍，为了防止检察建议书被政府回绝，吉林省相关检察机关的负责人事先向党委政府作了大量的请示汇报和沟通说服工作。在取得当地党政主要领导支持后，检察机关才发出书面的检察建议。吉林省检察院通过沟通减少阻力的做法当然值得理解和赞赏，但这同时也意味着吉林省检察院的相关做法未必能够在更大的范围内复制。因为在理想和正常情况下，只需依法办理、照章办事即可，需要被监督人同意和接受才可以进行监督，显然是不正常的，也是不可持续的。如何减少人为阻力，将试点成果上升为制度成果，可能需要更深刻、更给力的保障和支持。

前段时间有篇《据说检察院以后会拆掉男厕所》的文章在网络上疯传。这篇网文以戏谑的笔法讨论了检察院失去反贪污、反渎职两大职能部门后的命运走向。那么，公益诉讼能保住检察院的男厕所吗？包括吉林省在内的试点检察院的公益诉讼实践，或许能提供一些观察的指标。

[原载于《新京报》2017 年 3 月 2 日“社评”]

刀刺辱母者案：于欢不是被判重了，而是被判错了

《南方周末》一篇题为《母亲欠债遭11人凌辱　儿子目睹后刺死1人被判无期》的报道在网上引发了几乎“一边倒”的舆论风暴。不论是各大网站的网友跟帖，还是各类网络民意投票，压倒性多数的网民都认为刺人者于欢构成正当防卫，山东省聊城市中级人民法院的判决有失公允。

关于案情，《南方周末》有相应的报道。但为了谨慎起见，本文的分析将主要根据聊城中院的判决展开。根据该份判决，一审法院审理认定的事实为：山东源大工贸有限公司负责人苏银霞向赵荣荣借款100万元，双方口头约定月息10%。2016年4月14日16时许，赵荣荣纠集11人先后到源大工贸公司催要欠款，并在公司办公楼大门外抱厦台上与其他人一起烧烤饮酒。约21时50分，杜志浩等人来到办公楼一楼接待室催要欠款，并对苏银霞、于欢二人有侮辱言行。22时10分许，民警接警后到达接待室，询问情况后到院内进一步了解情况，于欢离开接待室被阻止，与杜志浩等人发生冲突，于欢持尖刀将杜志浩等人捅伤，造成杜志浩因失血性休克死亡，另外造成两人重伤和一人轻伤。

如果仅仅根据上述寥寥数语概括的事实，那么一审法院在判决时认为“虽然当时其人身自由权利受到限制，也遭到对方辱骂和侮辱，但对方均未有人使用工具，在派出所已经出警的情况下，于欢

和其母亲的生命健康权利被侵犯的现实危险性较小，不存在防卫的紧迫性，所以于欢持刀捅刺被害人不存在正当防卫意义上的不法侵害前提”，进而认为“于欢面对众多讨债人的长时间纠缠，不能正确处理冲突”，构成故意伤害罪，不构成正当防卫就似乎顺理成章了。然而，如果结合判决书中的相关证据进行分析，就会发现正是因为一审法院在事实认定上存在极其严重的偏差，才直接导致后续的法律定性也跟着出现了根本性错误。

其一，法院虽然认定了“月息10%”“催要欠款”等事实，却忽略了苏银霞实际向赵荣荣还了多少钱，赵荣荣等人“催要欠款”的行为是否受法律保护等至关重要的内容。根据相关司法解释，2014年法律保护的民间借贷的最高利息为同期银行贷款利率的4倍。即便2015年最高人民法院颁布了新的司法解释，24%是法律保护的最高年息。本案中，月息10%换作年息高达120%，远远超出了法律保护的范围。苏银霞本人的证词更是证明，她已经陆续归还赵荣荣152.5万元，换算下来年息超过了24%。由此可见，赵荣荣所催要的是非法之债，根本不受法律保护。更重要的是，根据债的相对性，赵荣荣以外的任何其他人根本无权向苏银霞讨债。赵荣荣纠集的11人到源大工贸公司讨债，即便没有后面的辱骂和殴打行为，从一开始就是完全违法的。这个大前提必须界定清楚，而不是像一审法院那样完全不予理会或评价。

其二，杜志浩等人对苏银霞、于欢二人极尽侮辱之能事，法院却仅以“有侮辱言行”轻描淡写地带过，刻意忽略杜志浩等人的行为已经严重到涉嫌强制猥亵、侮辱妇女犯罪的程度。苏银霞、于欢以及在场的目击证人都能证明，杜志浩当着苏银霞的面露出生殖器、脱掉于欢的鞋子拿给苏银霞闻、当着母子二人的面播放黄色录像，还有长时间没有底线的各种辱骂。凡此种种挑战人伦底线的恶行，都是毫不掩饰地当众实施的。这些言行已经达到了我国《刑法》中关于强制猥亵、侮辱妇女罪的立案追诉标准。人的生存条件不仅包括肉体生命的存续，还包括底线人格尊严的保留。践踏人格底线，当着自己的面羞辱自己的母亲，直接威胁到了人的生存本能，没有人能够容忍，制止并反击是唯一的选择。所谓“士可杀，不可辱”说的就是这种情况。在这个过程中，要求于欢无动于衷、默默忍受，违背基本人性，不具有任何期待可能性。

其三，民警接警到场简单问询后即离开的行为，明显加剧了于欢的绝望和恐惧，一审法院却认为此时于欢、苏银霞的生命健康权利被侵犯的现实危险性大幅降低，不再有正当防卫的紧迫性。在被杜志浩等人殴打和百般凌辱后，于欢首先想到的是寻求公权保护。面对多数人包围两个人并限制其人身自由的行为，警方却撂下一句“要账可以，不要动手打人”的话旋即离开。须知，警方此时有责任查清于欢和他母亲的人身是否安全、自由是否受限、杜志浩等人的讨债行为是否合法，至少也应当将双方隔开，然后再听取于欢和他母亲苏银霞的陈述。因为报警求助的内容包含打人，警方出警后苏银霞也提到自己被打。山东警方的不作为使得于欢最后的寄托和希望也告破灭，这极大地加剧了他的绝望和无助，也是他选择私力救济、持刀防卫的直接动因。报警求助无果，公权力不作为，私力救济也就因此有了正当性。

其四，杜志浩等人非法限制于欢的人身自由已经涉嫌非法拘禁犯罪，法院却简单地以“虽然当时其人身自由权利受到限制”一语带过。于欢的人身自由权利受到限制是从于欢被侵害的角度进行的事实描述，但如果从加害人杜志浩等人的行为角度进行描述，特别是对杜志浩等人的行为进行评价的话，那么就涉及非法拘禁犯罪的问题了。人身自由是公民的一项基本权利，为我国《宪法》所明文保护。根据《最高人民法院关于对为索取法律不予保护的债务非法拘禁他人行为如何定罪问题的解释》，行为人为索取高利贷、赌债等不受法律保护的债务，非法扣押、拘禁他人的，依照《刑法》非法拘禁罪的规定定罪处罚。结合本案中存在的殴打、侮辱等情节，杜志浩等人的行为已经符合非法拘禁罪的构成要件并且依法需要从重处罚。

其五，于欢本人处在持续的暴力围攻和精神羞辱之中，面临着持续的正在发生的不法侵害，而法院却认为于欢不存在正当防卫意义上的不法侵害前提。我国《刑法》第二十条规定，为了使国家、公共利益、本人或者他人的人身、财产和其他权利免受正在进行的不法侵害，而采取的制止不法侵害的行为，对不法侵害人造成损害的，属于正当防卫，不负刑事责任。对正在进行行凶、杀人、抢劫、强奸、绑架以及其他严重危及人身安全的暴力犯罪，采取防卫行为，造成不法侵害人伤亡的，不属于防卫过当，不负刑事责任。如前文所述，杜志浩等人的行为涉嫌非法拘禁罪和强制猥亵、侮辱妇女罪，且这种犯罪行为处于连续状态并未终了，于欢当然存在正当防卫意义上的不法侵害前提。法院看不到这个前提是因为其在事实认定的时候把那些至关重要的事实都过滤掉了。虽然杜志浩等人没有携带刀具等凶器，但不等于没有使用工具。在案证据显示，杜志浩等人使用了椅子、鞋子等物体对于欢及其母亲进行了攻击，这在暴力行凶的过程中毫无疑问属于使用工具。退一万步讲，即便没有使用工具，徒手照样可以行凶，使用工具绝非正当防卫的必要条件。

综上分析，杜志浩等人对苏银霞不享有任何债权，根本没有权利向苏银霞催要任何欠款。杜志浩等 11 人来到源大工贸公司非法限制苏银霞、于欢的人身自由并对其进行猥亵、侮辱和殴打的行为分别触犯了非法拘禁罪和强制猥亵、侮辱妇女罪。于欢面对持续的不法侵害，先是选择向公安机关求助。但警方到场后不久就离开，于欢离开接待室被阻拦。在封闭空间内，于欢对未来会发生什么心理完全没底，对自己的人身安全没有任何信心。在此特殊环境下，于欢别无选择，唯有防卫才有可能脱离危险。此时即便导致人员伤亡，也属于正当防卫，不应负法律责任。

更何况，杜志浩受伤后自行驾车去医院治疗，现场第一时间没有采取急救措施，甚至有人看到杜志浩去医院后因为琐事跟人发生争吵。这说明杜志浩现场伤情并不致命，其最终死亡可能与救治不及时有关。存在外来介入因素的情况下，不能把杜志浩的死因完全归结到于欢的刀刺行为上。一审以故意伤害罪判决于欢无期徒刑不是判重了，而是完完全全地判错了。于欢本案中具有无限正当防卫权，依法不应当负刑事责任。

仅从网络上的反响来看，毫无疑问，聊城中院的判决与多数民意并不同调，又一次被贴上了“冷酷无情”的标签。尽管司法并非总要跟在民意的背后，看民意的“脸色”作出判决，甚至司法有时还需要矫正盲从的“民意”，但如果一份判决在“良善”“公正”等基本维度上与多数民意相背离，那么相关的办案单位和办案人员还是有必要进行一定的反思和检省。就此案而言，在判决时如能给正常的人伦情理留下必要的空间，能够考虑到当面凌辱自己的母亲所导致的精神痛苦，那么法院很可能不会像现在这样判决。于欢已经提出上诉，我们期待山东高院在进行本案的二审时，能够准确认定案件事实，根据人类的一般情感认知和生命伦理，依法改判于欢无罪，向公众传递出人伦情理的温度。

[原载于腾讯新闻“话题”频道]

么宁辞职做律师，不要止于责难

重庆市人民检察院工作人员向媒体证实，该院公诉处处长么宁已经正式辞职。么宁曾经担任李庄案的公诉人，还曾获得“全国十佳公诉人”、重庆市“十佳女检察官”等荣誉称号。有消息称，么宁辞职“下海”后在一家律师事务所做实习律师。这一消息迅速引发了法律界特别是律师界的话题风暴。

近年来，法官、检察官辞职做律师的消息不时见诸媒体，公众早已经司空见惯。么宁辞职做律师能引发如此规模的关注和热议，说明数年前的李庄案以及围绕该案的主要当事人并未从人们的记忆中溜走。虽然这起案件在法律上已经定谳，相关判决仍然具有法律效力，但由此案引发的争议和裂痕仍然像休眠的火山一样，随时可能喷发。

被法律人念念不忘的，不仅仅是因为么宁曾经担任李庄被控为辩护人伪造证据、妨害作证罪一案的公诉人，还因为她在法庭上抛出“李庄嫖娼”而引发的舆论风波。必须得说，法庭之上进行道德指控是严重违反法治精神的，对于公诉人而言也是完全不恰当的。在当年重庆打黑的“激情岁月里”，包括么宁在内的一些办案人员很可能都有些“燃烧”。不过随着时间的沉淀，特别是“李庄嫖娼门”的真相逐渐清晰，么宁无论从法治层面还是从道德层面都应对自己当年的言行有所反思甚至作出必要的行为表示。之所以这样说，绝对不是在“欺负女人”，而是法律人总有些重轭需要负担、总有些品格需要坚守。更何况，有些事情只有真正了结才能真正过去。对于么宁而言，勇气不仅可以帮助弥合一些社会伤痕，对她未来的律师之路也会有所裨益。

身为处级干部的么宁为何突然“急流勇退”“辞官下海”，背后有什么强烈的动机，我们均不得而知。不过昔日站在公诉席上指控律师犯罪，今日辞去公职改做律师，这样的转向遭致部分律师群体的质疑和非议，在如今有法律职业却无共同体的司法大环境中并不令人特别意外。尽管如此，把这种质疑和非议无限拔高，甚至出现“不许么宁做律师”“抵制么宁”的声浪则是走入了另一个极端，也是万万不可取的。

公诉人和律师是法庭上的对手，但法庭上的立场对立不能延续为生活上的身份对立。不能因为么宁曾经以国家公诉人的身份指控律师犯罪，曾经在法庭上有过失当的言论，就把么宁视为整个律师群体的“敌人”。一个简单的背景事实是，么宁当时是在履行公职。在缺乏翔实的一手信息的情况下，外界尚难准确界定相关人员履职行为的责任边界。部分律师这种简单的对立化认定和操作，明显失之于情绪和意气，非但对于构建法律职业共同体没有助益，而且对于律师群体的长远发展也是极不明智的。

对于么宁辞职做律师，我们可以责难，但不应止于责难，更不应该加以没有法律依据的阻止。有些问题，确实需要她个人去面对和处理。不过私域的道德问题，不应脱离时空去做放大镜化的解读。法律面前人人平等，道德面前同样如是，么宁不应一人独自承载多过其他律师的道德重荷。法律既然为么宁辞职做律师敞开了大门，道德的阀门更不应该轻易关上。

让我们给么宁一点时间，等待她的正式道歉。至于么宁是否适合做律师，是否是一名称职的律师，可否交给时间、交给当事人和市场去检验呢？毕竟律师是高度竞争的职业，市场会有其自身的理性，也有足够的能力去作出选择和判断。

[原载于《新京报》2017 年 3 月 17 日“评论”版]

成都闯卡司机的死因才是关注重点

日前，成都市公安局武侯分局通过官方微博“平安武侯”发布警情通报，就成都一名司机驾车冲撞交警被制服后死亡的事件作出回应。在此之前，部分网友上传了拍摄的现场视频，引发各界对该名司机死亡原因的讨论和关注。

根据网络上流传的三段视频，目前可以还原出的事实是：一辆白色凯迪拉克越野车突然启动并向左加速，越过护栏后撞倒正在执勤的一名交警和两名路人。随后交警拦停该辆轿车，试图制服该名司机。制服过程中，该名司机存在抗拒和挣扎，而交警则使用警棍击打了其后身。一段时间后，医务人员赶到现场对该名司机进行了急救处理。

由于三段视频并不连续，也不能完整反映整个过程，因此尚看不出该名司机究竟是怎样死亡的。警方的通报是这样描述的：交警在控制过程中，发现该名司机身体出现异常情况，立即会同赶到的医务人员开展救治，后经医务人员现场抢救无效死亡。警方还通报：受伤交警陆某及路人陈某某小腿骨折，正在医院治疗；受伤路人熊某某颅骨骨折，未脱离生命危险，仍在抢救中。

结合网友视频和警方通报，几乎可以确定该名肇事司机涉嫌触犯以危险方法危害公共安全罪甚至故意杀人罪。面对此类严重突发的紧急情况，对肇事者进行及时的控制和制服，不仅是执勤交警的权力，也是其不可推卸的责任。从视频中可以看到，当时的执勤交警在制止更进一步的违法犯罪方面做了很大努力。尽管如此，该名肇事司机此后的突然身亡仍应当作为一个独立的事实进行调查。

任何国家，任何情况下，公民在警察执法过程中突然死亡都不是一件小事。社会各界都会热切地渴望知道真相，也有权利知道真相。因为毫无疑问，再疯狂、再凶残的犯罪嫌疑人也有其司法程序权利，有权接受法庭的审判。未经正当的司法程序，没有人可以随意剥夺他的生命。

这么说，绝非是现在就断定或者暗示“警察打死人”。肇事司机怎么死的，还是得拿事实和证据说话。警察曾经用警棍击打司机后身是事实，但这是否超越了“约束”“控制”犯罪嫌疑人的合法边界尚难定论。更重要的是，根据一般生活经验，这样在后下身的击打并不致命，不足以导致肇事司机的死亡。也即，目前视频中反映的“警察打人”不能被直接曲解为“警察打死人”。虽然警方通报没有解释司机的死因，正式的执法视频也未公布，但是现在警方执法都配有执法记录仪，查清事实应该不是难事。

武侯警方在通报中已经承诺将对此案展开进一步调查，并表示将接受相关部门的执法监督。根据相关法律规定，警方执法过程中出现突发死亡情况的，应当及时向检察机关进行通报。为了避免“自己调查自己”，当地检察机关应当尽快介入调查，由检察机关组织对肇事司机的死亡鉴定并调取当时的完整执法视频。真相只有一个，它是对执法者最好的保护，也是提升执法公信力的最好手段。

[原载于正义网 2017 年 3 月 19 日“法律博客”版]

政府频被纳入失信黑名单，难言法治胜利

前些天，江西省宜春市中级人民法院在执行一起合同纠纷案件的判决时，因为被执行人奉新县人民政府违反财产报告制度，且拒不履行生效法律文书确定的义务，将该县人民政府纳入失信被执行人名单。这则消息披露后，社会各界纷纷为法院破解执行难的决心叫好。无独有偶，通过查询最高人民法院网站发现，奉新县人民政府并不是第一个，也不是唯一一个被列入失信被执行人名单的地方政府。令人惊讶的是，我国目前共有100多个地方政府上过这个黑名单！

为了破解执行难，最高人民法院于2013年7月1日正式建立起了失信被执行人名单制度。根据规定，凡是进入这个名单的自然人或者单位的法定代表人，在高消费、乘坐飞机、高铁、入住星级酒店及子女入读私立学校等方面都将受到限制。单位法定代表人如果能够证明用于上述消费的资金与单位无关，可以申请法院作出特别许可。可以想象，类似奉新县政府的法定代表人担当着县长重责，必然存在大量的因公外出。如果法院严格执行相关规定，势必将严重影响其履行公职。因此，法院一方面将地方政府列入名单以进行警示，另一方面在实际执行时很可能又保持了某种灵活性或者弹性。

相对于政府，法院常常被视为弱势的一方。法院将政府列入失信被执行人名单，常常要承受更大的压力。并且政府被列入失信被执行人名单，也同时意味着政府在之前的诉讼中已经被判败诉。因此，无论是站在制衡和监督行政权力、提升司法权威的角度，还是

站在保障公民或者其他行政相对人合法权利的角度，都应当为法院的积极作为点赞和叫好。

但如同一枚硬币的两面，一面是司法步履维艰的努力，另一面却是政府不以为意的恣意。经查询最高人民法院的网站笔者发现，登上失信被执行人名单的不仅有县一级政府，还有乡镇一级政府和地市级政府。有些地方的乡镇一级政府几乎是“集体上榜”，有些地方政府不止一次上榜，甚至长期躺在榜单上“霸屏”。“上榜”的原因也多种多样，很多都直接关系到民生问题，比如拖欠工程款、违法强拆、拒绝赔偿等。以上这些现象都说明，一些地方政府对被列入失信被执行人名单已经渐渐“习以为常”“见怪不怪”了。

如此之多的地方政府被列入失信被执行人名单说明了一些地方的公权力机关违背权力伦理已经到了相当程度。公权力具有公共性，它来源于公民的权利让渡和授予，目的在于谋取公共利益福祉。这决定了公权力机关应当是法律的模范遵守者和社会诚信的带头践行者。如果公权力机关失信，甚至被列入失信被执行人名单，那么其实际上已经很难再有公信力可言。一个无法履行自身义务、不具有社会公信力的政府，必将严重损害其社会治理能力。

《最高人民法院关于公布失信被执行人名单信息的若干规定》第一条规定，被执行人具有履行能力而不履行生效法律文书确定的义务，是法院将其纳入失信被执行人名单的前提。该规定同时强调，失信被执行人是国家机关、国有企业的，法院应当将其失信情况通报其上级单位或者主管部门。这意味着，政府机关失信、拒不履行法律义务具有相当的普遍性。如果将法治的精髓理解为公权力机关必须守法，那么从整体上看，政府频被法院纳入失信黑名单，尚不能轻言是法治的胜利。如果哪一天，地方政府出于敬畏而彻底从这个名单上消失，或许才是法治到来的真正预兆。

[原载于《新京报》2017 年 4 月 11 日“评论”版]

网络直播学校课堂和宿舍，岂止是违法

近日一款名为“水滴直播”的网络平台中出现全国多地学校的课堂和宿舍的直播画面，引起舆论热议。有媒体调查发现，参与视频直播的学校涉及多个省份，从幼儿园至高中毕业班均在其中。家长对此态度不一，有人认为这能让他们“见证孩子的点滴”，也有家长担心出现安全隐患。有学生则坚决反对，认为向公众直播会侵犯他们的隐私。

除了明星秀或者做节目，很少有人愿意生活在监控探头之下，被动地将自己的一举一动公之于众，让人在网络上随意点击观看。电影《楚门的世界》中，生来即被“直播”的楚门，最终选择了“走出镜头”，这就是最基本的人性，也是最基本的权利。

从法律层面讲，如果没有征得同意或者获得授权，这些学校的直播行为轻则涉嫌民事侵权，重则涉嫌行政违法。需要指出的是，这里所说的“同意或授权”必须是出现在镜头中的每个人的有效授权。因为在个人权利保护方面，权威的依据是法律规定，而非简单的多数民主决定。只要有一个人不同意直播，镜头中就不能出现与他相关的内容。也就是说，除了学校没有权力作出“同意或授权”的决定，部分家长也不能代替其他的家长作出“同意或授权”的决定。

往深里说，即便如媒体报道的那样，部分学校在课堂和宿舍安装监控并进行直播，征得了学生家长的同意，但很可能并未征得学生本人的同意。须知，在处置包括个人隐私在内的相关人格权利时，家长不必然有权代替孩子作出决定。我国《民法总则》第三十四条第三款规定：监护人侵害被监护人合法权益的，应当承担法律责任。第三十五条第二款规定：未成年人的监护人履行监护职责，在作出与被监护人利益有关的决定时，应当根据被监护人的年龄和智力状况，尊重被监护人的真实意愿。可见，家长作为监护人在处置相关权利时如果侵害到了孩子的隐私权，法律上已经设置了相应的救济程序。

也许有人说，课堂本来就是公开的，学生在学校上课没什么好保密的。甚至有家长主张通过监控直播监督孩子，矫正孩子课堂上的不端行为。其实，这些说法在法律层面并不完全成立。隐私是一个动态和分层的概念，场景不同、权利人的主观心态不同，隐私权的保护程度也会不同。在局外人看来“没什么”的事情，当事人自身却可能赋予其非常多的隐私内涵。更何况，隐私权只是人格权的一项内容，并非人格权的全部。

宿舍是一个完全生活化的场所，有时会涉及裸露的身体，直播宿舍毫无疑问会侵犯孩子的隐私、伤害孩子的自尊。课堂相对宿舍虽然更为开放，但仍然是一个相对封闭的空间，不排除课堂上也会包含大量的隐私性信息。更重要的是，就算课堂上没有任何个人隐私，将课堂内容在互联网上公开直播也同样会造成学生强烈的压抑感和侵袭感，同样会伤害孩子的独立和自尊，而这同样涉及人格权的侵犯。

其实，从法律层面探讨网络直播学校课堂和宿舍的行为，并未触及问题的核心和本质。真正的问题是：不少教育者，包括部分家长在内，天然认为地孩子就该被置于看管的镜头下，而对于孩子的心灵呵护则相当漠视。在这样的教育心态和教育模式之下，如何还能指望这些学生未来会独立思考并具有健全的人格？不夸张地说，网络直播学校课堂和宿舍不是在教育孩子，而是在摧残和毁灭孩子。这样荒诞的行为，从即刻起就应该全面、彻底地停止！

[原载于《新京报》2017 年 4 月 25 日“快评”]

政府违法强制拆迁，为何很少被追究刑责

中央纪委办公厅、监察部办公厅近日发出《关于加强监督检查进一步规范征地拆迁行为的通知》（以下简称《通知》），要求各级纪检监察机关切实加强对征地拆迁政策规定执行情况的监督检查，坚决制止和纠正违法违规强制征地拆迁行为。《通知》强调，涉嫌犯罪的，移送司法机关依法追究刑事责任。对征地拆迁中官商勾结、权钱交易的，要发现一起、查处一起，绝不姑息。

征地拆迁一直是我国城市化进程中的一个敏感问题，也是社会矛盾的一个集中爆发点。《国有土地上房屋征收与补偿条例》颁布实施以后，因为司法审查机制的引入，政府强制拆迁所引发的群体性事件和暴力冲突事件一度有所下降。但一些地方政府通过“实践创新”规避该《条例》的规定，导致违法强拆现象仍然在各地上演。比如搞偷袭战，趁被征收人不在家的时候突然拆掉，造成既成事实。又比如停水、停电、停气造成被征收人无法生活或者在被征收房屋周围挖沟导致被征收人无法出行等。更有甚者，一些征收机构雇用社会闲散人员对被征收人进行骚扰、威胁甚至暴力袭击，而地方政府对此则睁一只眼闭一只眼，不予制止和查处。

应当说，类似上述违法强拆行为很多都涉嫌刑事犯罪。比如，未经被征收人同意且未经法院强制执行的强制拆迁行为，可能涉嫌故意毁坏财物罪。对被征收人进行跟踪、骚扰、威胁，可能涉嫌寻衅滋事罪。对被征收人进行暴力殴打、非法强制闯入被征收人住宅、非法限制被征收人人身自由则可能分别涉嫌故意伤害罪、非法侵入

公民住宅罪和非法拘禁罪。如果相关的国家机关工作人员存在瞒案不报、有案不查、失职渎职、超越职权甚至权钱交易行为的，则很可能涉嫌玩忽职守罪、滥用职权罪和受贿罪。《国有土地上房屋征收与补偿条例》第四章“法律责任”中，几乎每个条款都涉及了刑事责任的追究。

遗憾的是，因为违法强拆而被追究刑事责任的案例很少出现。除非是发生了极端事件，才对直接实施拆迁的一线工作人员追究刑责。但其实一线工作人员只是上级命令的执行者，更大的责任并不在他们身上。比如电视剧《人民的名义》中，强拆大风厂的事件，受伤的是大风厂员工和拆迁人员，但背后却有来自当地政府部门的暗中指使。违法强拆涉嫌犯罪者多，被追究刑责者少，说到底往往还是因为拆迁大多是“一把手”工程，牵扯到错综复杂的利益纠葛。司法机关在服务辖区经济社会发展大局的旗号下，自觉不自觉地放弃了自己的法定职责，甚至积极参与到违法拆迁的行列之中。

我们相信，如果相关部门能够严格执法，严格按照《刑法》的规定去追责，违法强拆现象就不会像现在这样激烈。中央纪委、监察部下发的《通知》并非在创设新法，而是意在打破以往的潜规则，重申和强调已有的法律法规。法律面前人人平等，保护公民合法的人身和财产权利是政府的基本职能。违法强拆严重侵害公民的合法权益，理应受到最严厉的法律制裁。司法机关在这个领域不作为，不仅使得公民受损的权益得不到救济，而且极大地戕害了司法公信。《通知》发布后，希望纪检监察部门能发挥强力监督作用，促使相关司法机关强硬起来，勇敢地向违法强拆行为亮出法律之剑。

［原载于《新京报》2017 年 4 月 28 日“快评”］

第四篇　人在法途

胡志标：功夫有多好

曾几何时，由功夫明星成龙出演的“爱多 VCD，好功夫!”的广告风靡一时。爱多 VCD 也因此红遍大江南北，成为中国家电行业最成功的品牌之一。这一切的幕后推手就是爱多企业集团董事长胡志标。

然而，这位一度被评为“20 世纪末中国商业历史永远不能被遗忘的商界奇才”在经历过短暂的辉煌之后，亦败倒在其独裁式的管理、法律意识和风险意识的缺乏之中，成为诸多商科教材的经典案例。

从爱多到爱多 VCD

1969 年，胡志标出生在广东省中山市民众镇沙仔村。因为家徒四壁、经济拮据，胡志标早早就开始闯江湖、拜码头。改革开放初期的中山市，各种外来事物开始激荡着每个人的心智。胡志标很快就接触到了一些简单的电器，并且爱上了电器维修。为此，他专门到一所职业学校电器维修班学习，并在这里结识了他生命中最重要的合作伙伴之一——陈天南。

1986 年，17 岁的胡志标踌躇满志，在老家民众镇开了个电器维修店。无奈彼时的电器十分稀缺，生意很快便难以为继。

万分失意的时候，胡志标想到了和他志趣相投的东升镇的陈天南。几番思量，胡志标提出和陈天南在东升镇一起办厂的计划。两人一拍即合，陈天南东借西凑，最终筹到了 4000 元。他与胡志标一起创办了升达电子配件厂，股份一人一半。

初创的升达电子厂瞄准市场上的所有机会，先后做过手柄游戏机、学习机和磁带播放机等。通过这个厂，胡志标第一次体会到了成功的滋味，赚到了人生的第一桶金。

然而，年轻的胡志标雄心勃勃，根本不满足于眼下的这一切。终于，胡志标迎来了他的机会。1995 年的一天，在东升镇的一间小饭馆里，他听到一个消息：一种叫“数字压缩芯片”的技术正流入中国，用它生产出的播放机叫 VCD，用来看盗版碟片比正流行的 LD（镭射影碟）好过百倍。“这个东西一定会卖疯”，这些信息改变了胡志标的一生。

当年 6 月，升达厂就研制出了首台 VCD 样机。同年 7 月 20 日，胡志标 26 岁生日那天，他和陈天南共同投入 80 万元成立了一家新公司。那时张学友的《每天爱你多一点》刚刚登上流行歌曲的排行榜，爱唱卡拉 OK 的胡志标为他的产品命名时说，“就是它了，爱多”。

商业造梦年代的疯狂

胡志标一出场就打了一场经典营销战。他的新产品上市第二个月就在《羊城晚报》上打广告，但广告词只有两个字“爱多”，既无产品说明，也无生产厂家。广告连登一个月，吊足了广东市民的胃口。

第二个月，胡志标将“爱多”变成“爱多 VCD”，谜底解开之时，它已经战胜广东无数的小作坊，成为品牌厂商。此后不久，“真心实意，爱多 VCD”的广告便在当地电视台上像模像样地播了出来。还是在这个月，胡志标把他千辛万苦贷到的几百万元——除留下一部分买原材料，剩下的一股脑儿地投进了中央电视台，买下体育新闻前的 5 秒标版。这成了当年中央电视台的第一条 VCD 广告。

命运的盒子一旦打开，就无法轻易合上，特别是那个造梦的年代更是如此。胡志标就此开启了他最为辉煌的商业生涯。

胡志标虽然读书不多，但聪敏过人，有着远远超出同龄人的见地和胆识。胡志标认为，要快速完成品牌战略的关键只有两个：一是找最有名的人拍广告，二是找最强势的媒体播出广告。于是，爱多找到了张艺谋和成龙。成龙开价450万元，这几乎是爱多当时的全部利润，但胡志标一咬牙，干了。

很快，一条由成龙出演的广告片拍出来了，广告词也十分简洁干脆："爱多VCD，好功夫！"1996年11月8日，揣着这条广告片和8000多万元经销商的集资款，胡志标走进了中央电视台梅地亚中心。爱多以8200万元的高价争得了天气预报后的一个5秒标版，夺得中央电视台电子类产品广告的第一名。

20世纪90年代中后期，价格两三千元的VCD机对于千百万中国家庭而言意味着新的时尚标配，市场潜力可想而知。1996年这一年，随着爱多的崛起，国内一夜间冒出了上百家VCD制造工厂，每家都来势汹汹地想分一杯羹。伴随着销售量从1995年的60万台猛增到600万台，整个VCD行业发展颇有来势汹汹的感觉。

胡志标决定清除这些行业内的散兵游勇，而杀手锏则是价格战。就在梅地亚中标后的一个月，爱多突然宣布大降价，短期内将VCD的价格从每台近4000元降到每台2000多元，后借香港回归年之机再次将价格降到1997元。高达45%的降价幅度，令成百上千的中小VCD厂商纷纷倒闭，甚至连步步高、金正、新科、万利达等巨头都叫苦不迭。

然而，降价是一把"双刃剑"，在遏制对手的同时，也会伤及自身。爱多并未如愿以偿地挤掉所有竞争对手，但却为自己的利润率和现金流埋下了隐忧。不过，这是后话，在当时，胡志标还沉醉在他的宏图愿景中，他还有更大的手笔。

1997年年底，胡志标赴荷兰飞利浦公司总部考察。这个老牌工业国家的电子业"巨人"以"私人飞机加红地毯"的最高规格接待了这位来自中国的年轻人。奇迹还在继续上演。当年，爱多的销售额从前一年的2亿元一跃而骤增至16亿元，赫然出现在中国电子50

强的排行榜上。在这样的背景下，爱多史无前例地下注 2.1 亿元夺得中央电视台 1998 年的广告标王。

这是胡志标最疯狂的手笔，也直接引爆了他与陈天南之间早已存在的矛盾。同样作为爱多创始人和大股东的陈天南甚至在爱多成为标王三天以后才从其他管理人员口中知晓此事。胡志标的独断专行使爱多实际上已经任由他一人掌控，陈天南则被彻底边缘化了。

尚未进入不惑之年的胡志标，得到了太多他这个年龄不该享有的权势、声名和财富。特别是成了中央电视台的标王以后，举国关注，胡志标的虚荣心迅速膨胀，心态急剧改变。而这，对于一个企业经营者却是非常危险而致命的。

从辉煌的顶点跌落

胡志标越发对陈天南坐享与自己同样的股东地位感到不满，除了在重大决策上大权独揽，甚至连公司财务也交由自己的妻子林莹掌管。这还不够，胡志标未经陈天南等股东的同意，挪用爱多集团巨额资金以及上游零部件的材料款和下游代理商的订货款，私自注册成立了中山市爱多数字视频设备有限公司、中山市爱多音响设备有限公司、广东爱多音像有限公司三家公司，而这些新注册成立的公司无一例外地没有陈天南的股份。

胡志标不仅挪用了现金，掏空了爱多的利润，还滥用了爱多的品牌。陈天南终于被激怒了，在要求对公司财务进行审计未果后，正式提出了退股。这正是胡志标想要的，他几乎是立刻便答应了，将陈天南的股份折价为 5000 万元。但由于资金的紧张，在支付数百万元后再也未能支付余下的款项。

陈天南忍无可忍，于 1999 年 4 月 17 日直接以律师声明的形式在《羊城晚报》发表《股东授权声明》，揭开了爱多的财务内幕。爱多危机由此爆发、迅速失控，诸多代理商和供应商开始纷纷上门讨债。

与此同时，价格战使刚刚兴起的 VCD 行业利润迅速摊薄，销售额的增长并未带来利润的同步增长。摊子越铺越大，而胡志标可调动的资金却越来越少。市场营销上的大胆无畏使胡志标脱颖而出，而财务管理上的大胆无畏、缺乏法律意识和风险意识则让他犯下了无可挽回的错误。从上游零部件供应商的材料款，到下游代理商的订货款，胡志标都在肆无忌惮地挪用。这些款项中的很大一部分被他挪用到私自成立的三家公司，而这些公司草创不久，投入的资金根本来不及变现。

胡志标一时间陷入了财政窘迫的危机，但他依旧做着最后的努力。爱多的产品当时并未明显积压，他希望能用时间化解这一切。为了让原材料商继续供货，他指使妻子林莹开出了 12 张金额共 3 亿多元的空头远期兑付支票，用尽一切手段去挽回。当支票到期后，胡志标却未能兑付。

1999 年 12 月，中山市中级人民法院受理了申请爱多破产还债一案，爱多正式进入破产程序。此后，面对如雪片般飞来的讨债请求，胡志标只得变更联系方式，远走他乡，四处躲避。

2000 年 4 月 18 日，胡志标在汕头被警方拘留。三年后，中山市中级人民法院以票据诈骗罪、挪用资金罪、虚报注册资本罪三罪并罚，判处胡志标有期徒刑 20 年，并处罚金人民币 65 万元。

2004 年 2 月 6 日，广东省高级人民法院认为票据诈骗罪不成立，改判胡志标有期徒刑 8 年，并处罚金人民币 25 万元。后因其狱中表现良好，胡志标于 2006 年提前出狱。

如今，爱多的故事已经成为诸多商科教材的经典案例。胡志标失败的原因很多，比如缺乏核心技术、盲目扩张、财务管理混乱等。也许在那个狂躁的年代，人们都渴望一夜暴富、一夜成名，但成功得快，失败得也快。爱多从无到有、从小到大、从辉煌走向破灭，仅仅用了四年左右的时间，而等待胡志标的则是冰冷的手铐和一纸无情的法律判决。

［原载于《法治周末》2014 年 8 月 5 日“文化一档案”版］

郑俊怀：中国乳业教父的 MBO 之惑

伊利股份从一家默默无闻的回民奶品加工厂发展到如今家喻户晓、员工达数万人的大型乳制品企业集团，郑俊怀功不可没。某种程度上可以说，没有郑俊怀就没有伊利股份。然而，最终郑俊怀却因为违法动用公司资金进行 MBO（企业管理层收购）而黯然落马。

在 20 世纪 90 年代中后期开启的国企产权改革中，由于没有制度上的保障和规范，几乎每个国企掌门人都面临着一场巨大的冒险。是与非、合法与非法之间的界线晦暗不清，企业家的命运很容易变得凶险莫测。多年之后，郑俊怀的命运依然让人唏嘘不已。

临危受命

1950 年 9 月，郑俊怀出生于内蒙古自治区呼和浩特市土默特左旗的一个家庭。由于父亲早亡，一家人全靠母亲做针线活维持生计。母亲的勤俭和坚韧给了他很深的影响，即便在他已经贵为上市公司董事长以后多年，仍然能香喷喷地吃着泡面，穿着几十元钱的衣服。

贫寒的家境令郑俊怀自幼发愤读书。1972 年，他以优异的成绩考入内蒙古师范大学汉语言文学系，毕业后被分配到呼和浩特市农业局工作，当了一名政工科科员。1976 年 12 月，26 岁的郑俊怀因为工作出色被提拔为呼和浩特市国营畜禽场副书记、副场长。四年不到，他又出任呼和浩特市奶牛公司招待所所长。在这里，他展现出了最初的“企业家精神”。

在有心人眼里，处处皆是机会。经过一番调查，郑俊怀决定在招待所开早点铺，每月花 70 元的“高薪”请当地有名的老师傅在店里炸油条，经营起吃油条、喝鲜奶的生意。这个小小的早点摊从第三天开始，居然排起了长队，一个月下来挣了两万多元。这在当时计划经济体制下是一个不小的奇迹。

很快，郑俊怀的经营能力引起了上级的注意。1983 年 1 月，郑俊怀临危受命，赴任呼和浩特市回民奶食品加工厂厂长一职。那时的奶食品厂是远近闻名的“烂厂”，两间布满蜘蛛网的车间、一个狭小的门面和七十几个无精打采的工人。工厂的主营业务就是生产一毛钱一根的冰棍，总资产不过 41 万元。当郑俊怀目睹整个工厂的荒凉景象后，他并没有气馁。善于经营的他知道，这一切仅仅只是缺了一个带头人。他决心改变眼前的一切，使回民奶食品厂起死回生！

郑俊怀果然给这个“烂厂”带来了新变化。严格管理、考察市场、引进技术设备、公开招聘等一系列的手段使得奶食品厂的经营逐渐步上正轨，工厂面貌也随之焕然一新。不少员工至今还记得郑俊怀上任不久，泪流满面地讲述自己的母亲在贫困中如何支撑一个家庭，号召职工艰苦创业的场景。

奶食品厂有起色，只是第一步。接下来，郑俊怀在呼和浩特市率先搞起了承包制。一批有志向、有能力的年轻人纷纷承包厂里的加工车间。大锅饭被打破，人们的工作积极性和创造热情被充分地激发了出来。工厂当年就打了一个翻身仗，实现扭亏为盈。两年后，回民奶食品厂在呼市食品行业中脱颖而出，成为乳制品企业的领头羊。

就在形势一片大好之际，不料祸从天降。随着工厂的规模日渐扩大，郑俊怀几番努力从政府争取到了 100 万元扶持资金，又从银行贷款 300 万元，信心满怀地开始筹建冷库。不料，就在接近完工时，由于施工单位违章操作，冷库起火。望着巨额贷款修建的冷库被无情的大火吞噬，无能为力的郑俊怀心痛至极，他一头冲进火里欲同归于尽。这时，他的得力助手、日后的竞争对手牛根生眼疾手快一把将郑俊怀死死拉住。两年后，郑俊怀带领工厂将贷款全部还清，才算渡过了这一劫。

伊利岁月

1992 年，改革开放的春风吹拂大江南北。身居北部边陲的郑俊怀也感受到了时局的变迁，决定着手对回民奶食品厂进行股份制改造。然而在当时，这一想法还太过超前，人们在背后议论纷纷。面对重重困难，郑俊怀破釜沉舟，展现出了极大的战略勇气。他毅然放弃了呼和浩特市牧工商副处级的兼职，横下心来“为企业寻找一条真正的出路”。多年以后，他深情地回忆说：“我这是背水一战，不给自己留任何一条退路。”这在企业家“官本位”思想十分严重的当年，实属罕见。此外，他还发动领导班子集体表态：“如果同意改组股份制我们就继续干下去，如果不同意改，我们六个人集体辞职。”

精诚所至，金石为开。在市长办公会议上，呼和浩特市长白音一锤定音：“在呼和浩特市企业界，许多企业向政府要钱，要减税，唯独你们什么也不要，只要政策，只要一个股份制……所以，市政府决定原则同意回民奶食品厂改组股份制。”就这样，呼和浩特市政府于 1993 年 2 月 14 日，批准回民奶食品厂改组为股份制企业。同年，内蒙古伊利实业集团股份有限公司正式组建完成。与股份制改组前相比，企业的净资产总额增长了 118 倍，销售收入增长了 79 倍，利润和税金分别增长了 69 倍和 135 倍。

股改成功后，郑俊怀马不停蹄、乘胜追击，推动伊利股份在 1996 年登录上海证交所，成为全国乳品行业第一家上市公司。此后，伊利股票凭借良好的经营业绩，入选上海证交所 30 指数样板股。伊利股份还连续五年被《中国证券报》评选为“中国最具发展潜力上市公司 50 强”。伊利集团农业产业化的道路带动了周边地区 2 万多农户、10 万余人脱贫致富，直接或间接地为社会创造了数十万个就业岗位。就在此时，一腔热血的郑俊怀为伊利定下了新的发展目标：2010 年进入世界乳业 20 强。

触礁 MBO

对于郑俊怀的功绩，集团内部甚至有员工评说，伊利无异于郑俊怀养大的“儿子”。当光环包围着郑俊怀之时，危险也在暗暗靠近。或许，这位二十年如一日把伊利扶持壮大的企业家，真的错把伊利当成了自己的“儿子”，至少想把它变成自己的“儿子”。

眼看着企业一天天壮大，特别是自己的昔日副手牛根生辞职创办的蒙牛乳业势头惊人，郑俊怀对伊利的控制欲望越来越强。对于国企高管而言，郑俊怀的心态具有普遍性。彼时的郑俊怀 50 岁上下，这个年龄对于企业家来说十分微妙。他渴望延续但又害怕失去，“拿得起却放不下”的心理往往会主导他的决策。

正在此时，一场席卷全国的国企股权改制浪潮正如火如荼地在各地铺开。郑俊怀认为他的机会终于到了，这一次他想让伊利再一次脱胎换骨。

1999 年年底，郑俊怀提出成立一家公司用于收购伊利股份的社会法人股。他的第一个目标是呼和浩特立鑫实业开发公司，后者为伊利股份第二大股东，持有总股本的 2.68%。当年 12 月 30 日，郑俊怀与其他三名伊利高管以个人名义注册成立了华世商贸有限公司，专司收购伊利的股票。与众多的 MBO 一样，郑俊怀也面临着资金匮乏的难题。郑俊怀想出的法宝就是“乾坤大挪移”，套用伊利集团的资金收购伊利集团的股份。

在这个过程中，伊利公司托管的呼和浩特市八拜奶牛场充当了“白手套”和“中转站”的作用。郑俊怀要求奶牛场负责人郭顺喜出面，以八拜奶牛场的名义向银行贷款 1500 万元，供华世商贸有限公司用于收购。其后，华世商贸有限公司以所购买的伊利股份作为抵押，从银行贷款 1500 万元，归还了八拜奶牛场。而华世商贸有限公司归还银行贷款则依靠伊利股份的丰厚分红。2001 年 4 月，长春胜利粮贸公司准备转让其所持有的伊利股份。郑俊怀这次更加不加掩饰，直接将伊利公司的 150 万元资金通过八拜奶牛场转给华世商贸有限公司使用。一切就绪后，财务人员将八拜奶牛场的账户清户，华世商贸有限公司则将 150 万元直接归还给了伊利集团。为了不暴露款项来源，华世商贸有限公司购买股票所使用的 1650 万元财务凭证一直未进行会计账务处理。

与此同时，郑俊怀还打造了其他的隐性 MBO 通道。截至 2004 年 6 月 30 日，华世商贸有限公司持有境内法人股 2. 16%，为伊利股份第四大股东；郑俊怀担任法人代表的内蒙古启元投资持有境内法人股 4. 38%，为第三大股东。MBO 的第三条通道是金信信托。2003 年 7 月，呼和浩特市财政局将手中所持 14. 33% 的国有股份卖给了名不见经传的金信信托，后者一跃成为伊利第一大股东。业内普遍相信，金信信托不过是郑俊怀曲线 MBO 的过桥工具。通过这三种途径，以郑俊怀为核心的数位高管拥有了伊利高达 20. 87% 的法人股股权。

正当郑俊怀顺风如意地成为伊利股份的幕后控制人之时，利益受损的其他高管也酝酿着前所未有的反弹。以俞伯伟为代表的独立董事准备聘请相关机构对公司部分投资进行审计未果，却被突然免职。闹得沸沸扬扬的“伊利独董风波”导致郑俊怀挪用公款事件进入监管机构的视线。

2005 年 12 月 31 日，包头市中级人民法院认定郑俊怀等人挪用伊利股份 1650 万元资金进行 MBO，以挪用公款罪判处郑俊怀六年有期徒刑。

没有正当的资金来源，是引发郑俊怀挪用公款悲剧的直接原因，但这并非全部原因。在一波又一波的国企股权改制中，有的人平安着陆，有的人则身陷囹圄。不管结局如何，郑俊怀的 MBO 之殇所折射的国有资产保值、企业家定价等问题，对于推进新一轮的国企混合所有制改革仍具有现实的警示意义。

[原载于《法治周末》2014 年 8 月 13 日“文化—档案”版]

戴国芳：戛然而止的钢铁狂想

在中国企业家年谱中，戴国芳是无法跳过的一个名字。他出身贫寒，却实现了从一名普通泥瓦匠到中国富豪的蝶变。

他曾经雄心万丈，想晋升为中国新一代的钢铁大王。但不曾料到，一场巨浪将他吞噬。如今，戴国芳成了一面镜子，时时折射出中国民营企业家的命运和时代的风云变迁。

泥瓦匠出身的企业家

1964 年，戴国芳出生在江苏省常州市武进区东安镇安北村的一户农民家庭。这是一个从蒿草丛里长出来的苦孩子，他初中二年级便不得不辍学谋生，跟随父亲做起了泥瓦匠。

16 岁那年，他开始转行做废品收购生意。那时，常州一带办了很多中小型制造企业，戴国芳就每天去工厂附近捡拾和收购废旧铜铁。尽管受教育程度不高，但是他似乎有着特别的商业禀赋和天分。稍稍积攒了一点钱，他就去买了一辆手扶拖拉机。这样一来，不仅他的收购半径扩大了很多，而且收购效率也成倍提升。尝到甜头后，他很快又买回一台压块机。因为他发现，将碎铁压成铁块可以卖出更高的价钱。没过不久，他已经将压出的铁块卖到了无锡和上海的钢厂。

1984 年前后，戴国芳发现炼铁的利润要远远高于废铁买卖，便在自家老院子的旁边辟出一块地，挂牌办起了一家名叫三友轧辊厂的炼钢作坊，并一口气购进了 3 台小电炉。戴国芳也许不知道，从这一刻起，他的命运已经注定与炼钢捆在了一起。

由于小电炉电耗成本很高，戴国芳转而从上海等地的国有企业购买了几台淘汰下来的二手转炉和化铁炉，形成了简单的产业链。在积累了一定的炼钢经验之后，戴国芳又去承包了一些濒临倒闭的国有钢厂的车间。那是一个体制决定效率的年代，在国有企业厂长手上毫无生机的炼钢车间转到了戴国芳的手中，顿时就成了赚钱的机器。最多的时候，他名下的承包车间有 5 家之多。

由于经营有方，戴国芳逐渐完成了他的原始积累。1996 年，他手头上的资金已经达到 6000 万元。这一年，戴国芳用他的全部家当，在常州注册成立了江苏铁本钢铁有限公司，寓意以铁起家、不离本业。

富豪榜新秀

20 世纪 90 年代中后期，东南亚金融危机席卷全球。政府迅即启动了大规模的刺激政策，国内各种能源全面紧缺，钢铁和电力成为最紧俏的商品。在钢铁市场上，无论是线材还是板材，普通钢还是特种钢，价格普遍持续上涨，几乎到了“一天一价”的地步。那时铁本厂的门口，来自全国各地的大卡车每天排成长龙。

铁本的快速发展并没有让戴国芳沾沾自喜、夜郎自大。戴国芳比任何人都清楚，铁本工厂的规模还是偏小，技术水平仍然偏低，生产的都是轧辊、连铸坯等低技术含量的产品。为了让铁本跃上一个新台阶，戴国芳决定倾其所有上马高炉项目。

高炉建成之日，戴国芳在数千工人面前对高炉长跪不起，泪水与汗水交混而下，在场的人无不为之动容。这一年，铁本的钢产量猛增到 100 万吨，销售收入超过 25 亿元。在当年的《新财富》“中国 400 富人榜”上，他名列第 376 位，估算资产为 2.2 亿元。

2002 年的春天是一个草长莺飞的季节。38 岁的戴国芳在长江南岸的长堤边独自踱步，新建一个大钢铁厂的想法在他的脑中挥之不去。按戴国芳的估算，中国的这股钢铁热起码还可以延续5—6年，这是钢铁人一生难遇的大行情。戴国芳不想错过任何可能使铁本更好发展的机会。

那一年，戴国芳从一个偶然的机会得知，常州市准备在长江沿岸附近辟出3万亩左右的土地作为产业基地。长江沿线号称中国的钢铁长廊，武汉钢铁、九江钢铁、马鞍山钢铁、南京钢铁、宝钢集团等钢铁巨人比肩而立、蔚为壮观。戴国芳决定将铁本建在这些国字号大佬们的身边，有意要一竞高下。

按照戴国芳当初的设想，新建的工厂比现有产能高出一倍左右，它的主体建设是两座高炉和一个14米深的深水码头，占地2000亩，年产260万吨的宽厚板，总投资额为10亿元左右，主要以自有资金滚动投入。在与苏州、无锡的GDP竞赛中逐渐处于下风，急需大的投资项目拉动经济增长的常州市政府在知道这一情况后，主动伸出了橄榄枝，出台了一系列扶持加码政策。

那时全国各地都在上马钢铁项目，常州市政府非常希望铁本的新厂能扩大规模和影响。在当地政府的热情推动下，铁本项目规划一改再改。短短6个月，规模从一开始的200万吨级，加码到400万吨级、600万吨级，最后被确定在840万吨级，占地规模从2000亩攀升到9379亩，工程概算也从10亿元剧增为106亿元，产品定位则提升为船用板和螺纹钢等较高档次的产品。

在那个时候，铁本的固定资产只有12亿元，净资产仅6.7亿元。以这样的资本规模要启动一个超百亿元的项目，没有金融机构的强力支持是无法想象的。在确认政府支持的信息后，当地银行大开绿灯，铁本几乎没费什么功夫就获得了近44亿元的银行授信。然而，成熟的规划、充足的资金配套只是基础，这种规模的投资项目按规定还必须得到国家发改委的批准。

当时急着上马工程的不仅有戴国芳，还有当地政府。铁本项目如果照实上报，不但审批流程旷日持久，而且获准的机会十分渺茫。

于是，铁本的840万吨项目被拆分成7个子项目和1个码头项目分别上报，铁本相应成立了7家“中外合资公司”。同时，当地政府火速批准了所有的基建项目，甚至有些手续直接由政府代为办理妥当。

当地政府的鼎力支持，让戴国芳更加全身心地投入新厂的建设。据一位参与该项目的包工头回忆，戴国芳由于整天都想着新项目，每天差不多早上7点就开始上班，晚上12点的时候还要亲自到工地查看进度，常常工作到凌晨一两点钟。由于精神高度紧张，戴国芳甚至要借助安眠药才能入睡。

那时戴国芳近乎玩命地工作只为了那句“三年超过宝钢，五年赶上浦项”的豪言壮语。在当时，几乎所有人都认为这只是呓语，只有戴国芳把它当成了真正的目标。

调控风暴引来牢狱之灾

就在戴国芳的铁本厂建设得如火如荼之时，一场猛烈的调控风暴不期而至。戴国芳和铁本厂的命运就此急转直下，其结局之惨痛超出了所有人的想象。

面对“全民炼钢”的热潮，国务院于2003年年底发文要求迅速遏制钢铁领域的盲目投资。2004年2月，国务院组成8个督查组分赴各地清查钢铁、电解铝、水泥等行业中的“盲目投资行为”。就这样，戴国芳和他的铁本被卷入了一场始料未及的惊涛骇浪之中，悲剧性地成为那场宏观调控的“祭旗者”。

面对声势浩大的调查，从来没有应付过如此场面的戴国芳方寸大乱。于是，他向上级呈递了一份自查报告，供认自己虚开了近两亿元的发票，并且承诺尽快补缴所有的税款。然而，事态远比他想象的严重得多。正是这份自查报告在两年后成了检察机关指控其犯罪的最有力证据。

3月20日，遭到巨大压力的常州市政府组成了铁本项目清理工作领导小组，紧急下达了停工令。4 月初，一个由 9 部委组成的专项检查组赶赴常州，对铁本进行全面检查。4 月 19 日，戴国芳和他的妻子、岳父等 10 人被警方带走。此后，新华社向全国播发通稿，《人民日报》也为此专门发表社论。铁本成为宏观调控的“第一案”，项目被迫全面下马。

然而单纯从司法角度看，戴国芳的案件却充满争议。该案最初因“违法用地”而起，媒体列举了其 5 个方面的问题，但检方指控的却只有虚开增值税专用发票一个罪名。戴国芳被逮捕羁押超过两年后，才迎来首次开庭，羁押 4 年之后，法院一审还未判决。2009 年 4 月，戴国芳最终被以“虚开用于抵扣税款发票罪”判处 5 年有期徒刑。

判刑确定之日，即是戴国芳重获自由之日，然而戴国芳的悲剧所引发的争议却并未因此停息。人们从各个角度对此案提出质疑，甚至有人将之视为“国进民退”的标志性事件。

出狱之后不久，戴国芳又开始了新一轮的创业。只是此次，他显得异常低调。经历大起大落之后，年逾五十的戴国芳或许更能洞彻他的天命所在。铁本的雄心壮志早已凋零殆尽，只有那无尽的蒿草仍在无所顾忌地疯长，似乎是历史的见证，又似乎是无尽的言说。

[原载于《法治周末》2014 年 8 月 20 日“文化—档案”版]

田文华：成败皆三鹿

田文华，曾经的中国乳业巨头。她从河北农村走出来，靠着数十年如一日的努力，带领三鹿集团一步步走向成功，创下中国乳业历史的多个第一。

然而，她的名字走入千家万户却源于一起触发民愤的三聚氰胺丑闻。毒奶粉事件不仅让她苦心经营的三鹿集团归于破产，也让她一生的辉煌跌入不测的深渊。

“技术控”田文华

1942 年，田文华出生在河北省正定县的一个小山村。田文华不是一个学历和能力特别出众的人，但却是家里 7 个子女中唯一一个读书成才的。

由于家里多人身体不好，父亲一心希望田文华长大后能做一名医生。但 1966 年，田文华从张家口农业专科学校毕业后，进入石家庄市奶牛场做了一名兽医。那时，石家庄市奶牛场是一个由几间平房围成的大院子。田文华从给母牛喂食、接生等最基层的工作开始干起，有时也负责给仅有的几头牛和几只羊看病。1972 年，30 岁的田文华开始走上了奶牛场的领导岗位。

1973 年，田文华带领技术团队成功研制出了完整的喷粉生产线。这让以往主要依靠鲜奶的产品结构被打破，奶牛场也正式更名为“石家庄牛奶厂”。此后，牛奶厂又研制成功了麦乳精等系列产品，实现了从以饲养业为主向乳制品加工业为主的转变。

《史记·淮阴侯列传第三十二》记载：“秦失其鹿，天下共逐之。”田文华从“得鹿者得天下”这一古训中找到了灵感。1980年，牛奶厂第一次给生产的麦乳精产品贴上“三鹿”的商标。从此，这个年轻的品牌逐渐为人熟知，中国乳业就此迎来了三鹿时代。

1983年，田文华晋升为牛奶厂生产副厂长。堪称“技术控”的田文华一上任，就设法争取到了国家“奶粉配方母乳化课题”，成为国家“母乳化奶粉”定点生产企业。母乳化奶粉很快成为牛奶厂的支柱产品，企业规模迅速扩大。一年后，牛奶厂更名为石家庄市乳业公司，并开始在我国乳品行业崭露头角。

由于眼光独到、管理有方，田文华在1987年当上了石家庄市乳业公司的党委书记、总经理。对于三鹿和田文华来说，这都是至为重要的一年。在那个百废待兴、经济初创的年代，几乎每个成功的企业背后都有一个强势、能干的带头人，三鹿也不例外。从此以后，三鹿这个品牌的命运再也没能与田文华的个人命运分开片刻。

勤俭创业

低调，几乎是所有人对田文华的一致评价，但低调并不意味着守成、庸碌和无为。在田文华言语谨慎、不事张扬的背后，始终涌动着雄心。及至1993年，三鹿奶粉的产销量已经跃居全国第一，但仍不能满足市场需求。面对企业接近极限的生产能力，田文华果敢启动了一系列的资本运作。

她一方面对多家经营困难、缺乏规模的企业进行收购重组，另一方面委托其他企业进行贴牌生产、建立稳固的产业联盟。企业的生产瓶颈得以突破，三鹿的发展势头更加不可阻挡。1995年4月，中国乳业的第一条广告登上中央电视台，“三鹿奶粉，伴您一生”的广告语传遍大街小巷。

1996年，石家庄三鹿集团股份有限公司（以下简称三鹿集团）正式成立。经过数年的资本运营，三鹿集团已经成为我国乳品行业的龙头企业。然而，小山村出生的田文华并没有“小富即满”“小富即安”的小农意识，乡土出身亦未丝毫局限她的商业视野。

田文华认识到，在经济全球化的大潮下，国内乳品企业走出国门、参与国际竞争是无法回避的趋势。在田文华的亲自主导下，三鹿集团与国际知名乳品制造商——新西兰恒天然集团达成了合资意向。2006 年 6 月 15 日，合资公司正式运营，恒天然集团认购了三鹿集团 43% 的股份。三鹿集团朝着国际一流乳品企业的目标迈出了关键性的一步。

三鹿集团飞速成长的背后，是田文华等集团员工的忘我投入。因为从小过惯了苦日子，田文华一直都保持着节俭的习惯。即便做了三鹿集团的董事长，田文华仍然经常到单位的集体食堂吃饭。在田文华位于三鹿集团总部不足 10 平方米的办公室里，既没有红木家具，也没有豪华摆设。在三鹿集团的鼎盛时期，管理层仍然住在几栋路边的老楼里面，没有一套像样的家属楼。

很显然，这是一个勤俭节约、锐意进取的创业故事。国企中普遍存在的奢靡、浪费、铺张等问题，在三鹿集团却不见踪影。也可以说，三鹿集团从一个村办小厂发展成为中国昔日的乳业巨头，田文华居功至伟、不可或缺。

三聚氰胺风暴

2008 年 1 月 8 日，国家科学技术奖励大会在北京人民大会堂隆重举行。三鹿集团“新一代婴幼儿配方奶粉研究及其配套技术的创新与集成项目”一举夺得国家科学技术进步奖。

然而极其讽刺的是，就在这一年，多位食用三鹿婴幼儿奶粉的婴儿出现肾结石症状。发端于三鹿的三聚氰胺事件如野火般迅速燃烧，大火不仅烧灭了田文华的人生光圈、使其锒铛入狱，而且也让三鹿这个品牌瞬间坍塌，企业随之破产。

其实早在 2007 年 12 月，三鹿集团就收到了消费者投诉，反映有部分婴幼儿食用奶粉后，尿液中出现红色沉淀物。2008 年 3 月，三鹿奶粉事业部再次接获投诉，但都被三鹿集团当作婴儿“上火”处理。随着消费者投诉的急剧增加，田文华组建了以她为组长的质量问题排查小组。7 月 24 日，三鹿集团把 16 个批次的婴幼儿奶粉送交检测，结果 15 个批次奶粉的三聚氰胺超标。问题已经找到，按道理企业应该及时向社会公布信息，并迅速召回有毒奶粉。可田文华没有这样做。她连夜召开“经营班子扩大会议”，要求对检测结果绝对保密。

与此同时，田文华向石家庄市政府作了汇报。8 月 13 日，三鹿集团成立了三聚氰胺技术公关小组，并根据欧洲的一个临时性参考文件，认定如果每公斤奶粉的三聚氰胺含量在 20 毫克以下，对人体不会产生重大损害。田文华当夜又召开秘密会议，决定三聚氰胺含量在 15 毫克以下的奶粉可以照常出售。

然而，石家庄市政府和三鹿集团对奶粉问题秘而不宣的做法，引起了合作伙伴恒天然集团的担忧和不满。在多次要求召回被污染奶粉未果、地方官员也拒绝采取及时行动后，恒天然集团决定向新西兰政府求助。时任新西兰总理的克拉克决定绕开地方政府，于 9 月 8 日直接将问题告知了中国国务院。

国务院旋即在全国范围开展了一场声势浩大的婴幼儿奶粉三聚氰胺专项检查。2008 年 9 月 16 日，三鹿集团被责令停产整顿，田文华则被紧急免职。也在当日，田文华被当地公安机关刑事拘留。根据卫生部的通报，因食用三鹿和其他问题奶粉导致异常的患儿高达 29 万余人。其中，在三鹿集团接获投诉到事件被披露的 10 个月里，又有数万名婴幼儿食用了问题奶粉。

从“乳业女皇”到“乳业罪人”

在全国上下的一片讨伐声浪中，当地司法机关加快了办案进度。2008 年的最后一天，田文华站到了被告席上。公诉方出示了一个因食用三鹿奶粉过世的婴儿照片，法庭上一阵骚动。审判席上，66 岁的田文华当庭落泪。面对指控，她承认事情“属实”。但这样的悔恨和泪水挽救不了婴儿的生命，挽救不了三鹿的品牌，甚至也挽救不了她自己的命运。法院最终以生产、销售伪劣产品罪判处田文华无期徒刑。

田文华无疑是一个悲剧人物。几乎是一夜之间，她从中国的“乳业女皇”跌落为中国的“乳业罪人”。然而，比田文华的个人命运更为重要也更加值得深思的是，为何一些中国的企业家们守不住最起码的道德底线，甚至在婴幼儿生命健康这样的问题上也会铤而走险、麻木不仁？

具有讽刺意味的是，作为全国政协委员，田文华曾在 2006 年全国“两会”上大声疾呼：“必须尽快制定食品安全法，进一步加强食品安全监管”“企业法人代表应作为食品安全第一责任人”。不知如今身处牢狱的田文华，回首这段往事又会作何感想。也许，这些激昂的话语早已从她年迈的大脑中偷偷溜走，未留丝毫印迹。

2014 年，田文华再度成为媒体关注的焦点。只是这一次，人们质疑的是她的减刑裁定。多年之后，仍有不少人对她念念难忘，只是这种挂念充满了愤恨和伤痛。

如今的田文华已逾古稀，余生能否脱离监禁尚未可知，是非功罪也只能任由他人论说。唯愿她的经历能够警示世人：责任重于泰山，企业家的内心应该流淌着道德的血液。

［原载于《法治周末》2014 年 8 月 26 日“文化—档案”版］

赵新先：梦断500强

赵新先的一生跌宕起伏，充满传奇色彩。他原本是一名医药教授，但在44岁的时候开始白手起家、艰苦创业，经过多年努力打造出资产达200亿元的三九集团。

赵新先有着近乎痴迷的世界500强情结，试图将三九集团打造为下一个美国通用电气。然而过分饥渴、草率的扩张却让“虚胖”的三九集团负债累累，经营难以为继。而他自己，也因为滥用职权被判刑，谱就了新世纪初令人叹惋的人生悲歌。

笔架山下的来客

赵新先，1941年4月出生于辽宁省营口市。1964年，踌躇满志的赵新先从沈阳医药学院毕业，被分配到第一军医大学附属南方医院工作。在这里，赵新先踏实肯干、善于钻研，先后担任过药剂师、副主任、主管药师、主任，并且创作完成了专著《中药注射剂》。

赵新先在南方医院里一帆风顺、有声有色的人生，让四周的人羡慕不已，但很少有人能觉察到赵新先那颗躁动不安的心。在改革开放的窗口深圳，每天都在上演着一个又一个令人称道的创业传奇。目睹这些，赵新先越发坐不住了。

终于，在1985年，44岁的赵新先迎来了机会，他被组织安排到深圳创办一家新的制药厂，赵新先由此加入了深圳的创业大军。1985年8月7日，赵新先带着500万元启动资金和一支由军人组成的创业团队来到深圳城郊的笔架山。茅草丛生、满目荒芜的景象，激发了这支军人团队战天斗地的精神。他们以“深圳速度”完成各项建设，第二年春天，南方制药厂就正式建成投产。赵新先把资金全部拿去添置设备，成功地建成了中国第一条中药自动化生产线，并将手中治疗胃病的中药配方开发成一个纯中药复方冲剂——“三九胃泰”。这一年，南方制药厂一口气推出三九胃泰、壮骨关节丸和正天丸三款产品，当年就实现了一千多万元的盈利。

如果说药品研发得益于赵新先的知识积累，那么市场营销就只能说是赵新先与生俱来的禀赋了。在公众心目中，军队和军方医院几乎等同于权威。赵新先充分利用这一优势，经常穿上整洁威严的军服，到各大中心城市去开学术报告会，而每一场学术报告会结束后总会有新的订单产生。

在广告营销上，赵新先也开风气之先，引领了多项风潮。比如他在中国率先打出了出租车顶箱广告。1988 年，广州的出租车上安装了“胃药之王，三九胃泰”的顶箱广告，成为城市的一道亮丽风景线，收到了很好的传播效果。

到 1988 年年底，南方制药厂的产值达到了 18 亿元，实现利税 4 亿元，位居全国 500 家最大工业企业第 82 位，成为当时国内知名度最高、盈利性最好的中药企业。这对于创立仅 3 年的企业来说，无异于一个神话。在 20 世纪 80 年代末期，南方制药厂在中药开发和市场运作上的能力已睥视群雄，赵新先也成为中国企业界一颗耀眼的新星。

1991 年 10 月，南方制药厂更名为三九集团。在组建企业集团的文件中，明文规定由赵新先对企业全部资产的增值和安全负责。三九集团的“一人机制”在当时的国营企业中是绝无仅有的，这让三九集团一方面享受国营企业的种种政策优势，另一方面又保持着机巧、灵活的市场适应能力。而赵新先也名正言顺地在企业内部推行“一言堂”，将三九集团牢牢地控制在自己的手中。

GE 追随者

20 世纪 90 年代初，一份由美国《财富》杂志评选的世界 500 强企业榜单开始在国内流传。那个时代的企业家，大概都有或强或弱的 500 强情结。这既是一种实业梦，又是一种强国梦。榜单企业动辄逾百亿美元的年营收，深深刺激着赵新先，直接影响着他此后十余年的经营方略。

1996 年，国有企业改革向纵深挺进，各地政府纷纷推出老企业改组和嫁接的新政策。一心想要扩张兼并、做大做强的赵新先自然不会错过这波机会，他决定下山“摘桃子”。三九集团摘的第一个桃子是四川雅安制药厂。作为国内生产中药针剂最早的厂家之一，这家老牌国营企业已经到了山穷水尽、资不抵债的地步。被三九集团并购后，雅安制药厂的针剂产品借助三九集团的品牌和营销网络，得以重新走向全国市场。一个濒临破产的企业，几乎当年就扭亏为盈。

雅安的成功太过容易，以至于赵新先将并购看成了一个稳赚不赔、毫无风险的生意。与此同时，三九集团的经营神话被不断放大，很多地方甚至将三九集团视为国企改革的救星。1996 年年底，这种狂热的气氛达到了高潮。赵新先宣布成立三九投资管理公司，组成了一支浩浩荡荡的队伍奔赴全国各地寻找并购机会。赵新先每到一地，地方领导都会迎来送往，媒体更是全程追踪、热烈捧场。甚至一些边远地方的企业在等候三九集团上门并购未果后，千里迢迢跑到深圳三九集团总部，主动排队要求被兼并。

从 1996 年到 2001 年，三九集团出手并购了 140 多家地方企业，平均每个月并购两家。在这种跑马圈地式的疯狂并购中，三九集团迅速扩张成全国最大的中医药企业，总资产猛增到近 200 亿元，所属企业遍及除了西藏之外的所有省、市、自治区，囊括了医药、汽车、食品、制酒、旅游、商业、农业和房地产八大行业，其旗下甚至包括一家华南地区最大的夜总会。

除了常规的并购，赵新先还在资本市场和互联网两大领域一掷千金、动作频频。2000 年，三九集团开通了号称全国最大的医药健康网站。一年后，赵新先注资 3.08 亿元成立了三九深圳金融租赁有限公司。但这些陌生的领域和全新的行业，烧掉的不仅是三九集团的巨额投资，还有三九集团的品牌形象和经营神话。

2001 年 9 月 18 日，赵新先与他的偶像——通用电气董事长兼 CEO 杰克·韦尔奇在中央电视台举行了一场巅峰对话。在这次对话中，赵新先公开表达了他对通用多元化经营战略的钦佩，并表示三九集团的目标就是像通用一样成为一家世界 500 强级别的多元化企业。然而，赵新先也许忘了，通用从创立之初到登上 500 强榜单历时七十余年。三九集团过于急切地想要扩张追赶，但在产品开发上却鲜有亮点，一直倚仗三九胃泰、三九感冒灵以及皮炎平软膏等“老臣”支撑着天下。此外，三九集团购入的并非都是优质资产，很多企业整合乏力，最后都成了严重的拖累。在一次次扩张中，三九集团看上去体形硕大，其实早已变得虚弱不堪。

折戟健康城

2001 年，热衷于高尔夫运动的赵新先耗资将近 30 亿元，从深圳金万利高尔夫度假村有限公司手中全盘接下坪山镇高尔夫球场项目，并将其更名为三九健康城。正是这个项目，让三九集团和赵新先的命运发生了意想不到的重大转折。

就在三九健康城破土动工的同时，中国证监会对三九集团旗下的三九医药股份有限公司作出通报批评，披露控股股东三九集团占用上市公司资金高达 25 亿元，占公司净资产的 96%。深陷占用资金丑闻的赵新先曾一度向主管部门提出离职申请，但没有被接受。之后，三九集团宣布将健康城 80% 的股权作价 5.2 亿元转予三九医药，冲抵集团对上市公司的部分欠款。最终健康城项目因后续资金不足、手续不全，被深圳市政府紧急叫停。

2003年，三九集团再陷债务危机。三九集团整体银行债务高达98亿元，21家银行开始集中追讨债务。对于一个高度依赖金融支持的企业来说，银行信用的破产无疑是致命的。试图自救的赵新先这一次把矛头对准了国有资产的拥有者，公开声称三九负债率偏高的根源在于国有出资人没有履行出资义务。就在这番发言的两个月后，国务院国资委宣布免去赵新先三九企业集团党委书记、总经理职务。尽管国务院国资委表示此次任免属于正常退休，但坊间普遍认为这是赵新先"出事"的征兆。

2004年10月，一直深受赵新先重用的三九集团副总裁、年仅43岁的陈重因病猝亡。工作人员在清理他的办公室时，发现了数额巨大的不明存款。随后，国家审计署启动对三九集团的专项审计。三九集团高层利用私人公司接纳三九集团的股权，或变相转移三九集团资产的黑幕逐渐被揭开，集团一众高管相继被"双规"或通缉。

原本以为安全着陆的赵新先在退休两年后，因健康城逾亿资金去向不明被深圳警方刑事拘留。最终，法院认定赵新先违背决策程序、擅自投资的健康城项目导致国家利益遭受重大损失，以滥用职权罪判处赵新先有期徒刑一年零十个月。

具有讽刺意味的是，关押赵新先的看守所位于笔架山西南侧的一个冷僻山洼里。这里往东一公里多就是当年赵新先创业的地方。整整二十年后，赵新先重新回到了人生的起点。在刻满年轮的苍老面庞上，那份不服和不平依然还在。只是这一次，他早已不复当年。身后，一批新的企业集团正叱咤风云、搏击江湖，赵新先的时代已经无可挽回地正式退去。

[原载于《法治周末》2014年9月3日"文化一档案"版]

顾雏军：一个人的资本江湖

顾雏军，一个始终与争议相伴的民营企业家。靠着他的资本运作，名不见经传的格林柯尔公司轮番上演“蛇吞象”的并购大戏，缔造了一个横跨家电和汽车两大产业的资本帝国。

但在将一系列国企收归囊中的同时，他的财富传奇在不少人眼里成为巧取豪夺、侵吞国资的代名词。一片喧嚣中，顾雏军被定罪判刑，他的资本神话也一朝覆灭。

饱受争议的热能工程师

1959 年，顾雏军呱呱落地于江苏扬州的一个知识分子家庭。由于从小聪明过人，父母便倾其所能对他悉心栽培。而顾雏军也不负众望，以优异的成绩考上了江苏工学院，成为恢复高考后的第一批幸运儿。大学毕业后，他又考入天津大学热能工程系，成为全班唯一一个考上外地研究生的人。

研究生毕业后，顾雏军留在该校热能研究所从事了近四年的科研工作。这期间，顾雏军醉心于制冷剂的技术研发。每到晚上，实验室的同事都走了，他在实验室的工作才刚开始。正是因为这种勤奋，顾雏军在学术期刊上发表了很多论文，以至于二十多岁便有了“顾教授”的外号。

1986 年，顾雏军发表了被称为“顾氏循环”的论文，论证了一种能替代氟利昂的热力循环节能新技术。由于氟利昂破坏臭氧层、导致气候变暖，全球家电巨头都在寻找它的替代物质。顾雏军的这篇论文可谓正当其时，为他赢得了最初的名声。凭借这篇论文，他很快成为全国有名的热循环专家和热能工程师。

此后，顾雏军开始下海，在广东惠州筹资租了一个小型的空调生产厂。后来由于压缩机出现质量问题，经营很快难以为继。出师不利的顾雏军回到北京，租下一个简易的工作间再次投入制冷剂的研制工作中。没有确定的未来、没有固定的收入，甚至在半年没有发出工资的情况下，仍然有一支团队忠心耿耿地跟随着顾雏军。这四名追随者最后都成了格林柯尔系的中坚力量，人称“四大金刚”。

1988 年 9 月，顾雏军宣称其研制出了“格林柯尔制冷剂”，但迎接他的却是诸多的质疑。研究生导师带头发文表示顾雏军的理论太过荒唐，所谓研发成果根本就是骗人的甚至在顾雏军对批驳者提出了“侵害名誉权”的诉讼之后，也无法堵住悠悠之口。无奈之下，他把目光投向了国外。顾雏军于次年在英国成立首家分销公司，随后又在美国成立了研究所、建立了一个小型工厂。没人知道这些公司的初创资金来自何处，但顾雏军超强的说服能力的确为他的项目吸引了不少投资。曾经有一位马来西亚的华商被顾雏军说服，把积蓄多年的 300 万美元全部投资于顾雏军的制冷剂事业。

海外辗转数年后，顾雏军最终还是决定回国发展。他几乎没有费太多力气，就获得了一家中资金融机构的 1000 万元投资。格林柯尔中国有限公司正式成立，主要资产就是在天津建立的一家制冷剂生产工厂。顾雏军从此一发不可收拾，直到日后掀起中国家电产业和资本市场的阵阵巨浪。

资本市场的巨鲨

如果说技术研发是顾雏军的兴趣所在，那么上市融资才是顾雏军的毕生所求。课堂或者实验室断然不是顾雏军的理想居所，他急切地想要在证券市场和资本江湖施展身手。这不仅是因为后者能够聚集更多的镁光灯，还因为后者更能体现顾雏军敢于冒险、灵活应变的性格特征和人生抱负。

1996 年，顾雏军来到了亚洲金融中心香港。在那里，顾雏军开始谋划搭建自己的资本运作平台。2000 年 7 月，格林柯尔公司成功登陆对经营业绩、规模要求都不高的香港创业板，顾雏军的第一艘资本“旗舰”终于浮出水面。2001 年，顾雏军控股的顺德市格林柯尔公司斥资 5.6 亿元，收购了被誉为中国冰箱业四巨头之一的广东科龙电器 20.6% 的股权。收购科龙是顾雏军人生里程中的标志性事件，不仅使他声名大噪、逐渐广为人知，而且也为他日后的牢狱生涯埋下了隐患。

收购科龙对于顾雏军而言只是一个开始。随后，顾雏军在不到两年的时间里耗资 7 亿元收购了另外三家国内上市公司。2003 年 5 月，顺德市格林柯尔企业发展有限公司以 2.07 亿元收购了当时国内另一冰箱产业巨头美菱电器 20.03% 的股权；2003 年 12 月，新登场的扬州格林柯尔创业投资有限公司斥资 4.18 亿元，收购亚星客车 60.67% 的股权；2004 年 4 月，势如破竹的格林柯尔又下一城，以 1.01 亿元的价格入主 ST 襄轴，持有 29.84% 的股权。2004 年 1 月 25 日，格林柯尔在北京高调宣布，已全资收购两家欧洲汽车公司。至此，格林柯尔系已经拥有了四家 A 股公司和一家香港创业板公司，形成了横跨包括冰箱、空调在内的家电产业和以汽车产业为支柱的跨国资本集团。

在 21 世纪初的那波国企改革浪潮中，地方政府“不求所有，但求所在”的思维主导了相关方案的制订。顾雏军正是因为洞悉了地方政府在税收和就业两个方面的需求，所以往往能拿出击败竞争对手的并购方案。科龙、美菱、亚星等企业在当时都是具有很高知名度的国企，并且都债台高筑，风雨飘摇。顾雏军通过他的资本之手把这些陷于困境的企业重新带进了最具活力的公司行列，并且为当地政府带来源源不断的巨额税收。由于双方能够各取所需，顾雏军在公司注册、资金交付、信息披露等方面的越界行为往往被地方政府默许甚至纵容。

与那些闷声发大财的企业家不同，顾雏军的一举一动始终都在镁光灯的照耀之下。非但他的第一桶金成为媒体竞相猜疑的重点，连同他的财富数额也一直是媒体津津乐道的主题。在各种富豪排行榜上，顾雏军的名字总是赫然在列。2003 年，顾雏军被中央电视台评选为“中国年度经济人物”，称他在国企改制中作出了巨大贡献。当时，顾雏军是政府的座上宾，是解决国企危机的救星。

郎顾之争余音难了

然而好景不长。格林柯尔的收购、崛起速度之快，让整个市场叹为观止，也引发了社会的广泛质疑。2004 年，当时有“郎监管”之称的香港中文大学教授郎咸平在复旦大学以《格林柯尔：在“国退民进”的盛宴中狂欢》为题发表演讲，认为顾雏军在“国退民进”过程中席卷国家财富。顾雏军则直接反驳称，郎咸平对企业一窍不通，是个到处收钱做广告的明星。一场声势浩大的“郎顾之争”由此展开。一周后，顾雏军在香港以涉嫌诽谤罪起诉郎咸平。“郎顾之争”急速演化为公共事件，引发了一场关于国有资产流失的激烈讨论。国内的经济学家也参与其中，国企产权改革的方向引发空前的舆论质疑。

在转型和改革的年代里，个人航向很容易被不可预知的力量左右。顾雏军也无法摆脱这种命运。在今天还行之有效的做法，到了明天却可能面临法律风险。既然顾雏军的帝国以资本为起点，那么资本的江湖也成为他一生难逃的噩梦。2005 年 4 月 4 日，湖北、江苏、安徽、广东四省证监局联合调查格林柯尔系的 ST 襄轴、亚星客车、美菱电器、科龙电器四家上市公司，由证监会稽查部门主导的 20 多人的工作组正式进驻科龙展开调查。仅仅三个月过后，顾雏军就在北京首都机场被警方带走。

被捕后不到两年，顾雏军倾心打造的格林柯尔系便土崩瓦解：尚未完成收购的襄轴宣布解除股权转让合同；亚星汽车和美菱电器分别被当地政府以诉讼和回购等方式收回股权；科龙电器的股权被海信收购；位于天津经济开发区的 7 万多平方米主厂房被法院查封、拍卖。

2008 年 1 月 30 日，顾雏军迎来了佛山市中级人民法院的一审判决。此前他已经在看守所里为这个结果等待了近 1000 天。出现在庭审现场的顾雏军头发花白，下垂的嘴角难掩那份倔强和不羁。法庭在长达 193 页的刑事判决书中，详尽披露了顾雏军在一系列重大收购中“左手倒右手”的资金腾挪大法。顾雏军最终因虚报注册资本罪、违规披露和不披露重要信息罪、挪用资金罪被合并判处 10 年有期徒刑。

2012 年 9 月 6 日，顾雏军获得减刑后提前出狱。近几年来，那些在改革大潮中风起云涌而又获罪的企业家在出狱后无一不选择低调归隐，只给当下的江湖留下一个远去的背影。但顾雏军出狱后却异常高调，他坚称他的牢狱生涯不过是被“利益集团”构陷，法院的判决是在“抢劫”他的合法财产。他聘请了知名的刑辩律师，向最高人民法院和广东省高级人民法院提出了正式申诉，还对“陷害”他的官员进行实名、公开举报。出狱八天后，顾雏军在北京举办新闻发布会，其出场方式引发一阵惊呼：头戴“文革”时流行的高高纸帽，上书“草民完全无罪”六个大字。这一近乎行为艺术的举止表现，促使不少人重新审视顾雏军的司法遭遇。

目前，广东省高级人民法院已经正式受理了顾雏军的申诉，案件最终走向还有待观察。而顾雏军也拥有了一个新的身份：超天才技术开发（北京）有限责任公司名誉董事长。虽然已是英雄暮年，但顾雏军仍然壮志未已。在激昂的时代旋律中，顾雏军曾经是许多重大事件的中心和主角。顾雏军未来是否还能重返历史舞台也许并不重要。等待历史沧桑尽数远去，我们徐徐回望那些被宏大叙事所遮蔽的凡常生活，或可发现顾雏军不过是一个聪明、张狂而又执着的普通商人。他的惊天一怒和眉飞色舞，远比资本江湖的尔虞我诈更具有生命的温度。

[原载于《法治周末》2014 年 9 月 10 日“文化—档案”版]

黄宏生：不死的创维知更鸟

黄宏生，中国家电产业的风云人物。他只身赴港、白手起家，缔造了创维数十年的家电传奇。

虽然中途短暂入狱，但黄宏生用复出昭告他的自由之身。在成熟的职业经理人的护驾之下，黄宏生正在推动创维向着更高更远的目标迈进。

胜利在于坚持

1956年，黄宏生出生于海南岛西北部的临高县。16岁那年，刚刚高中毕业的黄宏生，随着上山下乡的大潮来到海南的黎母山区当了一名知青。在恶劣的生活环境和日复一日的劳作中，黄宏生始终保持学习的习惯。别人吹牛、打扑克的时候，他却到处找书阅读，并坚持写读书笔记和日记。

恢复高考是黄宏生人生的第一个转折点。经过短暂的复习，黄宏生成为恢复高考后首批进入华南理工大学的大学生，专业是无线电工程。四年之后，黄宏生交出的毕业论文是黑白电视机设计。在临别校园的欢送会上，老师和同学把盏言欢、畅谈理想。黄宏生郑重其事地告诉大家，他想要创建出像索尼一样的企业。在当时，几乎没有几个人认真对待黄宏生的这番表态发言。

大学毕业，黄宏生被分配到华南电子进出口公司工作。仅仅三年后，28岁的黄宏生便被破格提拔为公司常务副总经理，享受副厅级待遇。如果顺着这条仕途走下去，黄宏生很可能还有更大的进步空间。在别人眼里，当时的黄宏生风华正茂、春风得意、前程似锦。然而，大学校园里孕育的理想并未随着工作的得意而淡去。1987 年春，在同事的一片惊讶与叹息声中，黄宏生辞掉了令人羡慕的职位，只身来到香港追寻他的“索尼梦”。

香港虽然近在咫尺，但各种环境却与当时的广州迥然不同。黄宏生在从事电子产品贸易时显然对此已经有所了解，但只身赴港创业的艰难还是让他始料未及。最开始，黄宏生选择他相对熟悉的代理电子产品出口作为起步。但第一次进货却并不对路，产品卖不出去，黄宏生只能眼睁睁地看着货款亏损殆尽。第一次遭遇市场打击，黄宏生大病一场，住院休养了一个多月。

不甘失败的黄宏生显然不会被轻易击倒。这一次，他决定改走实业路线。1989 年，黄宏生东凑西借加上银行贷款，在香港创立了创维遥控器厂。当时恰逢香港流行丽音广播，黄宏生觉得这是个翻身的好机会，就与菲利浦公司的工程师合作开发、生产接收丽音信号的机顶盒。然而他没有想到的是，电视台没多久就停掉了丽音广播。前期研发加上 2 万台的生产成本，负债经营的黄宏生似乎已经走入了绝境。

接连经历两次打击后，黄宏生固执地认为命运到了该垂顾他的时候了。黄宏生紧盯着世界电子市场的风云变幻，生怕错过了任何一个可能东山再起的机会。时值东欧国家开始政治转型、经济开放，彩电等家用电器奇货可居、供不应求。黄宏生敢于赌博的性格再次发挥了作用，他毅然贷款 500 万港元，高薪聘请了国内知名厂家的 40 多名工程人员，终于在一年后造出了第一批彩电。但这批产品不符合国际规格，根本无法出口。

维多利亚的璀璨夜景近在眼前，但要真正拥有其中一盏亮光却并非易事。黄宏生依然没有放弃，他坚信胜利往往在再坚持一下的努力中。在坚持中，他终于抓住了机会。1991 年，香港爆发了一场收购大战，香港迅科集团由于高层内讧，决定将公司拍卖，而迅科集团一批彩电专家则备受冷落。黄宏生把目光瞄准迅科彩电开发部的技术骨干，出让公司15%的股权将他们纳入旗下，使企业获得了强有力的技术支持。9个月后，创维开发出国际领先的第三代彩电，在德国的电子展上获得了一笔2万台的大订单。创维终于突破了欧洲市场，从绝境中凿出了一条小路。

做企业需要痛苦精神

如同大自然的风景常在险峭偏远、人迹罕至处，人生的风景亦是如此。只有历经苦难、备受煎熬才能收获命运的果实。自从1992年出口德国掘到第一桶金之后，创维的订单就接连不断，发展之路越走越宽。1994年，创维斥资3亿港元合资成立了“深圳创维RGB电子有限公司”。公司当年实现年产彩电40万台，销售5.5亿元，在彩电行业初步稳住了阵脚。

创维靠技术起家，也靠着技术创新不断扩大它的市场份额。创维曾经推出了国内第一台多媒体电视、第一台液晶背投电视、第一台国标手持数字移动电视和第一台变屏液晶电视。这一连串的技术创新背后，是创维引领的一波又一波的消费浪潮，那些昔日被其他品牌占据的市场份额逐渐被创维一一收入囊中。经过一番群雄混战，创维在2000年以70亿元的销售额跃居国内彩电企业三甲之列。

除了重视技术创新，黄宏生的国际化视野也是创维得以脱颖而出的重要原因。1999年，黄宏生在美国硅谷设立了创维实验室。当年8月，世界最大的投资集团之一ING集团等三家国际资本联合向创维集团注资3000万美元，首开中国家电业海外大规模融资之先河。2000年4月，创维数码在香港主板市场公开发行4500万新股，筹资超过10亿港币。根据2001年年报披露，出口销售占当年创维总销售额的19%，对利润的贡献率更是高达40%。国际市场的稳健使创维得以在国内厂商一波又一波的残酷价格大战中坚持技术路线，并始终屹立不倒。

无论从哪个角度来看，这个时候的黄宏生已经站在了人生和事业的巅峰。大部分人在困难的时候会沉心思考，只有少数人会在顺境和巅峰时认真反思。黄宏生没有被“险峰”上的无限风光所迷醉，相反，他多次表示自己宁做一个痛苦的人，也不做一头满足的猪。他认为，做企业跟做人一样，也需要痛苦精神。甚至在今天，“痛苦理念”仍然是创维的核心企业理念之一。

黄宏生迎来的第一个“痛苦理念”是企业管理方式的转型。在相当长的时间里，黄宏生对创维有一种割舍不断的情结，因此他的管理风格就是事无巨细必定亲自过问。如果说这种个人式或者家族式的管理适合企业的初创阶段的话，那么日渐壮大的创维越来越凸显了对这种管理方式的不适应。创维数码在香港上市的这一年，创维集团中国区销售总经理携 11 位片区经理、20 多位管理层核心干部以及 100 余名业务骨干集体跳槽，导致创维业绩大受影响，上市当年就出现巨额亏损。经过一番痛苦的内心征战，黄宏生开启了创维再造工程，核心内容便是企业内部管理和组织流程变革。黄宏生决定给职业经理人充分放权，不再出任集团总裁，只保留董事长职务，将自己从事无巨细的事务性工作中解脱出来，主要关注战略问题。

事实证明，黄宏生的这一决策十分正确、意义深远。但在当时，黄宏生只不过是为了应对管理层的倒戈危机被迫为之。

烫过才知道什么是疼

虽然创业在香港，甚至公司已经上市，但是黄宏生对香港资本市场的严格监管和法律制度还是缺乏足够的认识。习惯于内地人际潜规则的黄宏生未曾料到，他的那些国内竞争对手习以为常的做法在香港却要面临牢狱之灾。

2004 年，香港廉政公署接到一宗贪污举报，列举了针对创维数位高管的贪污指控，其中一项指控称黄宏生涉嫌行贿一名会计师，伪造会计记录、协助创维数码于 2000 年在联交所上市；另一项指控称黄宏生及其兄弟涉嫌行贿公司的财务总监，以容许两人以顾问费及服务佣金作掩饰，挪用创维数码近5000万港元的巨额资金。接到举报后，廉政公署随即展开调查，并掌握了初步的证据。2004年11月30日，黄宏生到香港公布创维数码中期业绩。在董事局会议现场，廉政公署集中近百人即时采取拘捕行动，黄宏生及其兄弟被当场带走。

2006年7月13日下午，黄宏生因串谋盗窃上市公司资金、串谋欺诈上市公司等罪名在香港区域法院被判监禁六年。这对于黄宏生个人无异于晴天霹雳，他深刻地领悟了公司上市不仅仅是为了筹集资金，更是公司法人治理结构和公司管理运营方式的一次根本性变革。对于黄宏生个人来说，这个领悟或许来得太迟，但对于创维集团来说，则为时未晚。

为了扭转黄宏生入狱带来的影响，创维迅速展开自救行动。创维第一时间改组了董事会，黄宏生仅保留非执行董事一职，其弟则辞去一切行政职务，与案件有关的前首席财务官也被辞退。创维在很短的时间内完善了内部治理结构，实现了从“黄宏生的创维”到“公众公司创维”的蝶变。而此前培养完成的内部职业经理人，不仅帮助创维平稳实现了权力过渡，而且使创维的年营收保持了两位数的稳定增长。

2009年7月4日，黄宏生被保释出狱。面对媒体，黄宏生表示“只有被火烫了，才知道什么是疼。不期而至的牢狱生涯让自己更加淡定从容”。2012年8月，创维数码正式宣布聘用黄宏生为集团顾问。三个月后，黄宏生的妻子正式接任董事会执行主席及执行董事。再次进入“黄宏生时代”的创维集团被分拆为三个上市公司，黄宏生夫妇的纸上财富又一次一夜暴增。

作为公司顾问，黄宏生提出创维“要在2020年冲击1000亿元的销售目标”。尽管当年创维的年营业额还不到300亿港元，但没有人敢低估黄宏生的决心和能力。尝过烫肤之疼后，创维冲击千亿的旅程正加速向前，黄宏生的“索尼梦”也正若隐若现。

[原载于《法治周末》2014年9月17日“文化—档案”版]

周正毅：没有明天的豪赌

周正毅，曾经的上海首富。从一个饭店小老板荣升为控制上百亿资产的富豪，周正毅花了二十年。而从全国瞩目的富豪沦为阶下囚，前后不过三年。

对于一个漠视规则、投机至上、依赖政商关系而发家致富的人，这个结局并不会让人太过吃惊。他的命运也许在他人生的那一刻便早已注定。

从“流氓大亨”到股票玩家

1961 年，周正毅出生于上海市杨树浦路附近一间没有阳台的老式公房里。那是苏联人建造的二层楼房，原来上面住人，下面养马，后来它们被改建成上海最早的工人新村——控江新村。和周正毅的父亲一样，大约有两万户产业工人居住在那里。

1977 年，周正毅从上海市控江高级中学肄业。由于“文革”的原因，周正毅实际上只有小学文化程度。在知识经济席卷世界浪潮之前，企业家的创富神话往往是跟文化、学历成反比的。知识上的匮乏并不等于能力上的欠缺，更不等于社会适应能力的低下。小学文化的周正毅日后在明星圈制造绯闻和在资本市场上“化腐朽为神奇”的能力都让人望尘莫及。

17 岁那年，周正毅找到了他的第一份工作，在一家街道工厂做会计。半年后，周正毅拿出所有积蓄开了一家小馄饨店，成为上海滩改革开放后第一批个体工商户。此后，周正毅开过烟纸店，售卖过走私香烟和电子产品，倒卖过外币，虽然也赚了些钱，但这种小生意人的生活状态实在无法满足他的雄心。

1985年，周正毅以读书的名义去日本闯荡。但去日本显然不是为了读书，赚钱仍是他此行的兴趣所在。周正毅先是随身携带101生发水等货品去日本售卖，后来干脆做起了赴日务工的中介生意。三年后，周正毅回到国内，在上海的北京路上开了一家美通饭店，生意一度十分火暴。

周正毅的生意虽然颇有小成，但终究未能获得大的突破。在那段期间，周正毅结交庞杂，混迹黑白，既有愿意为他两肋插刀的铁杆兄弟，也有誓言追杀他的仇家。周正毅的不少生意也都游走在法律的边缘，曾经多次被警方拘留，但最终都幸运地逃脱牢狱之灾。那时的周正毅俨然一个类似于美国19世纪的"强盗男爵"和20世纪80年代香港电视剧中的"流氓大亨"的形象。只是由于还缺少让众人仰慕的成就，所以这段经历始终少了那么一点分量。

1994年，周正毅关掉了美通饭店，与他的女朋友毛玉萍一起在毗邻上海国际饭店的黄河路美食街上开了以毛玉萍姓氏为名的"阿毛炖品"。这家饭店占地多达5层，而且装修豪华，以当时流行的炖品为特色，每年为周正毅带来近千万元的稳定利润。更重要的是，"阿毛炖品"让周正毅和银行界人士形成了交集。在"阿毛炖品"鼎盛时期，这里几乎可称为银行界人士的公共餐厅，常常可以见到银行业人士三五成群地出入就餐。

如果说做实业为周正毅赢得了人生的第一桶金，那么真正成就周正毅的则是金融市场。早在20世纪90年代初期，周正毅就开始炒股、炒期货。虽然周正毅属于比较游荡的人，口才也很难说得上出色，但一谈及股票、期货、债券，他总能滔滔不绝。在金融市场，周正毅如鱼得水，他的投资天分尽显无遗。

上海滩的新晋首富

1995 年是周正毅向资本玩家挺进的关键性一年。那时，很多大型国企准备上市，大量的内部职工持股通过柜台交易的方式开始流通。周正毅敏锐地察觉到这是个千载难逢的机会，于是便倾其所有，全部用于收购内部职工股。当时这些股票大多二三元就可以买进，上市后一般都有几倍甚至多达几十倍的涨幅。短短两三年时间，周正毅在股市上疯狂净赚了几个亿！周正毅第一次体会到了资本魔方的巨大魅力，从此变得一发不可收拾。

1997 年，亚洲金融风暴让香港股市一片低迷，连蓝筹股都跌得无人问津。周正毅又一头扎进了香港股市，大量收购蓝筹股，在随后的股市反弹中再次大获其利。除了股票，周正毅在铜市期货领域的大手笔同样令人印象深刻。周正毅成立了上海华亭进出口公司，专做铜货期市套利买卖。他在铜市的套利手法通常是在伦敦期货交易所买进，再从上海期货交易所抛出，从而在两个市场之间进行套价。

然而，在股市和期市单枪匹马的打闹绝非周正毅的本意，他决定要建立更大的资本运作平台。1997 年，周正毅用他的控股公司发起设立了上海农凯发展集团有限公司。虽然农凯的股权结构极为复杂，仿如迷宫，农凯旗下产业庞多、资产状况神秘莫测，但周正毅始终是农凯的实际控制人。周正毅借助农凯这一资本运作中枢，在上海的金融、地产和酒店等领域大肆收购。这种不显山露水的做法固然可以“闷声发大财”，但却难以充分发挥资本的杠杆作用。周正毅决定将并购导向上市公司。从 2000 年开始的短短三年时间里，农凯系先后收购了两家 A 股上市公司和两家香港上市公司。此外，农凯系还是兴业银行的第三大股东、大通证券的第一大股东和徐工科技的第六大股东。至此，周正毅在上海已经渗透了房地产、金融、贸易、农业和高科技产业等五大行业，企业王国的大厦已显雏形。

与多数中国富豪不愿显摆家财不同，周正毅为了让自己成名可谓煞费苦心。1997年香港地产泡沫待破之际，周正毅耗资6200万港元逆势购入香港湾仔会景阁西翼顶层的复式豪宅。1999年4月，周正毅以8600万港元现金购入渣甸山白建时道900多平方米的豪宅，与香港富商刘銮雄为邻，并一掷3000万港元大肆装修，极尽奢华。当年在一个公开场合，周正毅"上海首富"的名号不胫而走。这个名号在当时不过是周正毅自封的，但却引发了极大的轰动效应。一年后，胡润果然将周正毅排入了中国富豪榜的第94位。然而，周正毅却认为自己的财富远不止榜单公布的那么多，并为此亲自去找胡润理论。也许是这次交涉真的起了作用，2001年时，周正毅的排名急速上升到了第41位。

没有魂，行不远

除了富豪榜的夺目光辉，周正毅与香港女明星之间的绯闻更是让他的举手投足都能获得媒体关注。在坊间，"上海首富"周正毅开始有了另外一个雅号"周公子"。然而，名利双收的好事往往难以长久，表面的风光无限并不意味着真正的所向披靡。在周正毅坐享"上海首富"殊荣的同时，关于他的种种内幕消息也甚嚣尘上。一切都在酝酿，似乎只是在静待时机的到来。

案件的导火索正是使周正毅声名大噪的香港建联通收购案。2002年，周正毅从中银香港获得了21亿港元的贷款，收购了香港上市公司建联通。事后发现，这笔贷款是以周正毅将要收购的建联通股权作为抵押获得的。也就是说，周正毅自己未出一分一毫便顺利掌控了一家拥有20多亿港元现金的香港上市公司。很快，周正毅"空手套白狼"的资本运作手法进入了监管视线，香港证监会和内地监管部门启动了对周正毅的调查。2003年5月27日，周正毅在上海被公安机关刑事拘留。五天后，香港廉政公署从港岛一处豪宅带走了周正毅的女友毛玉萍。令人诧异的是，坊间盛传的通过行贿获取银行贷款、通过虚构交易侵吞公司资金等问题并未进入司法程序，法院最终仅以操纵证券交易价格和虚报注册资本两个罪名合并判处周正毅三年有期徒刑。

2006年5月，周正毅刑满释放。获得自由的周正毅也许是明白了什么，悄悄地给自己更改了名字。然而让人跌破眼镜的是，仅仅半年后，周正毅再次被上海检察机关逮捕。原来上海市看守所原所长、监狱管教等人员，在周正毅羁押和服刑期间收受周正毅巨额贿赂东窗事发。这一次，上海的政治生态发生了微妙的变化，周正毅的好运没能再次延续。经过法院审理，周正毅因犯单位行贿罪、对企业人员行贿罪、行贿罪、虚开增值税专用发票罪和挪用资金罪等，被合并判处十六年有期徒刑。周正毅的自由之路被推迟了很长很长。

周正毅火箭般崛起又突然陷落的故事，在某种意义上正是当今中国商业社会的一幕复杂的悲喜剧。在二十多年的商业生涯中，周正毅眼光独到、精力充沛、果断出击，实现了一个草根的财富梦想，生动地诠释了中国经济发展所释放的巨大机会。但是他所选择的与权势结盟、利用贿赂购买机会、拿充水资产套取银行资金、操纵股票价格进行图利等方法却注定无法善终。在这片土地上，类似的故事也许天天都在上演，但“出来混，早晚都是要还的”。周正毅就是一个例子，他的镜鉴并未远去。

[原载于《法治周末》2014年9月24日“文化—档案”版]

王效金：悲歌未成绝响

王效金，古井集团的灵魂人物。在王效金的带领下，古井集团一路高歌猛进，迅速发展壮大，成为中国白酒业的一面旗帜。

然而，盲目扩张导致的经营困难以及企业改制引发的巨大争议，让王效金的光圈迅速褪色。而他更因为收受巨额贿赂被定罪判刑，成为一名囚徒。

空降古井酒厂

1949年3月，王效金出生在安徽省亳州市的一个偏远小镇。也许是这连天的战火铸就了王效金无所畏惧的过人胆识，他从小就展现出了强势、果敢、精干的鲜明性格特点。18岁那年，王效金作为知识分子代表被安排到亳州市双沟区老王庄插队。三年后，王效金结束插队生涯，来到亳州机械厂工作。此后，王效金的工作虽多有转换，但总体还算顺利。

亳州虽小，但名人辈出。除了是曹操和华佗的故乡，出生亳州的王怀忠一度在仕途上颇有建树，曾经官至安徽省副省长，后来成为少有的几个因贪腐被判处死刑的副部级高官。王效金的人生转折与他的这位亳州同乡有着分不开的联系。当年在王怀忠任亳县领导的时候，王效金只是一名普通的科员。王怀忠因为和古井酒厂时任厂长聂广荣不睦，想换掉聂，遭到上级拒绝。在双方互有妥协的情况下，王效金被调入古井酒厂担任副厂长。两年后，38岁的王效金迎来了他人生中至为重要的一次机会。他正式出任亳州古井酒厂厂长，刚刚50多岁的聂广荣选择退居二线。

古井贡酒为中国八大名酒之一，至今已有1800多年的历史。亳州古井酒厂始建于1959年，在改革开放前已经驰名中外。但是在王效金刚刚加入的1987年，古井酒厂只是一个年产两三千吨白酒、仅有六七百名职工的县级小厂。盛名之下，古井酒厂的规模并不算大。古井酒厂正在焦渴地等待一次蝶变，其品牌价值急欲在市场中得到兑现，而负责导演这一梦想剧的不二人选正是王效金。

也许是命运的刻意考验，王效金担任厂长的第二年，国家实行白酒计税基础价调价政策。各种名酒纷纷涨价，古井贡酒也从14.5元一瓶一下子调到了48元一瓶。在经历短暂的“热卖”之后，古井贡酒很快无人问津，产品开始滞销。心急如焚的王效金开始苦思对策。在酿酒车间的澡堂里，王效金想出了“降度降价”的策略。当时，酒价是根据酒的度数决定的，度数越高，价位越高。王效金的设想是，通过降低度数，一方面可以合情合理地把酒价降下来，另一方面又能避免古井酒厂与客户的矛盾。这个现实策略，立即为古井贡酒打开了销路，使得古井贡酒得以在众多白酒品牌中脱颖而出。王效金的这一操作手法引发了一场震惊全国的“白酒革命”，为他赢得了“中国酒界第一人”“经营怪杰”等名号。一战成名之后，古井酒厂驶入了发展的快车道，王效金也得以在古井酒厂站稳脚跟，并很快建立了一言九鼎的领导威望。

失败的多元化

1992年，为适应市场变化，古井酒厂迎来了第一次重大改制，安徽古井集团有限责任公司应运组建成立。在20世纪90年代初期，古井内部曾经针对扩张经营有过一次争论。当时内部分为两派，一派坚持在主业即白酒上加大投入，而另一派则主张寻求多元化发展。王效金选择了后者。从1991年到1995年，古井在酒店、医药、地产、塑胶、商贸、饮料等领域投资了5亿多元，成立了十几家公司。

王效金甚至和当年处于困境中的史玉柱有过两次密谈，一度打算收购巨人集团。

然而，这些投资因为没有经过充分的调研和论证，大多以失败告终。尽管如此，由于古井贡酒持续畅销，连续多年维持着近30%的营收增长，古井集团并未出现大的财务危机。从整体上看，古井集团现金流仍然充沛。1995年，古井集团实现利税5.95亿元，荣登中国白酒业的第二把交椅。

1996年，古井集团在深圳成功上市，成为中国第一家白酒上市企业。募集到手的巨额资金，促使王效金进一步加快了多元化投资的步伐。王效金先后在啤酒和葡萄酒领域投入重金，试图建立一个酒饮料的企业帝国。然而过分投机的心态，使得王效金对于企业的发展缺乏清晰的战略和方向。在王效金眼里，什么赚钱什么就应该是古井集团的主业。然而他所不知道的是，别人能够赚钱的领域古井集团未必也能赚钱。正如古井集团在白酒行业赚足了钱，却也有大量的白酒企业破产倒闭。过于自负的心态，导致古井集团在资本市场的投资盲目而草率。到2000年，古井集团的公司或控股子公司已经达到三十多家，涉及行业近二十个。但这些投资并没有让王效金实现其酒业帝国的梦想。他在资本市场上的投资同样以失败告终，资金大多有去无回。

更糟糕的是，古井集团收入最稳定的白酒业从2001年开始也出现了问题。当时整个白酒市场行情持续下跌，白酒产量占整个饮料酒总产量的比重逐年下降。2001年，这个比例从改革开放初期的60%下降到14%。那一年，古井贡酒的利润一下子从高峰时期的2亿多元下降到8000万元。王效金第一次真实地体验到了一座高楼大厦根基不稳的可怕感觉。

面对空前不利的形势，王效金开启了一系列的自救行动。他先是开展各种运动和学习，以求提高职工们的士气。2000年，古井集团开展了“我们都是商人”的教育活动；2002年，王效金又提出

“批判与再造”的“整风运动”。这些学习和运动自然没有见效，王效金又决定走名人效应之路。王效金的头像一度印在古井贡酒的瓶盖上面，在电视上反复播放。内部刊物《古井报》上，开设了“给王厂长画像”“王效金故事”“王效金的经营之道”等等栏目。王效金还出了多部专著，意图扩大影响。事实证明，王效金试图以个人魅力挽救整个集团的努力只不过是徒劳一场。最困难的时候，王效金邀请当时白酒界颇具争议的职业经理人阎爱杰来改造古井集团的营销体系。但阎爱杰的改革处处受阻，同样未能成功。2003 年古井集团的利润只有 0.2 亿元，2004 年更是仅有区区百万元。古井集团的辉煌已经变成了尘封的过往。

潜藏已久的敌人

王效金曾经在一个公开场合声言：谁能打垮古井？谁都打不垮古井。谁能打垮王效金？谁都打不垮王效金，除了他自己。古井要垮也就垮在王效金手里。

类似的话语虽然在各种人生箴言和励志哲学里屡见不鲜，俗套不堪，但在王效金和古井集团的发展过程中却是至理名言。正如哲学家黑格尔所说，熟知不等于真知，王效金的这番话不幸一语成谶，成为他命运的真实写照。

在一系列整顿的同时，王效金开始再次酝酿企业改制。王效金一方面想顺应国企改制浪潮，改变古井集团国有股“一股独大”的问题；另一方面也想为困境中的古井集团引来资金和新鲜血液。古井集团制订出了一套“全体员工持股、管理层持大股”的改制方案，但方案中员工与管理层股权分配的悬殊引起了很多人的不满。国务院国资委等四部门于 2004 年 8 月紧急颁发了《关于开展企业国有产权转让管理检查工作的通知》，要求彻查国企改制、产权转让中的国有资产流失问题。随后，古井集团的改制方案被有关部门否决，亳州市政府开始全面接手古井集团改制事宜。

随后的形势犹如山雨欲来风满楼，王效金开始有一种不祥的预感。2006 年 4 月，王效金的得力干将、古井集团的副总裁兼财务总监刘俊德被纪委“双规”。此前体重达 180 斤、多次减肥都不成功的王效金因此一夜暴瘦。也是在那个时候，这位酒业巨子开始感叹企业家的生命是如此短暂。

2007 年 4 月，王效金被安徽省纪委调查，后被检察机关逮捕。王效金的落马在古井集团管理层引发了多米诺骨牌效应，古井集团先后有 20 多名高管被调查，引发古井集团贪污腐败窝案。2009 年 2 月 5 日，安徽省高级人民法院对王效金受贿案作出终审判决，认定王效金受贿人民币 507 万元、美元 67 万余元、港元 5 万元，并判处无期徒刑。法院审理发现，王效金第一次收受贿赂发生在 1991 年，持续时间长达十几年。王效金通过为原材料采购“开绿灯”、为他人安排工程、合谋侵吞古井资产等方式收受他人贿赂，在古井集团发展壮大的同时也让自己大发“酒财”。可以说，一部古井集团的发展史同时也是一部王效金以权谋私、损公肥私的敛财史。王效金最终没能战胜他一生中最大的敌人，倒在了自己的手下。

王效金倒下了，但他的悲歌却未成为绝响。只要国家的监督体制还是一如既往的苍白无力，只要现代化的公司治理体系还是无法有效运转，那么“乱哄哄，你方唱罢我登场”的企业家命运就不会改变。打倒王效金的无疑是他自己，但又不止他自己。如何战胜我们一生中最大的敌人？人性的自省和节制固然重要，体制机制的外在约束同样不可或缺。

［原载于《法治周末》2014 年 10 月 8 日“文化一档案”版］

张荣坤："公路大王"的红与黑

"70后"张荣坤，原本一个名不见经传的青年。他白手起家，靠着自己的经营和积累，30岁出头便成功登上《福布斯》中国富豪排行榜。他旗下公司掌控二百余公里的高速公路经营权，被称为"公路大王"。

张荣坤积聚财富的速度虽然惊人，但手段却难以公开示人。他迷恋于结交显贵、官商勾结，为了成功不择手段，几乎每一笔财富都沾染着不义，沦为囚徒几乎是他无法逃脱的宿命。

石库门出生的"小苏州"

1973年10月3日，张荣坤出生在苏州上塘街一个石库门大宅院里。这里小桥流水、吴侬软语、人才辈出。1991年，18岁的张荣坤高中毕业，第一份工作是担任一家期货公司的经纪人。

期货经纪人生涯非常短暂。张荣坤在业余时间涉足期货交易，赚到了人生的第一桶金。自此之后，只有来得快的钱，才能引起张荣坤的兴趣。

张荣坤跃出苏州、进军上海滩的关键转折，发生在太湖边上的东山宾馆。东山宾馆一度是上海政府官员及国企高层经常光顾的度假场所，沪上冠盖云集此地。在此任职的张荣坤则恭逢其会，迎来送往，得以结交上层名流。渐渐地，张荣坤在上海政商界中有了"小苏州"之名，日后在上海的发达已有门径可窥。

韩国璋，就是张荣坤在此结交的贵人之一。韩国璋当时担任上海电气（集团）总公司办公室主任，在上海人脉甚熟。人际关系犹如一张网，织好了一个节点便可以无限伸展。韩国璋很快便介绍了上海的一众政商显要与张荣坤相识。数年后张荣坤得意上海滩，在政商圈中遍撒金条，其中部分金条即经由韩国璋之手散出。建立、稳固并扩展这种灰色关系，似乎是张荣坤与生俱来的本领。

关系网初就之后，张荣坤的生意规模有所扩大。1997 年 11 月，张荣坤组建江苏东山实业发展有限公司，自任董事长。东山实业一度在南京大举投资，但终究没有取得理想的回报。几经周折之后，张荣坤开始在上海布局。1997 年 12 月，他注册了上海同创企业发展有限公司，并在华东师范大学就读在职研究生。

激荡上海滩

2000 年，张荣坤开始大举进入上海滩。张荣坤将他的上海根据地选择在了象征权力与地位的西郊宾馆，从中依稀可见东山宾馆的起家路数。张荣坤在此使出浑身解数，通过美女和现金开道，逐渐使其在上海的政商关系取得了突破性进展。这一年，张荣坤与上海政要建立或巩固了亲密关系，奠定了他日后事业发达的基础，同时也埋下了命运转折的伏笔。

入沪之初，张荣坤延续了此前炒股发家的老路。只不过，张荣坤其时的人脉关系和动员资金的能量已非昔日可比。张荣坤联手上海基金公司和海欣股份董事长，筹集十数亿元坐庄海欣股份。占尽地利人和，海欣股份甚至不惜通过虚造财务报表进行配合，却未料很快遭遇资本市场的一轮大熊市，最终不得不败于天时。

比几乎所有庄家都要幸运的是，张荣坤拥有源源不绝的资金支持。出师不利的张荣坤随即开始转向公路和金融股权投资，这些转向为他迅速聚集了难以想象的惊人财富。

2002 年 1 月，张荣坤从韩国璋处了解到，上海城投下属上海路桥发展有限公司所持的沪杭高速上海段经营权要转让。张荣坤立即于次月注册成立了上海福禧投资有限公司，动用了竞争者无法企及的高层关系，以32.07亿元人民币的低价将路桥公司99.35%的股权收入囊中。

张荣坤的这笔巨额收购，单在交易成功的瞬间，便已赚取了3亿元之多，交易背后非市场化因素的支撑和能量早已超出了正常市场交易的范畴。张荣坤首次出手实业投资，便深深卷入了政商交结的漩涡中。此后，张荣坤的收购帝国开始呈现膨胀式扩张。2003年，张荣坤斥资十多亿元控制了上海嘉定至金山的高速公路项目；2004年，又出资5.88亿元收购了苏州苏嘉杭高速公路有限公司20%的股权；到2005年6月底，福禧投资参与管理的公路里程超过200公里。

新建高速公路项目非但可以获得承建利润和路权受益，更关键的是能够撬动巨额银行贷款。张荣坤以两条高速公路经营权为抵押，先后从银行及社保基金处套出近百亿元资金。一时间，福禧投资领域广泛分布于金融、地产、基础设施及公司私募。成立短短4年间，福禧投资总资产骤增至136.22亿元，净资产达到53.13亿元。

横空出世的“慈善家”

张荣坤聚集财富的不二法门便是经营人际关系，可以说他所有的财富都直接或间接地来源于他的“人脉”。张荣坤初战海欣股份虽败，但他在这一过程中表现出的“忠实”“诚信”“可靠”的一面让有关人士对他的信心与支持不仅没有动摇，反而进一步升级。过往的人际逢迎由此转变为真实的利益联盟。经过高人指点，张荣坤开始攀附另一条通向更高端政治资源的“终南捷径”——慈善捐赠。

外来者张荣坤一举确定了慈善扬名的入沪方略，他更深谙曲径通幽的攀附要诀。2001年年初，张荣坤在上海市慈善基金会举办的捐赠活动上出手200万元，拿下上海民营企业慈善捐赠“状元”。

但这一次对于张荣坤而言只是牛刀小试。尝到甜头后，张荣坤捐赠数字迅速攀升至千万级。2002 年，张荣坤以福禧投资名义对外捐赠额高达 2706 万元。此后，张荣坤每年向慈善机构捐赠的数额都在 3000 万元左右。2004 年 12 月，张荣坤入选中华慈善总会评选的中国最具影响力的百位慈善人士。

张荣坤是个商人，慈善捐赠图的无非是回报。与这些出手凌厉的捐赠相随，是张荣坤社会地位的节节高升。早在 2001 年，张荣坤就成为上海市长宁区工商联常委。2002 年 5 月，张荣坤成为上海市慈善基金会名誉副会长；7 月，成为上海市工商业联合会副会长；8 月，又成为上海公共关系协会名誉会长。此外，张荣坤还曾荣获上海市"慈善之星"、民政部先进个人等多项政府嘉奖。

张荣坤所获得的最显赫地位，当属 2002 年以 29 岁之龄当选全国政协委员、全国青联常委等职务。以全国政协委员之身往来京沪，张荣坤自然将关系网织到了北京。在此期间，张荣坤就读北京大学光华管理学院 EMBA 项目，再现当年入沪先入学的一幕。不过，张荣坤在北京的发展并未充分展开，他的重心始终在上海。

有了这些身份和铺垫，张荣坤在上海政商两界越发游刃有余，仿佛整个世界都尽在掌握。他所不知道的是，法网恢恢，疏而不漏。身后，危机正步步逼来，而且快得让张荣坤几乎来不及应对。

身陷社保大案

张荣坤进军上海滩不久，就通过时任上海社保局局长祝均一的关系拿到过两亿元的社保资金用于股市运作。福禧用于投资收购的资金中，除了从银行获得的短期贷款，还有很大一部分来源于上海社保资金。特别是张荣坤以高速公路为融资工具，先后累计拆借社保资金高达 34.5 亿元。原本是市民基本生活保障的社保资金竟然被张荣坤用于各种盈利前景不明的商业投资，其中的法律风险可想而知。但在长达数年间，张荣坤却成功躲过了监管部门的眼睛。银行贷款和社保资金一明一暗两条融资渠道，一度构成了张荣坤无与伦比的竞争优势。

纸终究包不住火。2006 年夏天，震惊全国的上海社保大案爆发。张荣坤很快被检方收押，“福禧帝国”一夜倾覆。这位 18 岁出道、年仅 34 岁的财富新贵终于遭到了法律的清算。

2008 年 6 月 22 日上午，吉林省高级人民法院作出终审判决：张荣坤因犯单位行贿罪、对公司人员行贿罪、操纵证券市场罪、欺诈发行债券罪和抽逃出资罪，5 罪并罚，被判处有期徒刑 19 年；其被扣押的 13 亿余元资产全部没收，张荣坤控制的上海沸点投资发展有限公司被处罚金 2. 32 亿元，福禧投资控股有限公司被处罚金 5000 万元。

张荣坤的人生经历恰如法国作家司汤达成名小说《红与黑》中的“外省青年于连”。从苏州的寻常家庭出生，在上海滩名利场中凭借游走权贵之门而迅速爬上财富和声名的顶峰，也在短短一夜间如坐上失控的电梯般直线坠落。即便作为茶余饭后的谈资，张荣坤的财富故事和桃色绯闻也渐渐从人们的记忆中溜走。只是，成就张荣坤的这一切，仍然在车水马龙、霓虹闪烁的都市喧嚣中日复一日地重复和延续。它激发着野心，成就着野心，但也会给野心不期而至的毁灭性打击。

[原载于《法治周末》2014 年 10 月 15 日“文化—档案”版]

乔洪：醉人茅台“罪”煞人

乔洪，仕而优则商的代表。他执掌茅台七年间，让这家百年老店发展成为国内白酒行业的翘楚，也让国酒茅台进入寻常百姓的餐桌。

然而兴衰系于一人的体制，也让乔洪陷入了代理商的利益漩涡不能自拔。在国酒茅台的甘洌醇香中，乔洪彻底迷醉了自己。

仕途进退

1953 年，乔洪出生于山西省昔阳县的一个传统家庭，6 岁时跟随父母来到贵州。20 世纪 60 年代末，适逢上山下乡运动的高潮，乔洪选择了在贵州参军。多年的军旅生涯打磨掉了乔洪的锐气，让他变得更加圆融有度。1975 年，22 岁的乔洪离开部队，进入国家机关工作。

他早期的从政履历显得一帆风顺、波澜不惊。第一份工作是在毕节地区广播局，随后相继担任毕节地委机关秘书、科长。乔洪仕途上的第一个重大跃升是担任共青团毕节地委书记，官至正处。不久，他又调任毕节地区纳雍县县长，其间还一度担任过毕节地区轻纺工业局局长。在这期间，“革命化、年轻化、知识化和专业化”成为干部提拔选任的一种官方标准。乔洪顺势而为，拿到了经济管理专业大专文凭。

机会总是垂青有准备的人。1996 年，贵州省面向全省公开选拔轻工业厅副厅长。43 岁的乔洪通过笔试、面试、考察等一路过关斩将，顺利获任该职位，负责分管全省的白酒产业。当时，他是贵州省同级干部中最年轻的，仕途一片光明。在此期间，乔洪曾亲率工作组主导了习酒公司的破产兼并和贵州珍酒厂的经营解困，初次展露了他的企业经营才华。乔洪今后的人生走向在此期间已有脉络可循。

2000年，贵州省轻工业厅在政府机构改革的背景下面临被裁撤合并的命运，人员分流调整已经不可避免。这一年，适逢茅台酒厂改制上市，被认为“精通经济”的乔洪成为茅台酒股份有限公司总经理人选。乔洪毫不犹豫地转换通道，欣然“下海”。在他看来，茅台是个极好的平台，犹如一艘航空母舰，大海能给他驰骋梦想的宽广平台。

茅台酒具有醇香馥郁、清洌甘爽、回香持久的特点，被尊为“国酒”。1915年，茅台酒荣获巴拿马万国博览会金奖，享誉全球，畅销世界各地。然而，这一百年老字号国酒却因其厚重的历史积淀而显得步履蹒跚，并未做好迎接市场洗礼的准备。加之1997年以前，茅台酒是计划加批条的时代，没有批条根本就买不到，根本就没有考虑做市场。1998年一场不期而至的金融危机，竟然让茅台酒出现了大面积的滞销，企业经营急转直下。

那时的茅台酒厂厂区与距离贵阳350多公里的茅台镇几乎融为一体。面积仅8平方公里左右的茅台镇，茅台酒厂的车间、酒库等就占据了3400多亩。镇上居民可以随意进出茅台酒厂，厂区主干道旁处处可见镇民开的各式小吃店以及背着背兜叫卖水果的果农。茅台镇大部分家庭都有成员在茅台任职，一个家庭里多个成员在茅台工作的现象也并不少见。2000年，乔洪到任后发现堂堂的茅台酒厂竟然还有职工打着赤脚、光着膀子上班。在农业时代，这幅悠然自得、率性而为的工作、生活模式或许会有其惬意甚至诗性的一面，但在一个讲究效率和竞争的工业社会，这样的场景却难免让人心底发愁。作为从贵阳空降过来的干部，乔洪在这里显得“形单影只”。

不过，多年分管酒业的经历让他有信心改变这一切。

改变茅台

乔洪临危受命后，迅速推行了一系列大刀阔斧的改革，让茅台酒业迎来了第一次的市场新生。由于企业管理长期松散，乔洪上任后的第一件事就是抓员工着装上班，持证上岗，严肃工作纪律。茅台酒厂多年来的涣散作风为之一扫。此后，乔洪主动出击，在全国广招代理商和分销商，大规模铺设专卖店，以前所未有的积极姿态全面开拓市场。为了提高产品的渗透率，乔洪更是史无前例地不断开发各种不同规格、不同系列、不同品种的产品，极大地丰富了茅台的产品阵容。此外，茅台还为机关、团体和知名人士定制专用产品，为党政军部门和大企业封坛窖藏茅台酒。一系列看似“屈尊降贵”的举措，让茅台很快走出低谷，销量直线上升。

2002 年，世界杯足球赛首次在亚洲的韩国和日本举行。中国国家足球队更是历史性地进入三十二强决赛。常人也许难以想象，这场足球盛宴竟然与乔洪的命运紧密勾连。业余注重养生锻炼、酷爱足球的乔洪带领茅台中高层和部分经销商前去现场观战。该活动系与山东某旅行社合作。但事后，人们发现贵州茅台与该旅行社有两份不同的付费合同，一份是 1.7 万/人，另一份是 3.7 万/人。按照前者计算，费用在 500 万元左右，而按后者计算则高达 800 万元左右。茅台账目支出显示系按后者支付，但旅行社方面却坚称只是按照前一份协议收款。高达 300 万元的差额费事件虽然不了了之，但直接负责和主管此事的乔洪却给人留下了口实。

乔洪对市场的积极拥抱，换来的是市场对茅台更加热烈和慷慨的回报。伴随着销量一路扩张，茅台的价格也水涨船高。尽管如此，市场对茅台的需求仍然强劲，产品仍然供不应求。与此相对，“贵州茅台”的股票被不断追捧，一直保持在高位价格区间，甚至被视为中国第一绩优股。一组数据能够说明这一切：1999 年，茅台的销售额只有9.8亿元，但到了2006年这个数字变成了惊人的62亿元。骄人的业绩让那些反对乔洪经营思路和管理手段的人暂时闭上了嘴巴，他本人也在2007年首届“中国酒业营销金爵奖”上获得营销成就奖。

乔洪的经营管理才能一半源于天赋，一半源于学习。在茅台集团，员工都知道乔洪酷爱读书。他不仅坚持每个月看一本书，而且还经常给企业员工推荐书目。广博的阅读和不懈的思考，使乔洪的思想一直十分活跃。乔洪并不满足于现在所取得的一切，他对于茅台还有更大、更远的设计和构想。然而，如同到达茅台小镇必须经过蜿蜒的山路一样，这个大型企业集团的转型没有那么轻松。在上市公司茅台股份中，作为国有大股东的茅台酒厂有限责任公司拥有61.78%的股份，而后者乃是贵州省国资委旗下的国有独资公司。茅台股份的15名董事会成员，除了2位独立董事外，其余全是茅台酒厂的原班人马。为了解决茅台股份内部人控制问题，茅台多次引进战略投资者，但都无疾而终。作为“国酒”的茅台，无论是经济地位还是行政地位，都注定了其股权多元化道路的漫长不易。缺乏科学、合理的公司治理体系，茅台在繁荣风光的表象背后其实早已暗流涌动。

马失前蹄

企业发展驶入快车道，乔洪在茅台的地位也如日中天。然而现实情况是，乔洪只是茅台酒业的“三把手”。在他之上，还有茅台集团董事长季克良、股份公司董事长袁仁国。特别是随着季克良即将退休，乔洪与袁仁国之间关于茅台集团董事长职位的卡位战已经迫在眉睫。袁仁国比乔洪年轻4岁，已在茅台集团经营三十一年，当时的职位也比乔洪高。对乔洪更为不利的是，乔洪的长项在于市场营销，但对生产工艺、酿造技术却不甚了解。对于注重技术和传承的茅台来说，如果掌舵人不得不在技术上受制于下属，那么产品品质、管理效率都将无法保证。与此同时，在茅台的“三驾马车”中，董事长季克良和总经理袁仁国都是技术出身，并名列中国酿酒工业协会评选的“中国酿酒大师”。以上种种，都妨碍了乔洪在茅台集团攀上更高的山峰。

业界对于茅台“三驾马车”之间的关系洞若观火。乔洪本人也公开承认，任何一个企业都不可能回避矛盾，但茅台集团的内部矛盾还是要比想象中的更加尖锐和复杂。2007 年年初，乔洪被举报、“双规”的传闻就开始甚嚣尘上。当年 4 月 30 日，乔洪在一个饭局上被贵州省纪委带走调查。在此之前，他的妻子、弟弟、妹妹也已相继被纪委“双规”。乔洪被调查的同时，茅台销售公司的中高层也开始大换血，约有一半管理人员被调整，多位高管被带走协助调查。

生就一副娃娃脸，每天都笑脸迎人的乔洪不得不面对他一生的严峻考验。在被调查期间，乔洪不断地给贵州省领导写信，主动交代自己的受贿行为，并试图淡化茅台领导班子之间的矛盾。但这一次，乔洪已经无法左右自己命运的车轮。

2010 年 1 月 15 日，贵州省遵义市中级人民法院对乔洪一案进行公开宣判。经法院审理查明，乔洪于 2000 年年底至 2007 年 3 月期间，先后一百余次分别收受他人贿赂共计人民币 1323 万余元；伙同其弟乔建华共同受贿 218 万余元；乔洪另有折合人民币 820 万余元的巨额财产不能说明来源合法。遵义市中级人民法院以受贿罪和巨额财产来源不明罪，判处乔洪死刑，缓期二年执行，剥夺政治权利终身，并处没收个人全部财产。不久，贵州省高级人民法院维持了一审的判决。

法槌落下，乔洪的命运已经定格。但权力的魔咒，何时能有破解、定格的一天？乔洪步出法庭时低头弯腰的身形，犹如一个大大的问号。这问号同样高悬在茅台继任者头顶上方。

[原载于《法治周末》2014 年 10 月 22 日“文化一档案”版]

禹作敏：渤海边的草莽英雄

禹作敏，家喻户晓的中国第一代农民企业家。在他的带领下，偏居渤海一隅的大邱庄摆脱了百年贫困的帽子，走出了一条依靠工业集体致富的路子。

然而，农民的无知和局限，让他在法治的歧路上越走越远，以致无可挽回。禹作敏的离去，对于大邱庄的经济发展无疑是一种损失，但对于矫正当地严重越轨的治理秩序则未必不是件好事。

改革者无畏

1930 年 4 月 3 日，禹作敏出生在天津市静海县一个世代农耕的家庭里。这里濒临渤海，土地盐碱，地势低洼，沥涝频繁，居民长期面临温饱的挑战，生活十分困苦。禹作敏所在的大邱庄破烂凋敝，道路坑洼不平，而且是清一色的无砖无瓦土坯房。

1974 年，仅有三年私塾文化，当过马车夫、会计的禹作敏开始担任蔡公庄乡大邱庄大队党支部书记。彼时，“全国农业学大寨”正值高潮。禹作敏被铺天盖地的红色革命热情所鼓舞，曾四度前往山西大寨参观学习。1974 年冬，禹作敏迈出了改造大邱庄面貌的最为原始的一步。他身先士卒、一马当先，带领大邱庄 4000 名群众凭借土筐和铁锹，硬是把成片的盐碱地改造成为了肥田沃土，甚至还修了几十条能走马车和拖拉机的公路。然而，这等战天斗地的精神却未能从根本上改变大邱庄的贫困面貌，村民依然挣扎在温饱线上。

自然和地理条件的制约，让禹作敏意识到改变命运不能再单纯地依靠农业。1978 年中共十一届三中全会实行改革开放政策后，禹作敏破釜沉舟、先人一步，决定直接发展乡镇企业及制造加工工业。禹作敏倔强地认为，“低头向钱看，抬头向前看。只有向钱看，才能向前看”。这不过是通俗版的“贫穷不是社会主义”，但了解历史的人都知道这种说辞在当时所面临的政治风险。禹作敏的人格魅力与过人胆识，在舆情混沌的重要关节初步展现，群众遂一呼百应。

变革，就这样出现了。大邱庄的第一桶金来源于兴办轧钢厂。大邱庄有一个村民曾经在天津一家冶炼厂当过工人，不仅熟悉冶炼技术，而且在天津的同行中有一批熟人。禹作敏委派他考察项目，了解到冷轧比热轧成本低，但质量相差无几。禹作敏当机立断，动员全村集资，公开承诺：“富不起来，我爬着去给你们拜年!”此外，禹作敏又从别的单位借来几万元，凑足 15 万元从天津买来废旧设备，办起冷轧带钢厂。出乎所有人意料的是，这个厂当年就赚到了 17 万元。这对于人均年收入只有不到一百元的大邱庄村民无疑是一个天文数字。禹作敏凭着一股不服输的韧劲和埋头苦干的精神，带领大邱庄的集体经济开始以原子裂变的速度发展起来。

天下第一庄

轧钢厂之后，大量工业企业开始在大邱庄扎堆出现。1981 年，大邱庄高频制管厂成立；1982 年，大邱庄印刷厂、大邱庄电器厂相继开工投产；1983 年，为扩大规模、便于管理，同时为享受政府对初创公司的税收优惠，禹作敏决定成立大邱庄农工商联合总公司，并将建立分厂的权力下放到各厂。

依托冷轧带钢厂、高频制管厂、印刷厂、电器厂盈利水平的不断提高和企业规模的不断发展壮大，各个工厂下辖的分厂以“滚雪球”的方式越滚越多，越滚越大。1987 年，禹作敏将上述四个总厂改制为四大公司。1992 年，他又将四个公司分别改名为尧舜、万全、津美、津海四大集团。同年，在禹作敏的主持策划下，大邱庄农工商联合总公司投资近10亿元，在村西北建立起“百亿元工业区”。至该年年底，大邱庄撤村建镇，共有工业企业200余家，从业人员12342人，工业总产值402761万元，比1981年增长了835倍。

除去工业项目，禹作敏在农业生产上亦较早推行了“专业承包，联产计酬”的做法，鼓励有能力的农民系统、集中地承包土地。禹作敏先后将大邱庄农业专业队改组为农场，在规模化耕种的基础上大力提高农业机械化水平。到了20世纪80年代末，整个大邱庄仅有不到十个人在从事农业生产，但却拥有两千多台农业机械，而粮食产值也远超以往。大邱庄村民彻底告别了饥荒，脱去了贫困的帽子。

随着经济总量的不断翻番，大邱庄的村民福利待遇亦有了难以想象的改善。除了用电、用气、电话不要钱，上学、住房也全部由集体承担。对于光棍汉，村里还主动帮助解决婚姻问题。随着大邱庄医院、大邱庄生物技术研究所、天津理工学院大邱庄分院、大邱庄邮电大楼、香港街、百亿路以及纵横有序街道的渐次兴建，加之居民住宅楼的整齐划一、别墅群的井然分布，大邱庄成了名震海外的天下第一庄。《纽约时报》曾经以十分艳羡的口吻报道大邱庄的富裕程度：“这个村有4400人，却有16辆奔驰轿车和100多辆进口的豪华小轿车。”

失控的王国

非凡的成就使得禹作敏被诸多光环笼罩。他先后获得天津市劳动模范、全国劳动模范、全国十佳农民企业家、全国乡镇企业优秀企业家等一系列荣誉称号，并担任第七届全国政协委员。他在当时，甚至是比中国政府部门更先拥有奔驰豪华型SL600防弹车的农民企业家。

众星捧月，禹作敏渐渐开始忘乎所以。他不仅不再把大邱庄的村民放在眼里，不把当地政府领导放在眼里，甚至不把人命和法律放在眼里。大邱庄已经成为禹作敏说一不二、一手遮天的独立王国。禹作敏私设公堂，雇用很多保安，只要村民或者村企员工稍有闪失，轻则被罚，重则被打。一位香港记者曾经当面询问禹作敏是否是土皇帝，禹作敏则直言不讳地表示，“我去了‘土’字就是皇帝”。

助长禹作敏这种有恃无恐、目无法纪，敢于以言代法、以身试法的，不仅有他本人亲身经历过的法纪不彰、权大于天的时代现实，而且有大邱庄官商一体、无往不能的运作模式。大邱庄住着工商、税务、公安、法院、银行等部门派驻的工作代表，他们在吃“皇粮”之外，还领受着大邱庄另行为他们开具的不菲的工资。工商部门就地为他们办理营业执照，税务部门就地为他们减免税收，公安人员优先保护大邱庄村民，法院在诉讼中主动替大邱庄说话。在整个政府公权力都被大邱庄“私有化”以后，禹作敏后来看似荒诞、过激的一系列行为实际上已不难想象。

1990 年 3 月的一天，大邱庄一位员工只因说了一句“禹书记为女儿出嫁，在县城盖小洋楼花了不少钱”，禹作敏知道后怒发冲冠，将这位员工严刑拷打，逼得他服毒自杀，差点酿出人命。一个月后，禹作敏的一位叔伯侄女疑似被同村村民刘金会污辱以致精神失常。禹作敏立即纠集一群人将刘金会的父亲刘玉田当街活活打死。事后，禹作敏亲自主持召开全村职工大会，将刘氏三兄弟捆绑着押至台前，鼓动大家对其进行揭发、声讨。禹作敏还组织策动大邱庄近两千人大游行，大街上贴满了“打死人无罪”“打死刘玉田活该”等大幅标语。调查此事的公安人员则配合着借故离开，仿佛什么事都没发生。

上帝要毁灭一个人必先令其疯狂。“刘玉田案”虽然未能让禹作敏面对司法，但接下来的“危福合案”却让他最终跌落法网。1990 年前往大邱庄打工并于 1992 年负责该村华大公司养殖场基建工作的河北青年危福合，在公司面临解体之际被人指称涉嫌“贪污公款”。禹作敏组织人员对他进行突击审讯未获承认后，指使多人在大邱庄公司保卫处将其殴打致死。为了阻止政法干警进入大邱庄开展侦查，禹作敏命令各公司调集上万名手持钢棍的群众在各路口和总公司大楼周围昼夜把守，进村的各主要路口分别被卡车、油罐车封堵。早先进入大邱庄的数名调查人员被围攻扣押，甚至天津市检察院副检察长也被禹作敏非法扣留了两天。天津市公安机关派出近千名武警与大邱庄村民对峙数天后，无奈以撤退告终。禹作敏扬言“打死个人算什么”“党内的事情党内解决”“任何人进入大邱庄都必须接受他的审查”。禹作敏的这些动作虽然对案件侦查起到了一定的干扰作用，但却更加坚定了有关部门执法到底的决心和意志。

1993 年 4 月 15 日，禹作敏接到天津市委书记要找他谈话的通知。禹作敏带上贴身保镖和 3 名随从与县委书记一道前往天津。行至指定的房间后，等待禹作敏的并不是市委书记，而是多名神色严峻、全副武装的警察。公安人员出示了拘留证，禹作敏只好束手就擒。半年后，法院以窝藏罪、妨碍公务罪、行贿罪、非法拘禁罪、非法管制罪等罪名合并判处禹作敏二十年有期徒刑。1999 年，禹作敏在狱中吞食大量安眠药自杀身亡，终年 69 岁。

现如今，大邱庄的街道、楼群仍然沿袭了往日的风貌，百亿路周边依旧可见大大小小的钢铁企业不时腾起的浓烟。但经历数轮改革和市场变迁之后，那些为大邱庄带来滚滚利润的企业要么转手易人，要么经营乏力。禹作敏的时代早已经终结，天下第一庄也早已易主，人们还在苦等大邱庄复兴时代的到来。

[原载于《法治周末》2014 年 10 月 29 日“文化—档案”版]

龚家龙：极目方恨楚天阔

龚家龙，名震一时的中国民营石油大王。他靠着自己的天赋和努力，从一个石油钻井工人变成一个拥有两家上市公司，推动民营石油企业涉足国际能源项目的知名企业家。

然而，为了摘掉“红顶商人”的帽子，他却搭上了一年多的人身自由和几乎全部个人财产。如今，他在大洋彼岸的加拿大重建自己的能源帝国，并将他的石油梦想延伸到更加广阔的天地。

积攒第一桶金

1954 年，龚家龙出生在湖北省一个普通的知识分子家庭。父亲是荆州市农科所的技术人员，母亲是农学院的教师。在那个特殊的年代，知识有时候意味着麻烦和灾祸。1969 年，由于父母被下放“五七干校”，15 岁的龚家龙也不得不辍学去农村插队做了知青。目睹时事变故，龚家龙毅然决然地背叛了知识分子的家庭背景，在 17 岁那年成为江汉油田石油井架上的一名工人。

江汉油田是中国中部地区少有的几个油田之一。龚家龙当时并不十分了解石油对于国民经济的重要意义，更不知道自己的人生会与这种浓稠的黑色液体结下不解之缘。度过了一段石油工人生涯后，龚家龙被调入湖北省荆州市轻工业物资局。他胆大心细、头脑灵活、敢于负责，逐渐升为后勤保障车队队长。

然而，无论是打井的石油工人，还是负责后勤保障的车队队长，都远远不能施展龚家龙的聪明才智。直到改革开放后，龚家龙的商业头脑才逐渐有了用武之地。20 世纪 80 年代初期的计划经济体制下，买一袋米、一匹布都需要指标。车队需要一批车，但一没钱二没指标，龚家龙却想到了一个办法。他托人从国外买来一些废弃的旧船，用船身的钢板去上海、北京等地置换汽车。那时候汽车十分紧俏，但钢材更加稀缺。龚家龙就这样用一万多的价格交换到了市场上四五万元还不一定能买到的北京吉普汽车。

这件事情让整个轻工业物资局都对他刮目相看，也让龚家龙初次领略了“交换”的无穷魅力。从那时起，“交换”渐渐成为龚家龙一生的追求。1985 年，轻工业物资局成立轻工产品经销公司，龚家龙理所当然地成为了这家国企公司的总经理。

龚家龙的第一桶金源自于“交换”香烟。在信息技术还不发达的年代，物资供给需求矛盾常常无法化解，而负责开车、游历丰富的龚家龙却能掌握各地的信息。他了解到常德市卷烟厂正因为生产线上缺原料而焦急，他恰好也知道千里之外的河南因烟叶的大丰收而欣喜。于是，龚家龙把河南的烟叶运到常德卷烟厂，换来成品香烟并运回湖北售卖。有一个月，龚家龙竟然赚了三百多万元。香烟带来的暴利终于启动了龚家龙的商业航母。

然而，彼时的政治气候阴晴不定。正当龚家龙香烟生意越做越旺的时候，政府开始大规模打击“投机倒把”行为。龚家龙被称为“湖北最大的投机倒把商人”，被审查了整整一年。幸好龚家龙的政府背景和人脉关系帮助他安然渡过了这一危机。这一年，龚家龙决定彻底离开国企，光明正大地追寻自己的事业。

民营石油巨头

荆州地区生产生活资料产品经销公司是龚家龙注册成立的第一家公司。然而，这家完全由龚家龙个人出资、独立经营、自负盈亏的公司挂在了轻工业物资局的名下，并注册登记为全民所有制企业。此后数年，龚家龙都循此套路进行运作经营。在当时的政策环境下，挂靠政府机关和使用国企名义的确为他避开了诸多政策壁垒，带来了显而易见的经营便利，但也为后来的产权纠纷埋下了重大隐患。

这家公司的经营手段仍然是物物交易。在那个物资极度匮乏的年代，他卖过冰箱、车辆、洗衣机等物品。短短数年，龚家龙已经积累起千万身家。很快，龚家龙重新迷上了石油。那时，县处级的领导干部才能使用液化气，供应十分紧张。龚家龙知道东北的辽河油田有很多石油运不出来，便斥巨资买了个火车车皮，把东北的石油拉回湖北销售。生意不出意料的火暴，而龚家龙还在继续寻找新的商机。

适逢海南岛撤区建省，龚家龙立即着手在海南建设大型油气站。第二年，他注册成立了海南龙海石油液化气公司。截至1993年，龚家龙在湖北、湖南、海南等地建立了数十个加油站和液化气储运站。这一年，龚家龙将上述资产进行重整，正式组建了“湖北天发企业（集团）股份有限公司”。随着产业链的逐渐拉延，龚家龙愈发感到资金缺口的压力。

敢想敢做的龚家龙把目光投向了证券市场。那时，公司如果没有强有力的政府支持，公开上市是想都不敢想的事情。龚家龙踌躇满志地找到了湖北省政府。他对政府动之以情、晓之以理，直陈公司上市对当地税收就业甚至口碑带来的好处。1996年，挂着国字号招牌的“湖北天发企业（集团）股份有限公司”在深圳交易所上市，成为全国民营石油企业唯一牌照齐全的石油类上市公司。鼎盛时期，天发集团在全国拥有100多座小型加油站和3座万吨级加油站。那时，中石油、中石化尚未组建，石油的垄断经营局面尚未形成，龚家龙抓住了历史给予他的重大机遇。

随着石油公司的上市，龚家龙开始涉足农副产品深加工、日用化工、制浆造纸等业务。湖北省盛产菜籽，是全国油菜产出大省，但是当时湖北省并没有农业的自主品牌，没有成规模的农产品加工厂，食用油几乎全部来自广东。龚家龙在当地政府的邀请下，为了支持本土产业发展，完善产业链，决定投资油菜籽加工项目。2000年，龚家龙的天成油脂厂开工，年加工油菜籽120万吨，被国家八部委联合授予“国家农业产业化龙头企业”。鼎盛时期，这个企业一年要接待各地党政机关和企业参访团高达900批次，平均一天3个批次。

虽然早已经声名在外，但真正让龚家龙广为人知的是他联合全国100多家民营石油企业发起成立的全国工商联石油业商会。这一商会涵盖了石油行业的上、中、下游各个环节，开创了中国民营石油业发展的新纪元。龚家龙毫无疑义地当选为首任会长，隐约间已有东方洛克菲勒的气势。此后，龚家龙扛起全国民营石油联盟的大旗，率团前往亚洲瞩目的巴基斯坦瓜达尔石油港口参与港口建设的竞标，并成为巴基斯坦时任总统穆沙拉夫的私人经济顾问。龚家龙还数下中东与沙特石油财团共同筹建黄石石油城。是时，“民营油企第一人”“民营石油大王”的桂冠，除了龚家龙已无人能配得上。

产权之痛

“红顶商人”的帽子给了龚家龙崛起以特殊便利，当地政府的鼎力支持更是功不可没。如果没有这两个条件，以龚家龙的平民商人背景要在那个年代拥有两家上市公司简直是天方夜谭。然而，任何恩惠都需要报答。龚家龙对当地政府的报答除了政绩、就业、税收等常规项目以外，还包括接手多家负债累累的国有企业。几经并购重组，原本清晰的天发集团股权开始变得复杂起来，以至于连天发集团是否属于民企都成了疑问。

2000年以后，曾经带来诸多好处的“红帽子”随着市场环境的变化日渐成为多余，但“摘帽”的过程却又面临着重重的法律乃至政治风险。龚家龙寻求从法律层面界定企业产权的早期努力得到了政府的正面回应。2001年，他得到了荆州市国资委的正式文件批复：同意天发集团变更工商登记，所有制性质为非国有独资。然而，随着国企改革方向的调整和国资流失问题的讨论，这个批复的效力一直备受质疑。

2006年7月18日，龚家龙邀请知名法律专家江平、王利明、徐杰、李曙光等人就天发集团的产权界定进行了一次法律专家论证。专家们给出的法律意见书认为，天发集团不属于国有独资公司。同年9月，荆州市政府及荆州市国资委再次批复，天发集团变更为龚家龙持有6.5亿元股权，天发集团工会持有3.5亿元股权的纯粹民营企业。

在这类历史成因复杂、公私混合交叉的“红帽子”企业中，产权界定一直都是一个充满风险的雷区。龚家龙能够成功说服荆州市政府，通过对话的方式取得私有产权已相当不易。奈何龚家龙事成之后在接受媒体采访时，详细讲述了天发改制的艰难内情，其中不乏对荆州市政府与民争利的不满和指责。形势就此急转直下，荆州市工商局认定天发集团此前的股权变更登记无效，荆州市政府重新认定天发集团的产权性质是国有，天发集团也被正式列入荆州市国资委的监管范畴。

2006年12月21日下午4时许，龚家龙正准备去武汉市弘毅大酒店开会，却在酒店门口被几个便衣警察带上了警车。这一天正是天发石油上市十周年的纪念日，龚家龙刚在位于荆州市的天发石油总部开完庆祝大会，驱车返回武汉。次日，龚家龙被监视居住，2007年2月13日被鄂州市检察院批准逮捕。专案组历时10个月，辗转数万公里，调查400多人次，审阅凭证资料3万多册，送到法院起诉的卷宗有100多册。2008年8月5日，鄂州市中级人民法院以违规披露、不披露重要信息罪，判处龚家龙有期徒刑1年零7个月，并处罚金20万元。

志业未竟

在一年多的牢狱生涯里，龚家龙多次被要求站在室外大雪中反省，并一度和死刑犯关在一起。这一年，他几乎把所有的空闲时间都用来读书。读胡雪岩，读巴菲特，读王永庆，龚家龙内心的那股烈火不仅没有熄灭，反而越烧越旺。

后来，龚家龙刑满释放，走出监狱。没有过多的抱怨和耽搁，龚家龙马不停蹄地往返于北美、南美等十多个国家去考察项目，最终将第二次创业选在了加拿大。

吊诡的是，2011 年 8 月 30 日，湖北省鄂州市中级人民法院对龚家龙提起再审，并作出无罪判决。虽然成功洗刷罪名、重获清白，但龚家龙原先的那些公司早已面目全非，有的被收归国有，有的已经破产倒闭，有的则几经易人。龚家龙充分运用他出神入化的资本运作能力，借力使力，从头起步，已经成功在加拿大收购安泰瑞能源公司和撒哈拉能源公司两家石油上市公司和一座位于加拿大萨斯喀彻温省的钾矿，获得了加拿大 7000 平方公里的矿区。

如今，龚家龙每天都是后半夜 2 点睡，早晨 7 点就起床，其他时间几乎都在工作、开会。他没有任何业余爱好，是一个地道的工作狂。虽然过去的人生起起伏伏，但龚家龙对石油、能源的壮志雄心依然不减当年。龚家龙也没有因为个人的司法遭遇而放弃国内市场，相反他一直在筹划和地方政府的合作项目。就在 2014 年 3 月，龚家龙成功从加拿大政府处申请到每年向中国出口 3000 万吨液化天然气的许可。凭借天生的灵敏嗅觉和理性的判断，龚家龙认为中国的石油、能源行业早晚会打破垄断、放开竞争，而到了那时他的机会将远不同于现在和以往。

［原载于《法治周末》2014 年 11 月 5 日“文化—档案”版］

周益明：只剩繁华成追忆

周益明，曾经是中国最年轻的亿万富翁。他绝顶聪明、不拘一格，靠着在资本市场的系列运作迅速积累起惊人的财富，一度在香港和内地拥有两家上市公司。

他也是贿赂开道、造假成性、掏空国有资产的罪人。无期徒刑的判决几乎剥夺了他任何东山再起的机会。他年轻的字典里只能装载着确定的失败。

最年轻的福布斯富豪

1974年，周益明出生在浙江省慈溪市的一个普通市民家里。家乡浓厚的商业氛围使得周益明无心向学，早早地投身商场。虽然只在浙江省甬江财经学院勉强获得了大专学历，但周益明的商业头脑却是一点也不含糊。19岁那年，他带着仅有的两万块钱从家乡出发，在北京中关村租了一个柜台，售卖家乡生产的电子配件。

如同所有的创业者一样，成功的道路不会一帆风顺。周益明在电子配件市场摸爬滚打数年后，选择了离开。1996年，周益明投资研制的防雾灯在一次政府招投标过程中意外中标，获得了他人生中的第一笔财富1000万元。周益明年轻气盛，雄心勃勃，做产品和实业并非他的兴趣所在。为了使这1000万元巨资获得最大的经济效益，他于次年南下广东，结识了“资本大鳄”——三九药业董事长赵新先，学习资本运作的妙诀。

很快，周益明以1000万元的价格购买了三九电脑公司，将之更名为明伦光电公司，并自任董事长兼总经理。在随后的几年里，周益明虽然积极运作，但并不显山露水。直到2002年，周益明先是控股中国四大名酱园之一的广州致美斋食品有限公司，接着收购了香港主板上市公司联大集团并将其改名为明伦集团。此后，明伦集团更是马不停蹄地参股了深圳金融租赁公司。一时间，周益明和他的明伦集团如同横空出世的黑马，给了世人一个大大的惊喜。公开的资料显示，年仅29岁的周益明拥有明伦集团90%的股权，账面财富高达24.3亿元。不出所料，“神秘”“低调”“超级资本玩家”等评论充斥各种财经媒体。同时，周益明的背景身份和资金来源也开始遭到市场质疑。

但那时蜂拥而至的媒体关注，非但没有给周益明造成任何麻烦，反而进一步为周益明的系列资本运作提供了便利。2003年3月，明伦集团斥资3.8亿元收购了四川省遂宁市明星电力28%的国有股，一跃成为明星电力第一大股东。短短两年时间，名不见经传的周益明同时拥有了两家上市公司，完成了堪称神奇的华丽转身。

2005年，年仅31岁的周益明以9.8亿元的身价荣登《福布斯》富豪榜第207位，成为深圳最年轻的上榜者。

并不高明的空手套

普通的家庭出身、并不显赫的实体经营业绩，周益明的巨额财富始终疑团丛丛。多年以后，明伦集团的资本收购内情被尽数还原，一个并不高明的空手套白狼、侵吞上市公司资产的故事逐渐展现在公众面前。

2002年，周益明斥资6000多万元收购的香港联大集团当时负债累累，连年亏损，收购后也未见盈利。可以说，周益明的第一笔收购属于赔本赚吆喝。2003年时，明伦集团还是一个净资产为负数的企业，他能取得明星电力28%的国有股控股权，完全是依靠一系列移花接木的欺诈手段。

明星电力是四川省遂宁市380万人口水、电、气的主要供应商，在当地具有高度垄断和独占的市场地位。2002年8月，明星电力在国企改制浪潮中欲转让28.14%的国有股股权，估价3.8亿元。对于这块资产状况良好、市场需求无忧、投资回报丰厚的“肥肉”，众多商家都是垂涎欲滴、跃跃欲试。周益明毫不犹豫地加入了对明星电力股权的争夺。他立即着手成立深圳市明伦集团与遂宁市政府进行接洽。虽然志在必得，但周益明当时现金吃紧，根本拿不出如此数额的巨资。不过，对于一个觊觎资本市场多年的玩家而言，缺少现金从来都不是问题和障碍。

为了完成收购，周益明先以10万元买来深圳一家皮包公司，然后用8000万元银行贷款进行反复倒账，虚增母公司及7个子公司的注册资金3亿元。2003年3月，周益明委托深圳市中喜会计师事务所将公司净资产“做”到10亿元以上。在拿到公司资料的第二天，中喜会计师事务所在没有进行任何调查的情况下，就迅速伪造出一份总资产27亿元、净资产12亿元的2002年度资产审计报告。而当时明伦集团负债高达7000余万元，旗下核心企业明伦光电纳税额仅为3145元。

周益明仅仅支付了中喜会计师事务所11万元的业务费就将自己包装成身价27亿元的亿万富翁。然而仅仅如此，并不能解决明伦集团的收购资金来源问题。周益明又将目光投向了银行。为了挤破证券市场泡沫、降低银行风险，当时政府禁止用银行贷款进行上市公司等权益性收购。然而，在别墅、汽车、美女等财色的轮番攻击下，周益明钓到了两条他想要的大鱼。

在华夏银行广州分行行长郭某和上海浦东发展银行深圳罗湖支行行长韩某等人的帮助下，周益明巧妙地设置了一个“过桥贷款”方案——银行以企业流动资金的名义给周益明放贷4.22亿元。最终，从未涉足水电、能源领域的明伦集团一举挫败实力强劲的娃哈哈、健力宝等众多民企，成为明星电力第一大股东。周益明也理所当然地坐上了董事长的宝座。

说起来，遂宁市政府并非完全没有做过任何调查。在股权转让前，政府曾组织考察团专赴深圳市考察明伦集团。周益明“急中生智”，把考察团带到别人的公司去参观，并把它们说成是自己的企业。也许让人难以相信，政府考察团的那次深圳之行竟然满意而归，并对明伦集团的实力“深信不疑”，以至于当地政府甚至都没有到明伦集团所在地的工商税务部门进行查验。也许连周益明自己都没有料到，如此粗糙的拼凑和表演竟能打动遂宁市政府的“芳心”。看来，并非时势造英雄，而是监管部门的无知和渎职造就了一个又一个看似体型庞大、其实羸弱不堪的“稻草巨人”。

一朝沦为罪人

如果说借用银行贷款进行股权收购还只是违背金融监管政策，尚且看不出现实社会危害的话，那么接下来周益明通过占用上市公司资金、对外拆借资金以及违规担保等手法，大肆掏空上市公司，巧立名目侵吞国有资产的做法则为自己挖下了一个永远都无法填补的大坑，并让自己无可挽回地跌入了坑底。

自从坐上明星电力董事长的位置后，周益明便开始了疯狂“淘宝”。事后的调查发现，2003 年 6 月至 2005 年 11 月，周益明通过指使明伦集团高管刘文中、史云及其派到明星电力公司任高管的赖学军、赵丽萍、王峰等人，将明星电力的资金以“对外投资”的名义，疯狂拆借、转入明伦集团及周益明私人控制的 10 多家空壳公司，前后非法占有明星电力公司资金高达 5.5 亿元。

2005 年 11 月 2 日，国务院批转中国证监会《关于提高上市公司质量的意见》。2005 年 11 月 13 日，周益明被遂宁市公安局从北京带回遂宁。2006 年 12 月 1 日，遂宁市中级人民法院对周益明案进行公开判决。遂宁市中级人民法院认定，周益明及其控制的明伦集团通过合同诈骗方式取得明星电力控制权和经营权，在此基础上鲸吞上市公司利益。除周益明被判处无期徒刑和没收个人全部财产外，明伦集团也被处以5000万元的罚金。2007年4月，四川省高级人民法院驳回了周益明的上诉，维持了原审判决。

周益明是中国资本市场上第一例按照合同诈骗罪被判刑的资本玩家。在过去，司法机关对大股东违法犯罪几乎完全是按照不同罪行进行分类制裁，从而大事化小地以虚报注册资本，抽逃出资，违规披露、不披露重要信息等相对较轻的罪名进行处理。而周益明案件，司法机关将整个注册、收购、经营的过程视为一以贯之的整体，进行一体性综合评价。周益明被判处重刑也许意在威慑那些觊觎上市公司资产的资本玩家，但资本市场监管乏力的现状显然并非一起刑事案件可以改变的。

周益明的创富神话某种程度上更像是创富笑话。正因为规则徒有其文，监管虚有其表，周益明这样的玩家才可以在资本市场上翻江倒海。仅仅不到三年的时间，明星电力就从一个总资产21亿元、净资产12亿元的优质上市公司沦落到亏损3.5亿元、经营难以为继的境地。这并非国企产权改革方向的错误，而是改革方案和执行过程屡屡遭遇监管缺位和社会潜规则所致。行政、金融、中介、资本巨蠹相互利用，争相食利，其间利益之复杂交混实不足为外人所道。若无铁腕的治理和霹雳的改革，纵然一个周益明倒下了，又何愁身后没有其他的追随者！

[原载于《法治周末》2014年11月12日“文化一档案”版]

李途纯：人生如戏戏如潮

李途纯一手缔造了太子奶传奇，刷新了中国乳酸菌奶业的第一个高峰。但他盲目扩张、管理松懈，导致公司深陷债务危机不能自拔。

与外资巨头的对赌协议和当地政府的强势介入，特别是公安机关长达一年多的羁押调查，让李途纯彻底成为了太子奶的局外人，眼睁睁地看着太子奶被转手易人。

太子奶传奇

1960 年，李途纯出生在湖南省临湘县的一个普通家庭。他的早年经历鲜见公开披露。1990 年，正当而立之年的李途纯作出了一个完全改变其人生轨迹的重要抉择。他一次出差杭州，在西湖旁的岳庙里读到了“三十功名尘与土，八千里路云和月”的诗句，深受刺激。他回家后辞去了一家国有餐饮企业经理的职位，带着 300 块钱和一麻袋书，抱着“卖苦力、扫大街”的最坏打算，坐火车去深圳创造自己的“功名”。

在深圳，李途纯一边在不同地方打工谋生，一边耐心地寻找自己的机会。1993 年，邓小平南方谈话后不久，神州大地掀起了一股新的创业热潮。李途纯从深圳回到株洲，从银行贷到了 10 万块钱。拿着这笔钱，他印制了一批毛泽东诞辰 100 周年的挂历，掘到了人生的第一桶金。随后几年，他开过书店、酒店和录像厅，甚至还做过《花花公子》杂志的代理。

1996 年，李途纯决定进入乳酸菌行业。他在株洲市租下了一间 60 多平方米的国企厂房，成立了株洲太子牛奶厂。同年底，第一批活性乳酸菌奶饮料产品正式出品，命名为太子奶。他像宗庆后初创业时一样，亲自推着板车上街叫卖。1997 年，公司扩大生产，李途纯决心把太子奶推向全国市场，而办法则很简单，就是打广告。这一年，李途纯投入 8888 万元巨资夺得央视黄金时段日用消费品标王。而彼时太子奶的资产总额还没有竞标价格高。背水一战的结果没有让李途纯失望。在那个央视广告就是品牌知名度和销售订单保证的年代，李途纯很快拿到了 8 亿元的订单。

此后，李途纯制定了极其优惠的经销代理策略，迅速建立起了遍布全国的营销网络，并就此确立了太子奶在乳酸菌饮料行业的领军地位。当时，国内外的乳液巨头都在全力发展液态奶和酸奶，而乳酸菌奶饮料市场却没有得到足够的重视。李途纯认为这是一个绝佳的机会。2002 年起，李途纯斥巨资在湖南株洲、北京密云、湖北黄冈、江苏昆山、四川成都同时建设五大乳酸菌生产研发基地，从而形成东西南北中的全国性战略布局。急速扩张之下，太子奶的销售额从 2001 年的 5000 万元跃升到了 2007 年的 30 亿元，连续 6 年业绩翻番。其间，来自政府的各种“优秀企业家”“政协委员”等荣誉和头衔纷至沓来，李途纯与当地政府的关系真可谓是“如胶似漆”。2007 年，作为太子奶集团创始人、董事长的李途纯宣布了未来 3 年上市的计划，他的事业也达到了巅峰。

资本博弈的输家

与生产规模和销售额直线上升相对应的是，太子奶集团日益庞大的对外负债。仅 2007 年一年，太子奶集团就新增银行贷款高达 6.3 亿元，加上此前的负债，一时间太子奶的资金非常紧张，甚至连续数月都发不出工资。在此情形下，太子奶决定引进英联、摩根士丹利、高盛等国际风险投资，成功筹得 7300 万美元。然而，过分自信的李途纯在引进战略投资者的同时签署了一份对赌协议，约定在注资后的前三年，如果太子奶集团业绩增长超过50%，就可降低对方股权；否则，太子奶集团董事长李途纯将会失去控股权。

就在协议签署的第二年，一场金融危机席卷全球。此时，花旗等外资银行开始提前催讨太子奶的巨额信用贷款。加之三聚氰胺事件使得太子奶的销售业绩和盈利大幅下滑，李途纯回天乏力，失去了对太子奶的控股权。与此同时，太子奶对外债务高达27亿元，其中银行贷款类负债13.14亿元、地方政府贷款约5300万元、高利贷借款5300万元、向职工集资6400余万元、应付货款约6.95亿元、欠付建筑工程款3.16亿元、欠付工资薪酬6350万元、欠缴税款1004万元。诸多经销商和企业职工开始向太子奶索要欠款，甚至出现集体上访和围堵市政府的情况。2009年年初，太子奶的核心资产由株洲市政府全资控股的高科奶业通过租赁经营形式托管，李途纯虽然名义上拥有太子奶集团61.6%的股份，但已全部抵押给高科奶业。被国企接管后，太子奶的营利情况非但未见好转，反而上演了一出高科奶业高管文迪波监守自盗、侵占公司资金、转移公司资产的行为。在李途纯律师团队锲而不舍的举报下，文迪波于2011年7月31日晚间被湖南省纪委“双规”，于2013年4月16日被郴州市中级人民法院以受贿罪和签订、履行合同失职被骗罪，被合并执行九年有期徒刑。

为了解危纾困，相关各方数次引进战略投资者都未能成功。太子奶似乎只有破产重整一途可行。李途纯无法接受自己一手创造的太子奶集团会走向破产，他希望重回公司，并且承诺太子奶公司和他本人愿意对一切债务承担无限连带责任，但所有各方都拒绝了李途纯的回归。

2010年年初，被太子奶拒之门外的李途纯在北京注资6000万元成立了仙山奶业。李途纯希望用跟太子奶同样的技术团队、同样的管理团队、同样的营销网络重新做一个公司。但仅仅半年之后，湖南株洲警方便以涉嫌非法吸收公众存款罪对李途纯、太子奶的一众高管及李途纯的儿子、弟弟、妹妹等亲人进行了刑事拘留。随后，株洲市公安局又以职务侵占罪、抽逃资金罪、挪用资金罪、逃税罪等罪名对李途纯进行了长达一年多的侦查和羁押。在此期间，李途纯的舅舅于除夕夜自杀身亡，李途纯的原总工程师李立军亦蹊跷猝死。

李途纯被刑事拘留后，太子奶股东大会决议正式提出司法重组申请。2010 年 7 月 23 日，也就是李途纯被正式批准逮捕的当天，株洲市中级人民法院裁定湖南太子奶集团生物科技有限责任公司进入破产重整程序，并通过竞争方式选定北京市德恒律师事务所为破产重整管理人。以“委托经营、自负盈亏”身份租赁太子奶的高科奶业在不断争取优先接盘的同时，破产重整管理人引进的 11 家战略投资者的协谈也在同步进行。而身在高墙之内的李途纯，仍在委托律师积极引进战略投资者，希望力挽狂澜。

几番折冲仍无功而返后，太子奶于 2010 年 11 月 21 日向湖南省高级人民法院提起诉讼，状告高科奶业“破坏性经营”公司，认为高科奶业擅自撤离超市直营供货体系，导致 7564 万元应收账款无法收回，以及非法经营、利益输送等。太子奶要求高科奶业解除和太子奶此前签订的资产租赁合同以及随后签订的补充协议，并赔偿相应损失。但事情的发展显然已经脱离了李途纯的控制。2010 年 11 月 30 日，太子奶首次债权人会议召开。2011 年年底，太子奶重组终于尘埃落定，重整方案获债权人表决通过。新华联控股与三元股份以 7.15 亿元人民币获得重整后的太子奶 100% 的股权，包括厂房、商标、专利在内的有形无形资产。

戏剧般的逆转

2012 年 1 月 20 日，湖南省株洲市天元区人民检察院认定李途纯案证据不足，不符合起诉条件。虽然李纯途重获自由，但太子奶破产重整已经无法改变。不少人质疑，株洲市政府以寻找罪名长期羁押李途纯、强行推动太子奶破产重整，对一个民营企业家有失公允。李途纯本人甚至认为，他的被捕是人为操纵，目的是防止他在外干涉太子奶破产重整。

被无罪释放的李途纯并未销声匿迹，反而一再成为舆论关注的焦点。2013 年 8 月初，李途纯在网上对株洲市原副市长、湖南省交通厅副厅长肖文伟进行实名举报，称其是太子奶案中继文迪波之后的又一真凶。举报肖文伟后，李途纯又实名举报了株洲市中级人民法院副院长吴秋林。此外，李途纯对太子奶 7 亿元的估值存在异议，认为太子奶商标在转让时价值被严重低估，积极筹备通过诉讼的方式重新夺回太子奶的商标。

从李途纯的个人境遇可以看出，政商关系是中国民营企业始终无法回避的课题。在企业试图获得资金在内的一些资源支持的过程中，由于缺乏一个公开、公平、公正的平台，竞相“靠近”政府变成一条无以规避的道路。而在这一歧途上，我们看到的是一个政商不分、彼此交缠的市场领域，它摧毁了无数颇具增长潜力的企业，也吞噬了许多原本该被称为企业家的人。在被羁押期间，李途纯曾经多次昏迷，但他以给同学写信的方式表示自己绝对不会自尽。如今的李途纯经济拮据、身体状况也堪忧，但他已经把斑白的头发重新染黑。他多次表示已经决定不再做任何企业，但他对过去的企业还要讨些说法，他依然对党和政府抱有高度的信心。

［原载于《法治周末》2014 年 11 月 19 日“文化—档案”版］

附录　媒体访谈

把依法维权作为一生的志业

［按：此文系《民主与法制时报》记者对邓学平律师的专访］

11 月 11 日下午，苏州维景国际大酒店，一场题为“勇敢的跨越：转行律师交流会”在这里举行。会上，苏州公检法司辞职转岗做律师的部分代表欢聚一堂，交流执业转型、专业选择、案源开拓等话题。邓学平在交流会上做了《从零到优秀：青年律师成长阶梯》的主题演讲，引起与会者共鸣。

2014 年年初，原是苏州市姑苏区人民检察院检察官的邓学平辞职做了一名律师。三年多的时间里，他从助理律师起步，如今已是京衡律师事务所的业务骨干，担任集团刑事部副主任、上海事务所副主任等职务。前不久，还被上海财经大学和上海政法学院聘任为兼职硕士生导师。其间代理了陕西渭南继母虐童伤害案，苏州吉姆西客车制造公司诉财政部、工信部行政处罚案，公安部海外引渡回国的“红通案”等许多有重大影响的案件，引发了舆论广泛关注。

从一名优秀的检察官到如今的知名刑辩律师，邓学平实现了人生的再一次华丽转身。

从资深检察官到高级合伙人

2014 年初夏，辞职不久的邓学平从苏州来到北京拜会师友。在与记者茶叙时，他的神情与谈吐中隐隐透出一种惶惶不安。而在 2016 年与记者在苏州再度重逢叙旧时，他的神情中却多了一份淡定和从容。现如今，在与记者的沟通中邓学平表现得更加专业和自信。

“那个时候，从工作了七年的检察院出来，从情感上来说有些不舍，从内心来讲有些不安。”邓学平回忆说，“毕竟是彻底告别体制，一切都要从零开始，从头再来。”

七年检察官生涯，让邓学平迅速成长。他以国家公诉人身份先后办理过数百起诉讼案件，其中包括大量贪污贿赂、渎职侵权、合同诈骗、非法集资等经济犯罪案件，办理的江苏省第一例精神病人强制医疗案件更是轰动一时。因在检察院工作表现出色，他先后两次荣获个人三等功。

“有荣誉感，也有获得感。”邓学平坦言，“但人不能一辈子就做这一件事情，趁着年轻还是想看看外面的风景，所以下定决心离开。”

“有可能成为一名‘北漂’，靠写写评论（文章）维持生计了。好在家人给了我稳固的后方，全力支持我的选择。”彼时，邓学平略带自我安慰的口吻对记者说。

那个时候，邓学平已在评论界小有名气，已经是本报及《新京报》《法治周末》等多家媒体的评论写手，曾获得博客大巴“十大思想力博主”、正义网“年度影响力博主”等草根荣誉。

最终，邓学平没有成为一名“北漂”，却成了一名“海漂”，他选择了离家较近的上海，也就是自己大学学习的城市作为人生的第二次起航之地。

然而，求职初始的邓学平便遭遇挫折。在求职的上海某律师事务所内，本以为一切顺利即可入职的邓学平小心翼翼问起薪资时，对方却回答：“工资？我们这里实习没有工资。”

没有工资？这对于当年上海司法考试第二名，又在检察院当过七年检察官、办理过许多大案要案的邓学平来说，是不可接受的。“心理落差大，感觉羞辱。”邓学平这样描述当时的心情。

之后一次偶然的机会，京衡律师事务所董事长陈有西到苏州做讲座，邓学平决定加盟京衡。入职之初，邓学平面临“提成”或

“固定”两种薪资方式的选择。

人生的际遇总是很奇妙，本打算选择固定薪资的邓学平却因他在上海遇到的一个房地产中介的一席话而改变：“我们这一行总有一些新人就想拿底薪，给自己留一条退路，我就不鼓励拿底薪，年轻人不要给自己太多退路！”正是这句话一下子击中了邓学平的心灵，他果断决定——就选提成制：有案子就有钱，没案子就没钱。

虽做了七年的检察官，但那时的邓学平在律师行业只是个连执业证都没有的新人。“刚开始没有案源，没有收入，只能给报纸、网站写评论，写专栏稿件，心中很焦虑、恐慌。”邓学平回想当年，感慨万千，“我甚至想过，实在不行，就在35岁之前再考回检察院。”

幸运的是，一个故交出于对邓学平人品和业务能力的赏识，为他介绍了第一个案子，让他与有执业证的律师合作办理，这才有了他律师职业的第一笔收入。

然而，执业初期依然十分艰难，对于当时的邓学平，有人来咨询案件就是千载难逢的机会。但在沟通中越紧张就越语无伦次，越期待好的表达反而越可能没有下文。“这比写评论文章还要难，我甚至开始怀疑自己的能力。”邓学平时常为自己未能把握住机会而深感自责。

反思之后，他便把每次自己与客户之间的对话一言一语地复述给妻子听，让妻子站在旁观者角度给自己提意见，找到表达中的问题和不足。就这样，在摸索中，邓学平开始成熟起来，从容起来，慢慢地就有了第二个案子、第三个案子……渡过初期的难关后，邓学平渐渐步入正轨。

“通过扎扎实实地办案，通过扎扎实实的办案效果，不断地扩大客户影响力，案源就这样不断地多了起来。”邓学平说。

将依法维权作为一生的志业

行政诉讼和刑事辩护是诉讼业务中难度最大、风险最高的两项，但邓学平这几年代理的案件却主要集中于这两个领域。如新能源汽车行业曾经的领头羊苏州吉姆西客车制造有限公司诉财政部、工信部行政处罚案。

记者获悉，2016年年初，工信部、财政部等四部委联合开展新能源汽车推广应用实施情况及财政资金使用管理情况专项核查。对苏州吉姆西客车制造有限公司，财政部作出了追回财政补贴的决定，工信部公示了“取消整车生产资质”的行政处罚。值得注意的是，在收到“骗补罚单”的12家企业中，只有吉姆西选择了提起诉讼。

今年4月19日，北京市第一中级人民法院公开审理了吉姆西诉财政部案。庭审现场，作为原告方吉姆西代理律师的邓学平，请求法院撤销财政部的处理决定，主张按规定发放补贴金额约1.08亿元，并指财政部此前发布的取消生产资质的相关通告有越权之嫌。

“只有工信部才有职权取消生产资质，财政部并无相关权限。”邓学平称，“工信部虽然有取消公司整车生产资质的意向，并且下达了预处罚决定书。我申请听证程序后，工信部就此举行了正式听证会，但听证结束至今仍未作出正式处罚决定。”

邓学平坦言：“过去行政官司难打，但如今‘民告官’胜诉的案例越来越多，这让吉姆西看到了希望，所以有了这次诉讼。尽管此案因其他原因被法院裁定中止审理，但至少吉姆西可以跟财政部在法庭上平等地摆事实、讲道理。”

与此同时，邓学平还为许多涉嫌犯罪的官员进行了辩护。有曾经的公安局副局长、县级市的副市长，还有多位曾经的正处级、正科级领导干部。

“其中有一起案件，检察院以行贿、滥用职权两个罪名提起公诉。我们介入辩护后，花了大量时间，自行收集了12组证据，检察院主动将行贿罪变更起诉为单位行贿罪。法庭继续辩护，一审法院判决滥用职权罪不成立，以单位行贿罪判决六个月有期徒刑。”邓学平举例说，“此案，检察院原先起诉的行贿罪法定最低刑是十年有期徒刑。所以，我们的辩护取得了非常好的效果。”

邓学平坦言，当前我们的社会存在一种不良的情绪，认为官员被抓是活该，律师为官员辩护是钻营取巧、唯利是图。其实，官员也是公民，剥夺他的权利和自由也必须经由法定程序，用证据和事实说话。离开了证据，离开了正当程序，随便认定官员贪腐，容易造成冤假错案。这样办案，不能真正发挥反腐的震慑作用。只有依法反腐，才能真正反腐。所以贿赂类犯罪特别是官员贿赂类犯罪的辩护，责任十分沉重，意义非常重大。

“我们在各种案件中帮助客户维权，但我们只做法律专业范围内的事情，只争取愿意在法律轨道内解决问题的客户。”邓学平告诉记者。

公益是优秀法律人的底座

赚钱并不是邓学平选择做律师的唯一原因。从帮助聋哑人讨回被骗的血汗钱，到代理被虐儿童维权案，邓学平每年都在公益维权案件上面花费大量的时间。

“这是我迄今为止代理的最为揪心的一起案件。6岁，这么小的孩子，被继母虐待得不成人形了，同为人父人母，于心何忍?”邓学平所指的代理案件，即日前被媒体广为报道的陕西渭南6岁男童鹏鹏遭继母虐待案。

据媒体报道，鹏鹏长期遭受继母孙某用竹棍、绳索殴打和用捆绑、罚站、罚跪的方式虐待，致75%颅骨粉碎，2根肋骨骨折，双眼视网膜脱落、上门牙脱落，全身紫绀肿胀，身体多处皮肤溃烂。目前案件已经进入刑事程序。

“这个案子基本属于法律援助性质，只是象征性收取一点费用。”邓学平介绍说。

“我们去医院看望鹏鹏的时候，他那种清秀的脸庞，惹人爱怜，一看就是一个文静、听话的孩子，而不是顽劣的小孩。”邓学平向记者介绍时，能明显感觉到他内心的疼痛与愤怒。

邓学平告诉记者："司法鉴定机构已认定鹏鹏构成重伤，我们多次与办案单位沟通，强烈要求以故意伤害罪和虐待罪追究鹏鹏继母的刑事责任，并同步追究其生父的刑事责任。"

然而，更让邓学平无奈的是，鹏鹏被虐待案受到社会各界广泛同情的同时，也发生了一些不愉快的插曲。他向记者介绍，2017 年 7 月 15 日以来，网名"渤海一角"在某 APP 发布《呼唤鹏鹏!》等系列文章并开通打赏功能。截至 2017 年 8 月 21 日，仅《呼唤鹏鹏!》一文就有 7198 人打赏，但作者却拒绝将打赏所得用于鹏鹏的治疗。

8 月 27 日，受鹏鹏生母的委托，邓学平向"渤海一角"发出律师函，要求停止违法募捐、公开钱款去向。

"这些钱的最终去向，我们也不清楚。据'渤海一角'自己讲，这些钱要么捐给其他儿童了，要么退给打赏网友了。"邓学平说。

办案效果是最好的名片

"不死磕、不勾兑、不诓骗，坚定不移走专业技术化道路。"几年来，走在刑辩之路上的邓学平始终坚持"三不一走"原则。

"我们团队有一条禁令，绝对禁止恶意欺骗当事人。"邓学平特别强调说。

他认为，衡量律师价值的因素很多。创收算是一个重要的指标。律师是个完全市场化、高度竞争化的行业。每一元钱创收，都是基于给别人提供的服务，合法合规地挣钱是一件很光荣的事情。但是对刑事律师来说，比创收更重要的是这份职业的社会意义。那种为了当事人的权利、自由和生命而辩护的责任感，被当事人信任和需要的充实感是多少金钱都换不来的。

记者了解到，截至目前，邓学平办理的案件中，无罪的已经有 4 起：侵犯著作权罪案取保候审后无罪撤案，妨害作证罪案取保候审后无罪撤案，生产、销售伪劣产品罪案取保候审后无罪撤案，敲诈勒索罪案逮捕后六个月因证据不足无罪释放。

案源从哪里来？邓学平分享了他的心得：“律师是个技术活，办案是最好的名片。现在很多青年律师苦于没有案源，其实与其苦等，不如把手上的案子办好。办案效果会说话，比任何宣传都有效。当事人都是理性的，夸夸其谈是不管用的。”

“我们把每一个案子都当作课题一样去研究、去吃透，尽力在法律层面上做到极致。我们的法律文书动辄数万字，标题、结构、措辞甚至标点都经过反复斟酌。”邓学平坦言，“我们要通过文书赢得公检法人员的尊重。”

除了办案，邓学平抓住一切可以利用的碎片化时间，继续在各大媒体上发表法律评论。中国民主法制出版社已将他近年发表的部分评论文章汇编成《法影下的中国》一书，将于近期出版面世。

“确实有点累，但很充实。我很享受目前的状态。”邓学平律师淡淡地看着远方，若有所思地说。

［原载于《民主与法制时报》2017 年 11 月 19 日“人物”版，记者田雄］

坚持做自己认为有意义的事

编者按：其实，除了铺天盖地的广告以外，消费者对于鸿茅药酒知之甚少。众多质疑声下，4 月 17 日，京衡律师上海事务所副主任邓学平律师，通过邮政快递向内蒙古自治区食品药品监督管理局（以下简称内蒙古食药监局）正式提出政府信息公开申请，要求公开鸿茅药酒注册为非处方药的依据和对该产品质量及广告的监督情况，以消除公众疑虑。4 月 18 日上午，内蒙古食药监局主动电话通知邓学平律师，已经收到相关的申请。本文为邓学平律师就鸿茅药酒案相关问题接受媒体访谈的内容。

律师就鸿茅药酒提出信息公开申请

新法制报：什么原因促使你对内蒙古食药监局提起信息公开申请?

邓学平：当前，有公众质疑鸿茅药酒不符合甲类非处方药的条件，甚至有人建议取消其处方药资格。经检索发现，鸿茅药酒因诸多的广告违法被各地处罚。鸿茅药酒的质量如何、功效如何关系到千家万户的生命健康和财产权利。但是目前这些质疑的声音都不能代替政府的权威认定，鸿茅药酒的质量和功效说到底需要政府部门权威发声。为了保障公众健康权和知情权，消除社会疑虑，故向内蒙古食药监局提出信息公开申请。

新法制报：前有医生吐槽被拘后有律师发文被诉，你此时强势介入，担心过个人安全吗?

邓学平：谈不上强势介入。我的《政府信息公开申请书》申请事项于法有据，描述的内容实事求是。我提出信息公开申请属于行使正当的法律权利。我对国家的法治环境有信心，不担心个人安危问题。

新法制报：你申请公开的信息内容是什么？在你看来，这些内容有着什么样的意义？

邓学平：内容包括两部分：一是，许可及核准鸿茅药酒再注册为甲类非处方药的依据；二是，对鸿茅药酒药品质量及广告内容进行监督检查的情况。这些内容都是目前社会最为关切的，也是急需政府部门出来澄清的。在政府部门给出权威说法之前，我个人不会轻易预设立场。

新法制报：你申请信息公开的依据是什么？

邓学平：我国《政府信息公开条例》第十条第（七）项和第（十一）项规定，政府部门应当主动公开行政许可的事项、依据以及食品药品的监督检查情况等内容。我的申请有明确的法律依据。

第一财经：为何是向内蒙古食药监局而非国家食药监总局提出信息公开申请？

邓学平：鸿茅药酒是非处方药，由原内蒙古自治区卫生厅药政部门审批，于2002年完成国药变更，其后每五年需要申请再注册。根据《药品注册管理办法》第一百二十二条和第一百二十四条的规定，药品再注册申请须向省、自治区、直辖市药品监督管理部门提出，由其审查予以再注册。由此可见，我向内蒙古食药监局提出信息公开申请是符合法律规定的。

新法制报：鸿茅药酒申请再注册为甲类非处方药，需要哪些必备的前置条件呢？

邓学平：根据2007年生效的《药品注册管理办法》，鸿茅药酒申请再注册时，应当自行对药品的安全性、有效性和质量控制情况，如监测期内的相关研究成果、不良反应的监测、生产控制和产品质量的均一性等进行系统评价，向药品主管部门提供有关申报材料。药品主管部门应对非临床研究、临床试验进行现场核查、有因核查以及批准上市前的生产现场检查，确认申报材料的真实性、准确性和完整性。

新法制报：为何会要求药监部门公开对鸿茅药酒药品质量及广告内容进行监督检查的情况？

邓学平：《广告法》、《药品管理法》及《药品管理法实施条例》都规定，药监部门应当对经其批准上市的药品质量和经其批准发布的广告进行监督检查。目前，鸿茅药酒因违法广告已被多次处罚，至今查不到任何临床试验数据，因此公众对内蒙古药监部门是否尽到了法定监管责任持有较大疑虑。

财新网：内蒙古食药监局审批了这些广告，是否要承担责任呢？

邓学平：这里存在两种可能。第一种情况，如果鸿茅药酒发布的广告内容得到了内蒙古食药监局的审批和许可，那么内蒙古食药监局批准违法的药品广告，当然属于行政违法。第二种情况，如果鸿茅药酒实际发布的广告内容与内蒙古食药监局批准许可的不一致，内蒙古食药监局主要应负监管和查处不力的责任。

财新网：你认为内蒙古药监局是否存在渎职的嫌疑？

邓学平：内蒙古食药监局是否存在渎职的嫌疑，需要有关部门依法调查，才能做出认定。不过根据现有情况，公众有理由认为内蒙古食药监局可能存在行政不作为或滥作为的嫌疑。比如一边是两千多次的行政处罚，另一边是不断增长的广告批文。药品上市二十多年了，至今没有任何临床数据和不良反应等，都是不正常的。

财新网：省级食药监局的药品广告审查权力该如何约束呢？

邓学平：我国的《广告法》和《药品管理法》对此都有相关的法律规定。此外，药品广告审批是一种行政许可行为，还应当受到《行政许可法》的约束。如果省级食药监部门违法不作为或者滥作为，可由国家上级主管部门（原）国家食药监部门或者省级人民政府进行问责。如果涉嫌职务违法或者职务犯罪，还可以由监察机关依法调查并处置。

鸿茅药酒到底是个什么东西

新法制报：医生被抓律师被诉，企业的理由都是损害商品声誉，你觉得成立吗？

邓学平：从目前公开的信息看，我认为认定谭医生涉嫌损害商品声誉罪的理由不够充分。公安机关很难提供足够的证据证明谭医生捏造了虚伪事实以及谭医生的网帖与鸿茅国药的损失之间存在直接的因果联系。而检察机关的通报也显示，内蒙古自治区检察院经审查认为该案事实不清、证据不足，已责成凉城县检察院将案件退回公安机关补充侦查，并且已经变更强制措施。检察机关的最新判断与我一开始对这个案件的判断是一致的。我相信，这个案件后续会得到妥适处理。至于律师写文章被起诉案，与谭医生被抓捕案有较大的区别。谭医生案是刑事案件，而律师案是民事侵权案件。后者法律制裁的强度较小，对证据和事实的要求较低。如果鸿茅国药认为自己被侵权，有权向法院提起诉讼，最终由法院依法居中裁判。律师被诉案的具体案情，我不太了解，不方便评价。

新法制报：你对鸿茅药酒有了解吗？是否认同被拘医生的观点？

邓学平：我个人在电视上看过鸿茅药酒的广告，但现实中没有接触过。也是因为这次的事件，我对鸿茅药酒有了一些更深的了解。目前能确认的是，鸿茅药酒是甲类非处方药，不同于一般的酒或保健品。不过一家药企每年投入巨资投放广告，却吝于做临床或毒理试验，显然是不负责任的。

澎湃新闻：目前检方二次退侦谭医生案，你预判此案走向如何？

邓学平：根据刑事诉讼法规定，检察院最多可以两次退回警方补充侦查，这次是第二次，也是最后一次了。退回警方补充侦查后，案件又会重新回到公安机关。公安机关补充侦查后，如果达不到检察院的要求，可以自行撤案。如果公安机关认为证据充分，可以重新移送检察院审查起诉。如果公安机关重新移送检察院审查起诉，那么检察院将不能再退回，必须做出处理决定。检察院可以将案件起诉至法院，也可以作出不起诉决定。

新法制报：对于被诉律师“鸿茅药酒广告史劣迹斑斑”说法，你怎么看？

邓学平：目前有证据证明，鸿茅药酒因为广告违法被多次行政处罚。我认为被诉律师的这一说法没有捏造虚伪事实，应当属于正常的言论范畴。

政府信息公开的作用及效果

新法制报：你怎么看待舆论都聚焦在鸿茅药酒上的现象？

邓学平：鸿茅国药是这起事件的发动者。现实环境下，舆论聚焦在鸿茅药酒身上相对比较安全。但千万不要忘了，舆论聚焦的背后同样包含了对有关部门执法不当的担忧和焦虑，后者才是问题的关键。

新法制报：信息公开申请的举动，对于医生被拘案和社会而言，你认为能起到什么样的作用？

邓学平：法治社会，不但政府要依法行政，公民也要依法维权。我申请信息公开，是因为谭医生被拘案引起，但与这两个案件的后续走向应该没有直接关系。我的信息公开，主要是为了想让政府以权威的声音回应社会关切的事项。

新法制报：就你本人而言，你希望信息公开申请最终能达到什么样的效果？

邓学平：我希望有关政府部门能够完整、准确地将我申请的事项告知于我。在这个基础上，政府和公众通过良性互动，把我国的食品、药品监管工作做得更好。

新法制报：若在15个工作日内未得到满意回复，你下一步打算怎么做？

邓学平：先不做这样的假设。我说过，我对我国的法治环境充满信心。另外，根据《政府信息公开条例》，有关部门是可以延期答复的，并非必须要在15个工作日内给出答复。

新法制报：有人认为你这次申请信息公开是种“行为艺术”，是为了炒作自己，你怎么回应？

邓学平：现在的社会很开放，思想很多元，各种声音都会有。但我们要坚持自己的判断，做自己认为有意义的事。

如何吃得放心

财新网：药品宣传应该是一个什么尺度？

邓学平：药品广告不仅要遵守《广告法》的一般规定，还要遵守《药品管理法》及《药品管理法实施条例》的特殊规定。比如“药品广告的内容必须以国务院卫生行政部门或者省、自治区、直辖市卫生行政部门批准的说明书为准”以及药品必须注明“按医生处方购买和使用”等。根据《药品管理法》第六十条、《广告法》第十六条的相关规定，药品广告的内容必须真实、合法，以国务院药品监督管理部门批准的说明书为准，不得含有虚假的内容，不得夸大宣传。药品广告不得含有表示功效、安全性的断言或者保证，也不得有说明治愈率或者有效率等表述。“有效治疗……”的表述已经涉嫌违法。

财新网：对于违法的药品广告，谁是监督和管理的责任人？

邓学平：工商行政管理部门和药品监督管理部门是监督和管理的责任人。发布药品广告以及广告的内容都必须预先取得药监部门许可。药监部门可以进行药品广告检查，发现问题的，可以移送工商部门进行处罚。根据最新的国务院机构改革方案，将会组建新的国家市场监督管理总局，作为国务院直属机构。同时，将会组建国家药品监督管理局，由国家市场监督管理总局管理。也即，今后药品广告的管理将由两家单位变为一家单位。

新法制报：对于很多药、酒和保健品的广告，人们总是带有质疑之声，你如何看待这种现象？

邓学平：公众质疑的背后，是因为这些广告的监管不到位，产品的质量无法保证。虚假广告、夸大宣传等现象非常普遍。其实，我国《广告法》的规定已经很明确、很健全，关键是执法层面有时没能跟上。任由虚假的广告泛滥，对于正常的市场经济秩序是一种严重的干扰，同时也会损害公众的健康财产权利，当前需要来一场大规模的集中整治。与此同时，积极探索社会力量有效参与的长效机制。

新法制报：在你看来，吃得安全、喝得安全，解决问题的“牛鼻子”在哪？

邓学平：防堵结合。防的层面，进一步推进行业发展水平，利用市场的办法、竞争的办法去淘汰不合格的商家。堵的方面，进一步加大法律打击制裁力度，提升违法成本，对于严重的违法者实施市场终生禁入。吃得安全，喝得安全，除了政府，应当积极发挥民间力量的监督作用。比如提高举报奖励、支持消费维权领域的公益诉讼，等等。

新法制报：有一种声音认为，假药的猖獗源于当下我国药品批准许可和监管制度的不完善，你怎么看？

邓学平：这是有一定道理的。我国药品许可和监管制度相对比较宽松。特别是很多药品，临床试验数据缺乏，不良反应和禁忌不明确，都能公然上市流通，对公众健康都可能是隐患。当然这有历史的原因，但目前相关法律规定确有进一步改善的空间。我个人建议对进口的优质药品应当一律零关税，这既能改善国内市场药品质量，又能促使国内药企加大研发和试验力度。最重要的是，生命健康不止是生意或贸易。

新法制报：我们注意到，但凡畅销的药、酒和保健品，总是伴随着铺天盖地的名人代言，你认为名人对于所代言的产品负有什么责任？

邓学平：名人代言有利于吸引眼球，提升广告的传播力度。有的名人利用自己的特殊形象，帮助建立消费者对产品的认同。但如果名人完全利益导向，不负责任地为不合格产品代言，对消费者的坑害也会特别大。根据《广告法》，名人代言的产品如果出现了质量问题，代言人也是需要承担赔偿责任的。我个人希望，能有更多的诉讼案例，将代言人列为被告，让他们承担相应的法律责任，从而净化我们国家的名人代言环境。

[原载于正义网 2018 年 4 月 19 日“法律博客”版]